· 毛泽东谈文论史全编 ·

顾 问：龙新民　郑欣淼　陈　晋　阎晓宏

评点中国古代名诗赏析

MAOZEDONG PINGDIAN ZHONGGUO GUDAI MINGSHI SHANGXI

1

毕桂发　主　编
陈锡祥　副主编

中国文史出版社

图书在版编目（CIP）数据

毛泽东评点中国古代名诗赏析：全9册 / 毕桂发主编. —— 北京：中国文史出版社，
2023.12

（毛泽东谈文论史全编）

ISBN 978-7-5205-4564-8

Ⅰ．①毛… Ⅱ．①毕… Ⅲ．①毛泽东著作研究②古典诗歌－诗歌欣赏－中国
Ⅳ．① A841.68 ② I207.22

中国国家版本馆 CIP 数据核字 (2023) 第 244882 号

责任编辑：窦忠如
特约编辑：王德俊　窦广利　赵增越　张幼平　邓文华　张永俊

出版发行：中国文史出版社
社　　址：北京市海淀区西八里庄路 69 号院　邮编：100142
电　　话：010-81136606　81136602　81136603（发行部）
传　　真：010-81136655
印　　装：水印书香（唐山）印刷有限公司
经　　销：全国新华书店
开　　本：787 毫米 × 1092 毫米　1/16
印　　张：226
字　　数：3354 千字
版　　次：2024 年 1 月北京第 1 版
印　　次：2024 年 1 月第 1 次印刷
定　　价：798.00（全 9 册）

总　序

2023 年 12 月 26 日，是中国人民的伟大领袖毛泽东同志诞辰 130 周年。经过多年酝酿策划和组织编撰，我们于今年正式出版发行《毛泽东谈文论史全编》（以下简称《全编》）以示隆重纪念。

十年前，习近平总书记在纪念毛泽东同志诞辰 120 周年座谈会上的重要讲话中指出："毛泽东同志是伟大的马克思主义者，是伟大的无产阶级革命家、战略家、理论家，是马克思主义中国化的伟大开拓者，是近代以来中国伟大的爱国者和民族英雄，是党的第一代领导核心，是领导中国人民彻底改变自己命运和国家面貌的一代伟人。"同时，毛泽东同志又是世所公认的伟大的文学家、史学家、诗人和作家。在深入学习贯彻党的二十大精神、纪念毛泽东同志诞辰 130 周年的重要时间节点上，组织编撰出版这一大型项目图书，为人们缅怀毛泽东同志的丰功伟绩，学习毛泽东同志的伟人品格、政治智慧和文化思想，提供了一套非常重要的文化历史资料；对于弘扬中华优秀传统文化，学习贯彻党的二十大报告中关于"推进文化自信自强，铸就社会主义文化新辉煌"的重要精神，具有十分宝贵的启示和积极的意义。

在组织编撰这部大型项目图书的过程中，我们坚持以习近平新时代中国特色社会主义思想为指导，认真学习党中央关于历史问题的三个决议精神，特别是十九届六中全会通过的《中共中央关于党的百年奋斗重大成就和历史经验的决议》精神，对全部书稿的政治观点和思想内容进行了认真把关，使其符合三个决议精神，也符合习近平总书记十年来有关论述毛泽东同志历史功绩和毛泽东思想指导地位的重要讲话精神，以及关于学习党史国史和弘扬中华传统文化的重要讲话精神。

《全编》计 27 种 40 册 1500 万字。编撰者耗费数十年心血收集、整理、阐析、赏评，把毛泽东在各个时期的文章、诗词、书信、讲话、谈话中引用、化用、批注、圈阅、点评、编选的古今人物和文史作品，把毛泽东传记、年谱、回忆录中提及或引用和评点的古今人物和文史作品，即使片言只语、寸缣尺楮也收集入册，希望能够集散为专、分门别类，尽量避免遗珠之憾，力求内容全面系统、表述科学客观。

这部《全编》有以下几个特点：

资料齐全。毛泽东同志一生酷爱读书，可以说是博览群书、通古贯今。他曾说："饭可以一日不吃，觉可以一日不睡，书不可以一日不读。"他熟读《二十四史》《资治通鉴》等中国历代著名历史著作，熟读中国历代优秀的诗词文学作品，且不动笔墨不读书，读书时做了大量批注和圈画，还常常在自己的文章、诗词、讲话、谈话中引经据典、巧妙运用，真可谓博学约取、学以致用。这就给我们留下了浩如烟海的珍贵史料。在编著这部《全编》时，我们想最大限度地收集、整理、汇编其所涵盖的各个方面的文献史料，力争做到文献可靠、史料精准，可读性、知识性和趣味性兼具，使其成为研究毛泽东思想特别是毛泽东文化思想的重要资料。

分类精细。毛泽东同志喜欢中国古代文学，阅读、圈评了大量各类体式的文学作品，他的诗词创作尤为脍炙人口。因此，收录《全编》中关于毛泽东同志的文史资料，浩瀚如海，编撰者都进行了认真严格的划分整理，将其分三辑，文学类就有两辑，所占分量最大。比如，编撰者将其细分为评点名诗、名词、散曲、辞赋、小说、散文、戏曲的"毛泽东同志评点中国传统文化赏析"7 种 19 册，以及《跟着毛泽东学诗词》《毛泽东诗话》《周世钊论毛泽东诗词》《毛泽东致周世钊书信手迹》与毛泽东读唐诗、宋词、元曲、古文等的"毛泽东与中国诗词曲赋"8 种 9 册。

评述允当。在这部《全编》中，编撰者将每篇作品分为毛泽东评点、人物、事件评述或毛泽东评点、原文和赏析，力求评述或赏析允妥、适当，即深刻理解毛泽东原文含义，紧扣毛泽东的评点，不作过多发挥，文字力求简明生动。同时，编撰者注重史料收集整理的文献性，兼顾知识性和趣味性，这就使得这部大型项目图书兼具很强的可读性。

这部《全编》还有一个最突出的重要特点，那就是比较集中地梳理和呈现了毛泽东同志的历史自信和文化自信。习近平总书记在纪念毛泽东同志诞辰120周年座谈会上的讲话中明确指出，毛泽东同志"是马克思主义中国化的伟大开拓者，是近代以来中国的爱国者和民族英雄"。这个评价反映在毛泽东同志学习和运用、继承和发展中华优秀传统文化方面，鲜明地体现为他的历史自信和文化自信。因此，我们认为这部《全编》的编撰出版，有益于读者更深入体会党的二十大报告论述的"坚持和发展马克思主义，必须同中华优秀传统文化相结合"的重大论断。在这部《全编》中，有关毛泽东圈阅、评点历史人物和文史作品的材料，就很具体地体现了他作为"马克思主义中国化的伟大开拓者"，是如何运用马克思主义的世界观和方法论，去激活中华优秀传统文化的；又是如何通过继承、运用和发挥中华优秀传统文化，为坚持和发展马克思主义提供深厚滋养的。

《全编》除了引用毛泽东同志的相关评点外，主要篇幅是介绍、叙述和评论毛泽东同志评点的对象即历史人物和文史作品，所引毛泽东的评点内容都出自公开的出版物并注明出处。从目前已出版的各类关于毛泽东同志的书籍来看，这是目前更加全面系统反映伟人毛泽东同志的一部大型丛书，但每册又可独立成书，以满足不同读者的阅读喜好与多样需求。当然，限于编撰者的水平和时间，这部《全编》的体例编排和文字表述等方面还有改进和完善空间，恳请专家学者和广大读者朋友不吝批评指正。

《毛泽东谈文论史全编》编委会

2023 年 12 月 18 日

凡 例

一、本书收入的毛泽东同志评点圈阅的中国古代诗歌，都有直接或间接的可靠依据，或引用，或化用，或手书，各不相同。

二、本书体例分为原文、毛泽东评点圈阅、注释和赏析四个部分。其间注释与赏析并举，此体例与一般古诗读本颇不相同（一般的古诗读本，往往是注释本而无赏析，赏析本则无注释）；我们以为，对于读者欣赏作品来说，这种方式更为便捷有益。以此，我们在注释作品时也不嫌累赘，同一典故史实，屡见屡注，不搞互见，以方便理解和阅读。

三、本书收录作者大体依年代先后为序，其间偶有参差，是为局部参照体裁内容等微有调整。

四、本书一律采用简体汉字排印，在可能引起歧义时，酌情采用繁体字或异体字。行文中括注部分汉语拼音，以便读者阅读。

五、本书涉及的历史地名，一律在旧地名后括注今地名。括注内的地名，一般省去"省""市""县"等字样。

目　录

先秦诗

汉 诗

先秦诗

古　逸

　　古逸，散逸的古代诗歌，意谓此类诗歌不为世人所知，失于经典史籍记载。清代沈德潜选编《古诗源》卷一收录散见于古籍中的古逸诗 93 首。

【原文】

击壤歌

　　　　日出而作⁽¹⁾，日入而息，
　　　　凿井而饮，耕田而食；
　　　　帝力于我何有哉⁽²⁾！

【毛泽东圈评等情况】

　　毛泽东读清沈德潜选编《古诗源》卷一时曾圈阅此诗。

[参考] 张贻玖：《毛泽东评点、圈阅的中国古典诗词》，
中国工人出版社，1992 年版，第 221 页。

【注释】

　　（1）"日出而作"二句，太阳出来就出去劳动，太阳落了就回家休息。《庄子·让王》："日出而作，日入而息，逍遥于天地之间，而心意自得。"

　　（2）"帝力"句，帝尧的力量与我有什么关系呢？帝，传说中的我国上古时期帝王尧。

【赏析】

　　《击壤歌》，古歌名，相传唐尧时有老人击壤而唱此歌。"击壤"是古代的一种游戏。"壤"，是游戏的道具，用木材做成，长一尺三寸，前

宽后窄，形状像鞋子。做游戏时，先把一只放在地上，再远离三四十步，手拿另一只掷击地上的那一只，击中者为赢。晋代皇甫谧《帝王世记》说，唐尧时期，有一位八十岁老人，在路上一边做击壤游戏一边歌唱，歌词就是这首《击壤歌》。此歌最早见于东汉王充《论衡·艺增》，文字略有不同。

歌词的前两句写作息时间，后两句写凿井、耕田和饮食。四句十六个字，把老人一天的劳动生产与生活高度概括地展现在读者眼前。每天太阳一出来便起床，太阳西沉就休息，渴了喝自己挖凿的井水，饥了吃自己耕地收获的粮食。上古人民劳动休息的单纯简朴的生活，悠闲舒畅陶然自得的形象，都反映在十六字之中。

末句"帝力于我何有哉"，是个反问句，意思是，帝尧的力量与我有什么关系呢？正因为如此，古今学者产生了不同看法：一说是表达了反抗情绪，一说是歌颂帝尧的功德。这里采纳后一种说法。理由有三：首先，前四句写的平静愉快的生活与反抗情调不协调；其次，与做游戏唱歌的心情不协调；最后，从历史的观点说，传说的帝尧时期正当原始社会，当时还没有反抗可言。所以，说是歌颂比较妥当。这个反问句应是反语，用反话来透露正意，来歌颂帝尧的功德。这也正是此歌的艺术特色。这里如用一般语言，比如说"大哉，尧之德也！"反而太显露，削弱歌词的力度。诗歌以含蓄为贵。老人在做游戏这种场合歌唱，先抑后扬，用这么一个反问句，加强了语气，音调更高昂，意思更含蓄，情感更饱满。它不仅与前四句非常协调，而且耐人寻味。

整个歌词的语言和结构别具特色。前四句用四个连词"而"连接八个动词，两两相对，流畅而自然地表达了丰富的内容。前边叙事，末尾抒情，事中含情，情中有事，"饮水思源"，顺理成章，浑然一体。

需要说明的是。《击壤歌》说是帝尧时老人所歌，仍属传说，就帝尧其人究竟如何，尚属传说，何况当时的老人呢？郭绍虞在其《中国文学史纲要初稿》中曾指出："此诗之可信与否，正难断言。"不过，就歌词本身而言，还是一首较好的抒情诗歌。（许钦承）

【原文】

康衢谣

立我烝民⁽¹⁾，莫匪尔极。

不识不知⁽²⁾，顺帝之则。

【毛泽东圈评等情况】

毛泽东读清沈德潜选编《古诗源》卷一时曾圈阅此诗。

[参考]张贻玖：《毛泽东评点、圈阅的中国古典诗词》，

中国工人出版社，1992 年版，第 221 页。

【注释】

（1）"立我"二句。立，同"粒"，五谷，这里是名词用作动词。烝民，众民。莫，无，没有。匪，否定副词，不。尔，你，指周代教民耕种的后稷。极，至，指至高无上的功德。

（2）"不识"二句。帝，指上天。则，法则。

【赏析】

据《列子·仲尼》载，帝尧治理天下五十年，不了解天下是否已经平治，万民是否拥戴自己，就化装成一般平民，到交通方便的繁华地带了解民情。听到一些儿童唱歌，歌词就是这首《康衢谣》。"康衢"，四通八达的大道。

"立我烝民，莫匪尔极"，原是《诗经·周颂·思文》一章的第三、四两句。两句的大意是，使民众有粮吃而得以活下来，全部都是由于你教民耕种的大恩大德的结果。这本是歌颂后稷的诗句。

"不识不知，顺帝之则"，原是《诗经·大雅·皇矣》第七章中间的两句。两句的大意是，不学古不知今，不自作聪明，办事都遵循着上帝的法则去做。这两句本来是歌颂周文王的诗句。

显然，全歌谣是拼凑而成，伪托尧时的童谣，来歌颂帝尧的功德。（许钦承）

尧　戒

战战慄慄⁽¹⁾，日谨一日。

人莫踬于山⁽²⁾，而踬于垤⁽³⁾。

【毛泽东圈评等情况】

毛泽东读清沈德潜选编《古诗源》卷一时曾圈阅此诗。

[参考] 张贻玖：《毛泽东评点、圈阅的中国古典诗词》，

中国工人出版社，1992 年版，第 221 页。

【注释】

（1）战战慄慄（lì lì）二句，形容小心恐惧，小心谨慎的样子。《淮南子·人间训》："战战栗栗，日慎一日。"

（2）莫，副词，不。踬（zhì），跌倒。

（3）垤（dié），蚂蚁做窝时堆在穴口的小土堆，也叫蚁封、蚁冢。《诗经·豳风·东山》："鹳鸣于垤，妇叹于室。"

【赏析】

《尧戒》见《淮南子·人间训》，清代沈德潜在《古诗源》卷一说：是"大圣人忧勤惕厉语"，即谨慎警惕自警的话。

"战战慄慄"，意思与"战战兢兢"相同，恐惧戒慎的样子。"日谨一日"，大意是，天天都要谨慎，对任何事情都不要粗心。两句是说，时时刻刻都要战战兢兢地谨慎小心。

"人莫踬于山，而踬于垤"，两句的大意是，人都不会让大山绊倒，却会让蚂蚁洞口的小土堆绊倒。这是夸张，也是比喻，比喻人们不会在大问题上出乱子，而却会在小事情上跌跟头，这是告诫人们特别要在小事上小心谨慎。

《尧戒》与《诗经·小雅·小旻》末章意思略同。《小旻》说："不敢暴虎，不敢冯河。人知其一，莫知其他。战战兢兢，如临深渊，如履薄冰。""暴虎"，空手与老虎搏斗。"冯（píng）河"，徒步过急流大河。全章大意是，一般人都不敢空手与老虎搏斗，不敢徒步涉过急流大河。但是，人们只知其一（指上述显而易见的危险事物），不知其他（指隐蔽不易看见的危险事物）。所以，时时事事，都要像处在深渊之上或走在薄冰之上似的小心谨慎。这里是用了比喻。《尧戒》这一警语语言简古，但是用了比喻，便通俗易懂、易于接受了。《尧戒》，说是帝尧的作品，也成问题。但是，不管是否帝尧所作，这一警语，至今还有一定的意义。任何人做任何工作，都应小心谨慎，是对的。（许钦承）

【原文】

卿云歌

卿云烂兮⁽¹⁾，纠缦缦兮⁽²⁾。
日月光华⁽³⁾，旦复旦兮。

【毛泽东圈评等情况】

毛泽东读清沈德潜选编《古诗源》卷一时曾圈阅此诗。

[参考] 张贻玖：《毛泽东评点、圈阅的中国古典诗词》，中国工人出版社，1992 年版，第 221 页。

【注释】

（1）烂，明，灿烂。兮，古代诗歌辞赋中的语助词，相当于现代汉语中的"啊"。

（2）纠（jiū）缦缦（màn），缭绕舒卷的样子。

（3）光华，光辉。旦复旦，光明又光明。旦，明亮。《尚书大传·虞夏传》卷一下："日月光华，旦复旦兮。"汉郑玄注："言明明相代。"

【赏析】

此歌相传为古代帝王虞舜所作，始见《尚书大传·虞夏》。"卿云"，也作庆云、景云。据《史记·天官书》，所谓卿云，是一种似烟非烟、似云非云、五彩缤纷、曲曲折折、飘飘摇摇的瑞气。古人认为是吉祥之兆。

歌词的前两句，是对卿云的描写。用"烂"和"糺缦缦"两个词，抓住卿云的特征进行了准确细微的描画，画出了一幅缤纷灿烂、曲折回旋的天空盛美的景象。后两句"日月光华，旦复旦兮"，是说太阳和月亮光彩明丽，明明相代，永无止境地照耀着宇宙万物，写出了太阳和月亮的光彩及其交替。这两句和前两句不同。前两句是写一时所见，后两句写的太阳、月亮，不是同时都能看到，而是明明相代地交替运动。四句十六个字，写得字字响亮，句句华丽，一唱三叹，为听众展现出一幅光辉四射、灿烂夺目、气象高浑的境界。

文艺作品对大自然的描写，总是与作者的社会情感紧密联系在一起的。这首歌虽然没有一个字点到作者的情感。但是，从描写中还是可以感觉到作者对大自然的热爱以及对社会的赞美。

这是一首比较好的抒情诗歌。它的突出特点是，首先运用简洁华丽的语言抓住事物的主要特征做了具体细腻的描绘。其次，多用阳声字，押阳声韵。所以，读起来感到内容突出，形象鲜明，音调高昂响亮。

梁启超在《中国文学史稿》中指出：这首诗就诗论诗，总还算好，所以已被采作国歌了。不过，用文学史的眼光仔细观察，这诗的字法、句法、音节不独非三代前所有，也还不是春秋、战国时所有，显然是汉代人的作品。这就是说，《卿云歌》并非虞舜所作。（许钦承）

【原文】

南风歌

南风之薰兮⁽¹⁾，可以解吾民之愠兮⁽²⁾。
南风之时兮⁽³⁾，可以阜吾民之财兮⁽⁴⁾。

【毛泽东圈评等情况】

毛泽东读清沈德潜选编《古诗源》时曾圈阅此诗。

[参考] 张贻玖:《毛泽东评点、圈阅的中国古典诗词》,中国工人出版社,1992 年版,第 221 页。

【注释】

（1）薰（xūn），和暖。

（2）愠（yùn），怨恨，含怒。《诗经·邶风·柏舟》:"忧心悄悄，愠于群小。"

（3）时，及时，适时。

（4）阜，生长，增多。《国语·鲁语上》:"助生阜也。"韦昭注:"阜，生长。"

【赏析】

这首民歌只有两句。第一句，写南风的特征，并说明它"可以解吾民之愠"。大意是说，这场和煦的南风吹来，使我的人民因闷热造成的怨气得到化解而心情爽快了。第二句，写南风的"时"，并说明它的作用，"可以阜吾民之财"。大意是，这场南风来得很适时，它能更好地长养万物，使我的人民的财富大大增多。

杜甫有一首七律诗《春夜喜雨》，这首诗的前两联是:"好雨知时节，当春乃发生。随风潜入夜，润物细无声。"这首诗在题目中就点出了"喜雨"，但是，为什么是喜雨呢？第一联首先就抓住了这场雨的适时，第二联接着又抓住了雨细及其与农作物的关系。两联说明雨是一场点点入土，而适时的细雨对农作物生长很有利，所以是喜雨。《南风歌》第一句首先抓住了南风的"薰"，第二句又抓住了"时"，并说明了"薰"和"时""可以解吾民之愠""可以阜吾民之财"，当然也是一场喜风。杜甫诗赞美了雨，表现了作者的喜悦心情;《南风歌》赞美了风，表达了作者的喜悦心情和爱民思想。这是两者大致相同之处。

至于表现手法，两者就大不相同了。杜甫诗两联都用了拟人化手法，说雨好像懂得农时似的，恰好在春天下起来，春雨贵似油，当然可喜;

又说雨悄悄地在夜里下起来，无声无息地滋润着农作物，当然更可喜。一个"知"，一个"潜"，给雨加进了人的感情。《南风歌》的突出特点是采用了"互体"手法。所谓互体，就这首歌而言，就是第一句说南风和暖，也包含第二句的适时；说"解吾民之愠"，也包含着"阜吾民之财"，反之亦然。可以想象到，和暖的南风如不适时，也难起到"解吾民之愠"的作用，适时的南风如不和暖，也难起到"阜吾民之财"的作用。这种一句包含着另一句的词语的形式，就是互体。互体手法的运用不仅使诗歌语言简洁、内容丰富，而且使这首歌自然地形成了另外两个特点，就是排比和对偶。一个简单的内容，反复歌唱，这样就便于把作者的喜悦心情表达出来了。

诗歌抒情的手法，是多种多样的，而杜甫的《春夜喜雨》和《南风歌》的手法虽然不同，但效果都很好。一场是喜雨，一场是喜风，一首是好诗，一首是好歌。至于此歌说是虞舜作，也属传说，甚至是伪造。（许钦承）

【原文】

麦秀歌

麦秀渐渐兮⁽¹⁾，禾黍油油⁽²⁾。
彼狡童兮⁽³⁾，不与我好兮。

【毛泽东圈评等情况】

毛泽东读清沈德潜选编《古诗源》卷一时曾圈阅此诗。

[参考]张贻玖：《毛泽东评点、圈阅的中国古典诗词》，中国工人出版社，1992年版，第221页。

【注释】

（1）秀，指禾类植物开花。渐渐，茂盛之状。
（2）禾黍，禾与黍。油油，光润的样子。
（3）彼，那，那个。狡童，残暴狡诈的孩子，指纣王。

【赏析】

据《史记·宋微子世家》记载，殷朝灭亡，箕子被解去周，路过殷都废墟，见宫室毁坏，殷墟上长满了茂盛的庄稼，有所感，"乃作《麦秀》之诗以歌之"。箕子，是商纣王的父辈，名胥余，被封在箕地（今山西太谷东北），所以称箕子。《尚书大传》云，宋微子所作，亦名"伤殷操"。见宋郭茂倩《乐府诗集》卷五十七。

诗歌的前两句是写景。第一句写麦，第二句写禾苗，两句分别用"渐渐""油油"两个摹状叠词描摹，具体形象，色彩鲜艳，写出一片碧绿、生机勃勃、丰收在望的可喜景象。

后两句是承上抒情。前句用一个代词"彼"表示深恶痛绝。末句"不与我好"是不与我亲善的意思，指纣王不采纳他的治国方略、不接受劝谏。两句是对纣王悲愤的诅咒。据说商纣王暴虐无道，庶兄微子多次劝谏，纣王不听，微子便逃走。纣王的诸父比干和箕子因多次强谏，比干被剖心而死，箕子佯狂被囚。诗歌的最后两句，表达了箕子长期压抑在胸中的亡国之恨，一看到殷墟上生长茂盛的庄稼，便如同火山爆发似的喷发出来。

这是一首触景生情、情景交融的抒情诗歌。所谓触景生情，表现在具体作品中，有多种情况。这首诗歌是先写景后抒情，而且是以乐景写哀。王夫之《姜斋诗话》中曾说："以乐景写哀，以哀景写乐，一倍增其哀乐。"王夫之说的，就是现在说的反衬手法。这首诗歌就是以乐景写哀，所以，显得抒情很有力，悲愤之情更浓重。

情景交融，即景中有情、情中有景。这首诗歌的前两句所写的景触发了作者的情，所以说景中有情。前边乐景，后边反而是哀情。说情中有景，这从后两句中也可透露出来。当时天下者乃周朝的天下，乐景也是周武王的乐景，而这一切无不是"狡童""不与我好"造成的；所以说后两句抒情中也有乐景的影子。

总之，从这首诗本身看，还是一首情景互藏、相得益彰的抒情诗。（许钦承）

采薇歌

登彼西山兮⁽¹⁾，采其薇矣⁽²⁾。

以暴易暴兮⁽³⁾，不知其非矣。

神农虞夏⁽⁴⁾，忽焉没兮，吾适安归矣！

吁嗟徂兮⁽⁵⁾，命之衰矣。

【毛泽东圈评等情况】

毛泽东在《别了，司徒雷登》一文中指出："唐朝的韩愈写过《伯夷颂》，颂的是一个对自己国家的人民不负责任、开小差逃跑，又反对武王领导的当时的人民解放战争，颇有些'民主个人主义'思想的伯夷，那是颂错了。"

[参考]：《毛泽东选集》第四卷，人民出版社1991年版，第1495—1496页。

【注释】

（1）西山，指首阳山（今山西永济西南）。

（2）薇，多年生草本植物，即巢菜，嫩芽可作蔬菜。

（3）"以暴"二句，这是伯夷反对武王伐纣的话。以暴易暴，以残暴势力取代残暴势力。

（4）神农，传说中的上古帝王。虞，传说中我国父系氏族社会后期部落联盟领袖，姚姓，有虞氏，名重华，史称虞舜。夏，即大禹，传说中的古代部落联盟领袖，姒姓，名文命，史称夏禹。适，到。

（5）吁嗟（xū juē），感叹词。徂（cú），同"殂"，死。

【赏析】

据《史记·伯夷列传》记载，伯夷、叔齐是殷代诸侯孤竹国（今河北卢龙南）国君的两个儿子。周武王推翻殷纣王以后，伯夷、叔齐以吃周朝的粮食为耻，便跑到首阳山采薇充饥，临饿死之前作《采薇歌》。

先秦诗

11

这首诗歌是伯夷自绝于世的绝命词。歌词的前两句，平铺直叙，说出爬到首阳山上采摘薇菜充饥的事实。三、四句突然转入议论，说周武王消灭商纣王建立周王朝，是以武王之暴臣换易殷纣之暴君，而武王还不知自己的不是。五、六、七三句是说，神农（传说中的古帝王）、虞舜和夏禹王（夏朝的第一位君主）那种淳朴禅让的时代，"忽焉没兮"，早已不存在了。"吾适安归"，我还到哪里去呢？末两句哀叹自己命运衰薄，"吁嗟徂矣"，死了算啦。

从整首歌词看，"以暴易暴，不知其非"是关键句，起承上启下、绾合全篇的作用。头两句写采薇而食这一可悲的遭遇，以及后五句写神农虞夏时期一去不复返而哀叹自己再也无路可走，继而哀叹自己命运不好而将要死去，都是从三、四两句生发出来，三、四句是其他几句所写事件发生的原因。头两句叙事，突然转入议论，乍读好像不大连贯，实际这种突接手法，正好把叙事和议论结合起来，突出了一切事件的发生原因，如此便更有力地表达出伯夷对周武王的恨。所以说这首歌是伯夷对"以暴易暴"的诅咒，是自绝于世的哀鸣。

从伯夷的一些行为和他的歌词内容看，两者都是不值得称道的。伯夷有两件大事，一是他和叔齐因互让孤竹国君位而私自逃离了自己的国家。二是在周武王伐纣途中，他拦住周武王阻止武王灭商。《采薇歌》是他在武王灭商之后誓死反对武王的思想感情的表现。毛泽东在《别了，司徒雷登》一文中曾指出："唐朝的韩愈写过《伯夷颂》，颂的是一个对自己国家的人民不负责任、开小差逃跑，又反对武王领导的当时的人民解放战争、颇有些'民主个人主义'思想的伯夷，那是颂错了。"（许钦承）

【原文】

盥盘铭

与其溺于人也⁽¹⁾，宁溺于渊⁽²⁾。

溺于渊犹可游也，溺于人不可救也。

【毛泽东圈评等情况】

毛泽东读清沈德潜选编《古诗源》卷一时曾圈阅此诗。

[参考] 张贻玖:《毛泽东评点、圈阅的中国古典诗词》,

中国工人出版社,1992 年版,第 221 页。

【注释】

（1）溺,淹没。《三国志·魏志·董卓传》裴松之注引《典略》:"及溺呼船,悔之无及。"

（2）渊,深潭。《庄子·列御寇》:"夫千金之珠,必在九重之渊。"

【赏析】

此铭见《大戴礼》,没有说何时何人所作。铭是一种文体,古代多刻在器物上,目的是宣扬某人的生平功德,或用以自儆。《盥盘铭》是刻在盥盘上的铭文。盥（guàn）,洗手、脸,盥盘,洗手、脸的水盘。

《盥盘铭》原是指做君主对待人民群众的态度的。民众可以使国家兴旺,也可以使国家灭亡。做国君的要自觉谨慎正确地对待群众,否则就会陷溺在他们中间受他们的蒙蔽,这是很危险的。所以,铭文第一句说"与其溺于人也,宁溺于渊。""与其……宁",取舍连词,主句在后,相当于"宁肯……也不……"。两句大意是说,宁肯掉到深水里,也不要陷在人民群众中间。为什么呢?下两句是原因。"溺于渊犹可游也,溺于人不可救也。"大意是,因为掉到深水里还可以游泳出来,陷在民众中,便不可挽救了。推而广之,铭文的"人"也可指一般人或亲近的人。

用以自儆的铭文,一般都很简短,都是警句。《盥盘铭》只有二十四个字,但它采用人和水对比的手法,很有说服力。（许钦承）

【原文】

饭牛歌

南山矸,白石烂,生不逢尧与舜禅[1]！短布单衣适至骭,从昏饭牛薄夜半,长夜漫漫何时旦[2]！

沧浪之水白石粲⁽³⁾，中有鲤鱼长尺半。敝布单衣裁至骭，清朝饭牛至夜半。黄犊上坂且休息⁽⁴⁾，吾将舍汝相齐国。

出东门兮厉石班⁽⁵⁾，上有松柏青且阑。粗布衣兮缊缕⁽⁶⁾，时不遇兮尧舜主。牛兮努力食细草，大臣在尔侧⁽⁷⁾，吾当与汝适楚国。

【毛泽东圈评等情况】

毛泽东读清沈德潜选编《古诗源》卷一时曾圈阅此诗。

[参考] 张贻玖：《毛泽东评点、圈阅的中国古典诗词》，
中国工人出版社，1992 年版，第 221 页。

【注释】

（1）矸（gān），通"岸"，山石之状。又说为白净之状。《史记·鲁仲连邹阳列传》"宁戚饭牛车下"裴骃集解引宁戚歌曰："南山矸，白石烂。"司马贞索隐："矸者，白净貌。"烂，灿烂。禅（shàn），以帝位让人，禅让。《庄子·秋水》："帝王殊禅，三代殊继。"唐尧、虞舜都是我国传说中父系氏族社会后期部落联盟领袖，传说尧在位七十年，禅位给舜。

（2）骭（gàn），小腿。饭牛，喂牛。薄，迫近。夜半，半夜。旦，天亮。

（3）粲，灿烂。

（4）坂，通"阪"，山坡。

（5）厉，通"历"，经过。石班，石上有花纹或斑点。

（6）缊缕（yùn lǚ），衣服破烂之状。缊，乱。缕，线。

（7）大臣，宁戚自命。

【赏析】

《太平御览》引《淮南子·道应训》说：春秋卫国人宁戚想到齐国（今山东北部）求个官做。由于自己穷困没机会晋见齐桓公，便乘牛车到齐国经商。一天晚上住在国都临淄（今山东淄博市东北）护城堤门外，恰好碰上齐桓公到郊外迎接客人。正在车下喂牛的宁戚，忽然望见桓公，便敲着牛角唱了这首《饭牛歌》。

全诗三章。第一章歌词的一、二两句是写景，也是比兴。全句大意是南山高耸入云，白石灿烂光洁。两句的作用，一是引起下边要说的话，二是比喻自己高尚而有才华。第三句，用一个"禅"字，暗示尧舜是知人善任的明君。说自己"生不逢"有两个意思：一是有讥讽时事之意，二是说自己是来齐国寻找圣明君主的，等于说你齐桓公如能任用我便是尧舜了。

歌词的四、五两句，描写自己不合身的衣着，叙述自己的困苦生活。两句意思是说，自己穿得衣不蔽体，每天喂牛到深夜。联系前几句是在表露自己英雄无用武之地。末句是个感叹句。"长夜"明写夜长，暗说自己的困苦生活和没有"尧与舜禅"的时代漫长，"何时旦"字面意思是说自己在盼望天快明，深层意蕴是在盼望自己困苦生活和没有"尧与舜禅"的时期快点结束。

第二、三两章采用章句重叠的形式，字句稍异，用意则一。第二章说他要舍牛而"相齐国"，即到齐国做宰相；第三章则说如在齐国不受重用，将南"适楚国"，即到强大的楚国谋求发展。沈德潜在第三章末批注说："自命大臣，何等自负。适楚国，即后世北走胡、南走越意。战国策士之习，已萌于此。"这个批评是不错的。齐桓公听了宁戚的歌唱，十分惊异，感到宁戚"非常人也，命后车载之，固授此政"。宁戚达到了他的目的。

《饭牛歌》是一首比较好的抒情诗歌。全诗明说暗比，句句形象生动，句句含蓄委婉。全歌通过比兴、用事、描写、叙述和感叹等多种手法，映现了一个自负多才而又怕丢身份、用委曲婉转而含蓄的语言抒发出急于求官的愿望和情感、可怜而又可惜的人物的影子，是一首很有特色的诗歌。梁启超在《中国美文史稿》中说："我敢说，这种诗歌绝非春秋时所有，摆在东汉乐府里头，倒还算上乘。"也就是说，这首歌的真假虽有问题，但是还是一首好作品。（许钦承）

【原文】

琴　歌

百里奚，五羊皮。

忆别时，烹伏雌⁽¹⁾，炊扊扅⁽²⁾。

今日富贵忘我为⁽³⁾！

【毛泽东圈评等情况】

毛泽东读清沈德潜选编《古诗源》卷一时曾圈阅此诗。

[参考]张贻玖：《毛泽东评点、圈阅的中国古典诗词》，

中国工人出版社，1992年版，第221页。

【注释】

（1）伏雌，正孵蛋的老母鸡。

（2）扊扅（yǎn yí），门闩（shuān）。

（3）为，语气词。

【赏析】

据汉代应劭《风俗通义》记载，百里奚在秦国任宰相时，在堂作乐。有一女仆自称懂音乐，说罢便弹着琴唱了一首歌，歌词即《琴歌》。这位女仆原来是百里奚离别多年的妻子。

歌词的前两句"百里奚，五羊皮"，话说得很有力量，很有情趣。大意是说，百里奚只不过值五张羊皮。这两句是用事。百里奚，字井伯，春秋时虞国（今山西南部夏县和平陆一带）人，少时家贫，后来做了虞国小官。当晋国攻占虞国时，百里奚逃到秦国去。秦缪公嫁女，让他随女当陪嫁人；他嫌丢脸又逃到楚国。后来秦缪公听说他颇有德才，便用五张羊皮把他赎回来，并任命他做了秦国宰相。歌词的前两句就是指百里奚的这段经历。

"忆别时，烹伏雌，炊扊扅"，这句是追忆叙述百里奚离家时妻子给他饯行的情况。意思是说回忆咱俩分别时，家贫如洗，只好烧门栓煮正孵卵

的老母鸡给你吃。

末句"今日富贵忘我为"，这句意思是说，现在你大富大贵了，却把我忘了啊。这是对忘恩负义的百里奚的大声斥责。

统观歌词，情感发展的脉络非常细腻而真切，开头是讥讽，中间追述旧时恩情，末尾斥责。句句含恨，既悲且怒，字字含泪，如泣如诉，恰切地抒发了一个被遗忘的妇女的怨愤之情。（许钦承）

【原文】

古谚古语

将飞者翼伏⁽¹⁾，将奋者足踡⁽²⁾，

将噬者爪缩⁽³⁾，将文者且朴⁽⁴⁾。

【毛泽东圈评等情况】

毛泽东读清沈德潜选编《古诗源》卷一时曾圈阅此诗。

[参考] 张贻玖：《毛泽东评点、圈阅的中国古典诗词》，
中国工人出版社，1992年版，第221页。

【注释】

（1）翼伏，把翅膀俯伏下来。翼，翅膀。

（2）足踡（jú），腰腿弯曲。

（3）噬（shì），咬。

（4）文，华丽，华美。朴，质朴。

【赏析】

这个古谚语的大意是说，将要飞翔的，要先把翅膀俯伏；将要奋力前进的，要先弯曲腰腿；将要咬东西的，要先缩回爪子；将要装饰华美的，要先注意质朴。

这是一连串四个比喻，比喻要有所进取，必有所退让。这个道理是正

确的，有进必有退，没有退也无所谓进，没有进也无所谓退；进退两者是互相对立、互相制约、互相依存、互为条件的，是矛盾的统一。这是在自然界和人类社会中普遍存在的现象。任何正确的后退让步，都是为前进准备条件；任何正确的前进，都是建立在一定条件的基础之上。毛泽东在《矛盾论》《中国革命战争的战略问题》等文章中，多次论述了这个问题。在讲战略退却时说："战略退却，是劣势军队处在优势军队进攻面前，因为顾到不能迅速地攻破其进攻，为了保存实力，待机破敌，而采取的一个有计划的战略步骤。"这是说进退的辩证关系。毛泽东又说："谁人不知，两个拳师放对，聪明的拳师往往退让一步，而蠢人则其势汹汹，劈头就使出全副本领，结果却往往被退让者打倒。"这个例子证明懂得进退的正确关系，并善于运用这一原则才能取胜的道理。

谁语常常采用比喻的手法，上边这个古谚语，连用四个比喻，把深奥的道理形象化，易懂而有说服力。（许钦承）

诗　经

　　《诗经》是我国最早的一部诗歌总集,共收西周初年至春秋中叶(前11世纪至前6世纪)的民歌和朝庙乐章305篇。《诗经》在先秦称为《诗》,或举其整数称"诗三百"。到汉代,《诗》被朝廷正式奉为经典之一,才出现《诗经》的名称,沿用至今。

　　《诗经》分为风、雅、颂三大类。"风"是各诸侯国的土风民谣,大多数是民歌,又分为周南、召南、邶、鄘、卫、王、郑、齐、魏、唐、秦、陈、桧、曹、豳15国风,共160篇。"雅"是西周王畿地区的正声雅乐,共105篇,又分"大雅"和"小雅"。"大雅"31篇,用于诸侯朝会;"小雅"74篇,用于贵族宴享。"颂"是统治阶级宗庙祭祀的舞曲歌词,又分"周颂"31篇,"鲁颂"4篇,"商颂"5篇,共40篇。其中的"国风",对当时的社会生活、人情风物、生产劳动、战争徭役和婚姻恋爱都有真实的描写。它不仅表现了人民对压迫剥削的反抗和斗争,也表现了人民对光明幸福的憧憬和追求,最富于思想意义和艺术价值。"雅""颂"部分,出于统治阶级之手,以歌颂和维护其统治为基本倾向,其中也有一些暴露时政的贵族作品,主要是政治讽喻诗,此外,还有一些祭神祀祖的诗。

　　《诗经》的形式以四言为主,普遍使用赋、比、兴的手法,其优秀篇章,描写生动,语言朴素优美,音节自然和谐,极富艺术感染力。

　　《诗经》以其深刻地描写现实、反映现实的精神,开创了中国诗歌的优秀传统,在中国乃至世界文化史上都占有重要地位,对我国后代文学影响很大,其影响所及,已越出国界走向世界。

　　毛泽东早年就熟读《诗经》,他读过的《诗经》至今还陈列在韶山毛泽东纪念馆里。

　　毛泽东对《诗经》评价很高。1949年赴苏联访问途中,当俄文翻译费德林请求他谈《诗经》时,他说,《诗经》"无疑是中国诗歌的最高典范"。

（毛泽东）"《诗经》是中国诗歌的精粹。它来源于民间创作，都是无名作者，创作的年代已经无法查考。这本文献把过去那个久远的年代与我们拉近了。《诗经》代表了中国最早的美学。这种诗情感真切，深入浅出，语言很精练。"

（费德林）"是不是因为这个原因，几千年来一直是中国诗人模仿学习的样本呢？"

（毛泽东）"是的，这是没有问题的。可以说《诗经》中的诗歌对后来每个有思想的诗人都产生过影响。问题在于如何理解这些古代的民间创作。这是问题的实质。对于那些不理解或者曲解了的人我们就不必去说了。我们可以回顾一下那些不仅理解，而且试图模仿这种古代诗学的人。他们模仿的不仅是它的修辞特点，而且继承了《诗经》民间创作的内容实质。"

（费德林）"您指的是在追随无名前辈的创作方面最有成就的诗人吧？"

（毛泽东）"是的啰。可以说这是语言艺术和诗歌形象发展中最有价值的内容。古代无名作者的天赋是把自己的思想意念变成简练的诗歌和歌谣。"（［俄］尼·费德林：《我所接触的中苏领导人》，新华出版社1995年版，第15页。）

【原文】

周南·关雎

关关雎鸠⁽¹⁾，在河之洲⁽²⁾。窈窕淑女⁽³⁾，君子好逑⁽⁴⁾。

参差荇菜⁽⁵⁾，左右流之⁽⁶⁾。窈窕淑女，寤寐求之⁽⁷⁾。求之不得，寤寐思服⁽⁸⁾。悠哉悠哉⁽⁹⁾，辗转反侧⁽¹⁰⁾。

参差荇菜，左右采之⁽¹¹⁾。窈窕淑女，琴瑟友之⁽¹²⁾。参差荇菜，左右芼之⁽¹³⁾。窈窕淑女，钟鼓乐之⁽¹⁴⁾。

【毛泽东圈评等情况】

"关关雎鸠"这几句诗，一点诗味也没有，《楚辞》《离骚》没有人懂。

[参考]：《在普通教育工作座谈会上的讲话》，《毛泽东文集》第七卷，
人民出版社 1999 年版，第 248 页。

《诗经》第一篇是不是《吻》这类的作品？不过现在发表不得吧？那《诗经》第一篇，我看也没有什么诗味。

[参考]：《同文艺界代表的谈话》，《毛泽东文集》第七卷，第 258 页。

又诗要用形象思维，不能如散文那样直说，所以比、兴两法是不能不用的。赋也可以用，如杜甫之《北征》，可谓"敷陈其事而直言之者也"，然其中亦有比、兴。"比者，以彼物比此物也""兴者，先言他物以引起所咏之词也"。

[参考]：《致陈毅的信》(1965 年 7 月 21 日)，《毛泽东诗词集》，
中央文献出版社 1996 年版，第 266 页。

【注释】

（1）关关，雎鸠和鸣声。汉毛亨《毛诗故训传》："兴也。关关，和声也。"南宋朱熹《诗集传》："兴者，先言他物以引起所咏之词也。"雎（jū）鸠，一种水鸟名，雌雄有固定的配偶，古人称为贞鸟。

（2）河，黄河。洲，水中的陆地。

（3）窈窕（yǎo tiǎo），容貌美好之态。淑，品德和善。南宋朱熹《诗集传》："淑，善也。"

（4）君子，当时贵族阶级男子的通称。好，此指男女相悦。逑（qiú）同"仇"，配偶。好逑，爱侣、佳配之意。

（5）参差（cēn cī），长短不齐之状。荇（xìng）菜，一种水中植物，叶心脏形，浮在水上，可食。

（6）左右，指船的左边和右边。流，择取。《尔雅》："流，择也。"

（7）寤寐（wù mèi），睡醒为"寤"，睡着为"寐"。"寤寐"在这里指日夜。

（8）思服，二字同义，即思念。汉毛亨《毛诗故训传》："服，思之也。"

（9）悠哉，忧思之状。悠，悠长，指思绪绵绵不尽。

（10）辗转，辗即转。辗转，形容心有所思，卧不安席之状。反，覆身而卧。侧，侧身而卧。

（11）采，采摘。

（12）琴瑟（sè），古代的两种弦乐器。友，亲爱。

（13）芼（mào），拔取。

（14）乐，娱悦。

【赏析】

这是一首爱情诗。它写一个男子思慕着一位美丽贤淑的少女，日夜不能忘怀。他渴望终有一天，能与她结为连理，成为夫妇，过上和谐美满的幸福生活。

《关雎》居"风"诗之首，也是《诗经》的第一篇，可见它的重要性。孔子论诗，以《关雎》为代表，提倡"乐而不淫，哀而不伤"的诗风。汉代学者以此诗为"纲纪之首，王教之端"。汉毛亨《诗小序》和南宋朱熹《诗集传》都说它是"咏后妃之德"，述"周文王生有圣德，又得圣女姒氏以为之配"。这固然是穿凿附会，毫无根据。清代学者方玉润指出："诗中亦无一语及宫闱，况文王、大姒耶？窃谓风者，皆采自民间者也。若君妃，则以颂体为宜。此诗盖周邑之初婚者……"从诗的内容看，《关雎》的确写的是男子向他钟爱的女子求爱的过程。

此诗原作三章：一章四句，二、三两章各八句。汉郑玄从文义上将后二章各分为两章，共五章。兹从旧说。第一章先出女主人公。诗人以雎鸠在河中小洲上和鸣，以其生有定偶而不相乱，偶常并游而不相狎之意，而兴起淑女是君子的好匹配。这一章的佳处，在于它那种舒缓平正之音，并以这种音调领起全篇，形成全诗"中和之美"的基调，而且"窈窕淑女，君子好逑"为纲目，统摄全诗。

第二章抒发求之不得的忧思。"参差荇菜"是承"关关雎鸠"而来，也是洲上生长之物，即景生情。长短不齐的荇菜，或在船左，或在船右，流动无方，隐喻淑女之难求。那追求"窈窕淑女"的痴情男子的思想感情亦如波似澜，如荇菜之流动变幻。紧接"窈窕淑女"二句；由顶针过渡到"求之不得，寤寐思服"，真可谓昼思夜想，魂牵梦绕。而到"悠哉悠哉，辗转反侧"，语出反复，词为双声，说明耿耿长夜，卧又不安席。"求"字是全篇的中心，这首诗通篇都在描写一个男子对女子的追求过程，即从深切的思慕到现实结婚的愿望。

第三章写求而得之的欢悦。"参差荇菜"二句，接上章反复叠唱。"采之""芼之"，仅易一字，描绘姑娘在船上忽左忽右拔取荇菜，还是就眼前景物起兴。拔起荇菜的灵活自如，表示求女既得，当同她相亲相爱，热烈喜庆，以示友爱。"友之""乐之"，用字自有轻重，深浅不同。

通篇写一个男子向一个女子求爱的过程，其间起伏变化，曲致情致，心态景状，历历如绘，"极其哀乐而皆不过其则""独声气之和，有不可得而闻者"，无怪乎古人称道此诗写得快足满意而又不涉于佻靡，所以孔子云："《关雎》乐而不淫，哀而不伤。"

毛泽东在自己的讲话和文章中数次谈到《关雎》这首诗。首先，肯定它是一首爱情诗。1957年3月8日，毛泽东在《同文艺界代表的谈话》（载《毛泽东文集》第七卷，第249—258页）中说"《诗经》第一篇是不是《吻》这类的作品？"《吻》是曰白写的一首爱情诗，发表在《星星》1957年1月创刊号上。《诗经》第一篇就是《关雎》，毛泽东用反问句式表示了对《关雎》是首爱情诗的肯定意见。其次，认为《关雎》一诗没有什么诗味。在《同文艺界代表的谈话》中，毛泽东还明确地说："那《诗经》第一篇，我看也没有什么诗味。"1957年3月7日，毛泽东在《在普通教育工作座谈会上的讲话》中说："'关关雎鸠'这几句诗一点诗味也没有。"（《毛泽东文集》第七卷，第245—248页）毛泽东用以部分代整体的手法，指出《关雎》主要用兴的艺术手法。1965年7月21日，毛泽东在《致陈毅的信》中，强调诗歌创作"要用形象思维，不能如散文那样直说，所以比、兴两法是不能不用的。……'兴者，先言他物以引起所咏之词也'。"毛泽东所引关于"兴"的定义，见于南宋朱熹《诗集传·关雎》注。朱熹认为《关雎》三章用的都是"兴"法，并做了具体分析。他所谓"周之文王生有圣德，又得圣女姒氏以为之配"的附会，自不可取，但他指出《关雎》一诗主要的艺术手法是兴，是颇有见地的。此诗以雎鸠之"挚而有别"，兴淑女应配君子；以荇菜流动无方，兴淑女之难求；又以荇菜既得而"采之""芼之"，兴淑女既得而"友之""乐之"等。这种手法的特点，在于寄托深远，能产生文已尽而义无穷的效果。毛泽东看来是同意朱熹的这种艺术见解的。（毕桂发）

【原文】

周南·葛覃

葛之覃兮[(1)]，施于中谷[(2)]，维叶萋萋[(3)]。黄鸟于飞[(4)]，集于灌木[(5)]，其鸣喈喈[(6)]。

葛之覃兮，施于中谷，维叶莫莫[(7)]。是刈是濩[(8)]，为絺为绤[(9)]，服之无斁[(10)]。

言告师氏[(11)]，言告言归[(12)]。薄汙我私[(13)]，薄浣我衣[(14)]。害浣害否[(15)]？归宁父母[(16)]。

【毛泽东圈评等情况】

又诗要用形象思维，不能如散文那样直说，所以比、兴两法是不能不用的。赋也可以用，如杜甫之《北征》，可谓"敷陈其事而直言之者也"，然其中亦有比、兴。

[参考]：《致陈毅的信》（1965年7月21日），《毛泽东诗词集》，中央文献出版社1996年版，第266页。

【注释】

（1）葛，多年生蔓生植物，用葛皮纤维织的布，叫作葛布。覃，长，指葛藤。

（2）施（yì），延，指葛藤蔓延。中谷，即谷中。

（3）维，语首助词，或称发语词。萋萋，茂盛之状。

（4）黄鸟，《诗经》里的黄鸟或指黄莺，或指黄雀，都是鸣声好听的小鸟。这里似指黄雀，身小，色黄。于，在。

（5）集，群鸟栖息在树上。灌木，丛生的树木。

（6）喈喈（jiē），鸟鸣声。

（7）莫莫，即"漠漠"，茂密之状。

（8）是，乃，于是。刈（yì），割。濩（huò），煮。煮葛是为了取其纤维，用来织布。

（9）为，动词，这里指织成。绤（chī），细葛布。绤（xì），粗葛布。汉毛亨《毛诗故训传》："精曰绤，粗曰绤。"

（10）斁（yì），厌恶。"服之无斁"，言服用绤之衣而无厌恶。

（11）言，语助词，无实义。高亨说："言，诗为焉，连词，于是也。"（《诗经今注》）师氏，古时教导女子学习女工（如织布、缝衣之类）的人。

（12）告，指告于公婆和丈夫。归，回娘家探亲。

（13）薄，语助词，有勉力、赶快之意。《广雅·释诂》："薄，迫也。"汙，指洗衣去污。私，内衣，贴身衣服。

（14）浣（huàn），洗涤。衣，指穿在表面的衣服。

（15）害，"曷"的假借字，同"何"。此句是说哪些需要洗，哪些不用洗。

（16）归宁，妇女回娘家省亲问安。宁，问安。

【赏析】

这是一首写贵族女子准备归宁的诗。由归宁引出"澣衣"，由"衣"而及"绤""绤"，由"绤""绤"而及"葛覃"。而诗却以葛覃开头，最后才点明题旨。全诗表现的是婚后女子就要回娘家探望父母的喜悦心情，极富生活情趣。归宁喜悦，洋溢在字里行间，而三章表现各不同。

《葛覃》写的是女子归宁。当时的女子出嫁后，回娘家是一件大事，值得高兴。然而诗并不从她归宁直接写起，而是先写季节，写天气，写自然景物。首章写山谷之中，葛藤长得十分茂盛，叶子翠绿，黄雀上下飞鸣，停落在灌木丛中。

诗人用了六句，二十四个字，先描绘一幅阳光明媚的春景。宋代学者朱熹在《诗集传·葛覃》中批注道："赋也。"他为赋下定义说："赋者，敷陈其事而直言之者也。"接着他具体分析了首章是怎样用赋法的："盖后妃既成绤而赋其事，追叙初夏之时，葛叶方盛，而有黄鸟鸣于其上也。"在朱熹看来，葛藤长满山谷，枝叶茂密，黄雀飞上飞下，鸣声悦耳动听，诗人一一铺写出来，这就是"赋"的写法。

第二章写到收割葛藤，煮葛，然后用葛的纤维织成粗布、细布，做成衣服。这样的衣服，穿起来舒舒服服。"服之无斁"四个字，朴实无华地体现了穿着亲自割、亲自煮、亲自织，并且亲自缝制衣服的那种高兴而得意的心情。朱熹认为，此章用的也是赋法。他具体分析说："此言盛夏之时，葛既成矣，于是治以为布，而服之无厌。盖亲执其劳，而知其成之不易，所以心诚爱之，虽极垢弊而不忍厌弃也。"

最后一章写到诗的主题了。活终于干完了，女子可以回娘家探望自己的父母去了。她征得了公婆的同意，是多么高兴啊！她告诉"师氏"，快快帮我收拾衣物吧，哪件衣服当洗，哪件衣服不当洗，赶紧挑出来，我就要动身省亲了。"归宁父母"一句为全诗的结穴。而整首诗的写法是逐层渲染愉悦的气氛，急于准备归宁的情事，先设悬念，最后点题。朱熹认为，此章用的也是赋法，他分析说："上章既成绤绤之服矣，此章遂告其师氏，使告于君子以将归宁之意。且曰：盍治其私服之污，而浣其礼服之衣乎？何者当浣，而何者可以未浣乎？我将服之以归宁于父母矣。"

朱熹还在诗题下总批道："此诗后妃所自作，故无赞美之词。然于此可以见其贵而能勤，已富而能俭，已长而敬，不弛于师傅，已嫁而孝，不衰于父母，是皆德之厚而人所难也。小序以为后妃之本，庶几近之。"毛诗《小序》说："后妃在父母家，则志在于女工之事；躬俭节用，服瀚濯之衣；尊敬师父；则可以归安父母。"朱熹同意毛诗《小序》的说法：此诗是写周文王之妃大姒的，并认为是后妃自作。这显然是出于宣扬封建伦理道德的牵强附会，自然不足为法。但他认为这首诗写归宁女子的勤、俭、敬、孝的品德，应该说是极有见地的。

这首诗在艺术上，也有值得称道之处，那就是动静虚实结合得宜。例如诗第一章的景物描写：葛藤长得很茂盛，爬满山谷，呈现出一种静态美；黄鸟上下飞鸣，穿行于树丛中，悦耳的叫声，艳黄的颜色，表现出一种动态美。动静结合，描绘出一幅美丽的图画。这幅美丽的景色，是我们一眼便可以看到的，是实写；透过这实景，洋溢着一种欢乐的气氛，则是虚写。景实而情虚，情景交融，使我们感受到一种美感。

　　1965 年 7 月 21 日，毛泽东在《致陈毅的信》中，强调诗歌创作"要用形象思维，不能如散文那样直说，所以比、兴两法是不能不用的。赋也可以用，如杜甫之《北征》"，可谓"敷陈其事而直言之者也，然其中亦有比、兴。"这段话中毛泽东所引关于赋的定义——"敷陈其事而直言之者也"，便出自南宋朱熹《诗集传》中《葛覃》篇注释。可见毛泽东对《葛覃》诗也是熟知的。（毕桂发）

【原文】

周南·螽斯

　　螽斯羽[(1)]，诜诜兮[(2)]。宜尔子孙[(3)]，振振兮[(4)]！

　　螽斯羽，薨薨兮[(5)]。宜尔子孙，绳绳兮[(6)]！

　　螽斯羽，揖揖兮[(7)]。宜尔子孙，蛰蛰兮[(8)]！

【毛泽东圈评等情况】

　　又诗要用形象思维，不能如散文那样直说，所以比、兴两法是不能不用的。赋也可以用，如杜甫之《北征》，可谓"敷陈其事而直言之者也"，然其中亦有比、兴。"比者，以彼物比此物也""兴者，先言他物以引起所咏之词也"。

　　　　[参考]：《致陈毅的信》（1965 年 7 月 21 日），《毛泽东诗词集》，
　　　　　　　　　中央文献出版社 1996 年版，第 266 页。

【注释】

　　（1）螽（zhōng）斯，蝗虫。蝗虫繁殖力强，产卵多，故用来比人之多子。

（2）诜诜（shēn），初生时扇动翅膀发出的声音。

（3）宜，适合，多用于上下承转。清陈奂《毛诗传疏》："承上转下之词。"尔，你，指螽斯。

（4）振振，奋起群飞之状。东汉许慎《说文解字》："振，奋也。"南宋朱熹《诗集传》："比也。……比者，以彼物比此物也。"

（5）薨薨（hōng），群飞时发出的声音。

（6）绳绳，绵延不绝之状。南宋朱熹《诗集传》："不绝貌。"

（7）揖揖，上下飞舞发出的声音。

（8）蛰蛰（zhé），蛰伏之状，指安静而各得其所。明何楷《毛诗世本古义》："曰蛰蛰者，安静而各得其所也。"

【赏析】

《螽斯》是一首祝愿多子多孙、后代昌盛的诗，全诗用比体，是我国早期的咏物诗。螽斯，蝗虫之一种，繁殖力极强，产卵众多，故用以比人之多子。亦有人认为："这是劳动人民讽刺剥削者的短歌，诗以蝗虫纷纷飞翔，吃尽庄稼，比喻剥削者子孙众多，夺尽劳动人民的粮谷，反映了阶级社会的阶级实质，表达了劳动人民的阶级仇恨。"（高亨《诗经今注》）不无道理，可备一说。

在我国古代有这样一种认识，以为多生子便能多得福，子孙众多是人生的可喜可贺之事。所以，古人在表示对人的良好祝愿时，就莫过于多子多孙、子孙满堂之类的话题。《螽斯》正是利用螽斯生子繁多的特点，比喻人的子孙众多，从而艺术地表现了对多子者的祝贺。

南宋朱熹在《诗集传》中认为此诗的表现手法是"比"，三章全用比法，并为"比"下定义说："比者，以彼物比此物也。"他结合此诗内容分析说："后妃不妒忌而子孙众多，故众妾以螽斯之群处和集而子孙众多比之。言其有是德而宜有是福也。"朱熹将此诗附会为"后妃不妒忌""众妾以螽斯之群居和集而子孙众多"，为一夫多妻制辩解，虽不足为法，但他指出此诗的主要艺术特点是用"比"，是颇有艺术眼光的。第一章是说，螽斯的绿翅膀，扇动发出"诜诜"的声音。你的众子孙啊，奋起群飞多喜人。朱熹认为这是"比",诗人是用"螽斯""一生九十九子"且群居"和集",来比喻"后妃不妒忌而子孙众多",这就是"以彼物(螽斯)比此物(人)也",就是用比的写法。第二章说,螽斯的绿翅膀,群飞时发出"薨薨"的声音。你的众子孙啊,绵绵不绝多喜人。这是用螽斯的绵延不绝来比喻人的子孙满堂。第三章说,螽斯的绿翅膀,上下飞舞发出"揖揖"的声音。你的众子孙啊,安静而各得其所。这是用螽斯的蛰伏之状来比喻众多子孙和睦相处。三章都是用比法,是将螽斯的几种特征来比喻人的多子多孙、福祚绵长。"诜诜""薨薨""揖揖",都是状声词,而"振振""绳绳""蛰蛰",都是状态词。全诗仅三十九字,就有六对重言叠字,所以,重言叠字用得多又成了本诗艺术表现上的又一特点。作为六个单字,诜、振、薨、绳、揖、蛰,其含义是单薄的,而一旦各为叠字重言,词义就发生了新的变化,即形成一组形容螽斯多子、人多子孙的既形象又生动的形容词。而且每一重言叠字都可以缀上语气词"兮",作为独立的语句,在全篇中间隔成为诗行。这样,便产生一种连绵和谐、声调优美、醒目悦耳的艺术效果。

1965 年 7 月 21 日,毛泽东在《给陈毅的信》中,强调诗歌创作"要用形象思维,不能如散文那样直说",所以比赋、比、兴法都可以用。在阐释赋、比、兴时,他援引了朱熹的说法,其中朱熹释比为:"比者,以彼物比此物也",即出自《诗集传·螽斯》注,可见他对《螽斯》诗也是很熟悉的。(毕桂发)

【原文】

周南·兔罝

肃肃兔罝[(1)],椓之丁丁[(2)]。赳赳武夫[(3)],公侯干城[(4)]。

肃肃兔罝,施于中逵[(5)]。赳赳武夫,公侯好仇[(6)]。

肃肃兔罝,施于中林[(7)]。赳赳武夫,公侯腹心[(8)]。

【毛泽东圈评等情况】

张伯驹挽陈毅联：

仗剑从云，作干城，忠心不易，军声在淮海，遗爱在江南。万庶尽衔哀，回望大好河山，永离赤县。

挥戈挽日，接尊俎，豪气犹存，无愧于平生，有功于天下。九泉应含笑，伫看重新世界，遍树红旗。

[参考] 原建新：《情谊重如山——记陈毅与张伯驹的交往》，
《人民政协报》1992 年 5 月 8 日。

【注释】

（1）肃肃，网眼细密之状。清马瑞辰《毛诗传笺通释》："肃肃，盖缩缩之假借。《通俗文》：'物不申曰缩。'兔罝本结绳为之，言其结绳之状，则为缩缩。"近人闻一多《古典新义·诗经新义五》："肃当读为缩，缩犹密也……《诗》'肃肃'即'缩缩''数数'，网眼细密之貌也。"兔，野兔。一说当作"菟"，即虎。罝（jū），捕兔的网，泛指捕兽的网。汉毛亨《毛诗故训传》："兔罝，兔罟也。"

（2）椓（zhuó），敲击，即把系网的木桩打入地里。丁丁（zhēng），象声词，打木桩发出的声音。

（3）赳赳，雄健威武之态。汉毛亨《毛诗故训传》："赳赳，武貌。"

（4）公侯，公爵与侯爵。《礼记·王制》："王者之制禄爵，公侯伯子男凡五等。"东汉班固《白虎通·爵》："所以名之为公侯者何？公者通，公正无私之意也；侯者候也，候逆顺也。"泛指有爵位的贵族和官高位显的人。干，盾牌。《尚书·牧誓》："称尔戈，比尔干，立尔矛，予其誓。"唐孔颖达疏："干，楯也。"楯，通"盾"。城，城池。干城，比喻捍卫或捍卫者。

（5）施，设置，安放。逵（kuí），四通八达的道路。中逵，即逵中，此指野兽经常出没之路径。

（6）仇，读为"俦"，伴侣，朋友。

（7）中林，林中。

（8）腹心，肚腹与心脏，皆人体的重要器官。亦比喻贤智策谋之臣。东汉郑玄《毛诗》："此置兔之人，于行攻伐，可用为策谋之臣，使之虑无，亦言贤也。"

【赏析】

《兔罝》是一首称赞青年猎手的诗，赞美他善于捕猎而又威武雄健，足可以做公侯的卫士和智谋之臣。

全诗三章，首章一开始就写猎人的经验和才干。"兔罝"是猎人捕兔子所设置的网。一张网眼极其细密的网，再加上打桩的丁丁的声响，使人感到这些猎手的孔武有力和身手的矫健。起首二句是一种且兴且赋之法。"赳赳武夫，公侯干城"，从前三句到后二句有一个飞跃。由猎手，而"武夫"，而"干城"，是诗人的联想在发挥妙用。打猎与战斗本来就关系密切，好猎手与好武士，也有着必然的联系。而"兔罝"的起义，又有一种比义，那些猎手捕兔的功夫，恰好是"赳赳武夫"擒敌本领的比照。似乎任何顽敌在他们面前，都不过是束手就擒的猎物。如果按照别一解释，"兔"即"菟"之假借，菟就是老虎的话，那么这些武夫更是勇猛过人的"缚虎手"了。这种解释认为"捕虎方见勇武"，似乎颇有道理，但是仔细一想，未免大谬。试想，虎为兽中之王，勇猛如武松者，费尽吃奶的力气，才打死了一只，穿着虎皮在景阳冈埋伏的众猎户见之愕然大惊，虎岂是布网可以捕得到的？

第二、三章是首章的叠咏和深化。诗中猎手从开始打桩设网，渐次施于"中逵"，是在四通八达的道路中设网；进而再施于"中林"，是在树林中埋伏。这样，兔子们不管走大道还是走小路，恐怕都要自投罗网，有去无回了。而"赳赳武夫"也由王侯之"干城"，进而为"王侯好仇"，即好伙伴、好朋友；乃至"王侯腹心"，即王侯的贤智策谋之臣，或者如有人把"腹心"解作"心腹"，那就成了王侯不可或缺的亲信了。此诗三章中武夫地位的变迁，可见当时对赳赳武夫的看重、崇拜、渴求。因为周朝前后各部族之间一直征战不休，这些武士构成了保卫公侯和对外征战的主要工具，有如一条常设的兔罝，设置在大道上，埋伏在树林中，严阵以待，随时歼灭来犯之敌并捕获战利品。因此，从兔罝联想到武夫，正是当时生存环境的写照，也是出于安危需要而产生的尚武扩张心理的反映。诗中对设网捕兔的描写，从较勇到较智，从斗力到斗工具中，原始军事思想的脉络从此可见一斑。

陈毅元帅逝世时，民主人士张伯驹送了一副挽联，其中有"仗剑从云，作干城"的句子，用了《诗经》中的两个典故，而"作干城"，即典出《兔罝》，"赳赳武夫，公侯干城"。这是赞扬陈毅元帅的军功的，受到毛泽东的高度赞赏。据原新建《情谊重如山——记陈毅与张伯驹的交往》(《人民政协报》1992年5月8日刊载)："1972年，陈毅同志不幸逝世。1月10日中共中央在八宝山革命公墓礼堂为陈毅举行追悼大会。9时许，毛泽东以及党和国家领导人出现在追悼会上。毛泽东面对陈毅同志的遗像，默默肃立。顷刻，他从礼堂一个角落里发现了一副挽联，立即吟诵起来：'仗剑从云，作干城……'吟罢，毛主席立刻倍加赞赏地说：'这副对联写得好啊！'老人家沉思了片刻，徐徐转过头来，问张茜同志：'张伯驹呢，张伯驹来了没有？''张伯驹没有来。追悼会不允许他参加。他们夫妇俩从吉林回来，一没有户口，二没有工作，生活很困难。'张茜的声音低沉，强抑着眼中的泪水。这时，毛主席的目光又回到张伯驹那副挽联上。良久，他转过身，对周总理说：'你过问一下，尽快解决。'"

这副挽联的上联扣住陈毅一生中最为卓越的军功：率部转战在江南红军革命根据地，坚持抗日在大江南北，领导华东野战军参加淮南战役。……热情地赞颂了陈毅为革命忠心不易的崇高品质，勾勒了一个中华人民共和国元帅浩气凛然的英雄形象，描绘了陈毅病逝后，人民群众无限悲哀、催人泪下的悲壮场面；下联叙写了陈毅在外交风云以及在十年动乱中，力排困难，不顾打击和迫害，仍以挥戈挽日的英雄气概，扭转危局，功高天下。全联紧紧扣住陈毅一生中最为典型的事件，表现陈毅的丰功伟绩，一气贯下，豪迈而遒劲，运用典故恰切自如，内涵十分丰富，词句对仗工稳，平仄相协，是挽联中的上品，所以会引起毛泽东的高度重视。(毕桂发)

邶风·柏舟

泛彼柏舟⁽¹⁾，亦泛其流⁽²⁾。耿耿不寐⁽³⁾，如有隐忧⁽⁴⁾。微我无酒⁽⁵⁾，以敖以游⁽⁶⁾。

我心匪鉴⁽⁷⁾，不可以茹⁽⁸⁾。亦有兄弟⁽⁹⁾，不可以据⁽¹⁰⁾。薄言往愬⁽¹¹⁾，逢彼之怒⁽¹²⁾。

我心匪石，不可转也⁽¹³⁾。我心匪席，不可卷也⁽¹⁴⁾。威仪棣棣⁽¹⁵⁾，不可选也⁽¹⁶⁾。

忧心悄悄⁽¹⁷⁾，愠于群小⁽¹⁸⁾。觏闵既多⁽¹⁹⁾，受侮不少。静言思之⁽²⁰⁾，寤辟有摽⁽²¹⁾。

日居月诸⁽²²⁾，胡迭而微⁽²³⁾？心之忧矣，如匪浣衣⁽²⁴⁾。静言思之，不能奋飞⁽²⁵⁾。

【毛泽东圈评等情况】

白云山头云欲立，白云山下呼声急，枯木朽株齐努力。枪林逼，飞将军自重霄入。

七百里驱十五日，赣水苍茫闽山碧，横扫千军如卷席。有人泣，为营步步嗟何及！

[参考]:《毛泽东诗词集》，中央文献出版社1996年版，第40页。

【注释】

（1）柏舟，柏木制造的船。

（2）泛其流，顺水而流。

（3）耿耿（gěng），耿字从耳从火，心烦耳热之态。寐，睡着。

（4）如，乃，而。隐忧，藏在心里的忧愁。

（5）微，非。

（6）敖，古"遨"字，游。

（7）匪，同"非"，不是。鉴，即"鉴"，镜子。

（8）茹，容纳。南宋严粲《诗缉》："鉴虽明，而不择妍丑，皆纳其影。我心有知善恶，善则从之，恶则拒之，不能混淆纳之。"

（9）兄弟，指娘家的哥哥弟弟。

（10）据，依靠。

（11）薄，急急忙忙。言，读为"焉"。遡（sù），同"诉"，申诉。

（12）逢，遭到。彼，指上文所说娘家兄弟。

（13）转，转动。两句是说我的心不像石头一样，可以随便转动，意谓不能任人摆布。

（14）席，席子。卷，卷起来。

（15）威仪，指举止仪态威严正派。棣棣（dì），雍容儒雅之状。

（16）选，遗，抛弃。东汉许慎《说文解字》："选，遣也。"

（17）悄悄，忧愁的状态。

（18）愠（yùn），怒。群小人，指婆家家族中一群心术不正的人。

（19）觏（gòu），同"遘"，遭遇。闵（mǐn），忧患。

（20）静言，犹"静然"，静下心来。

（21）寐，醒着。辟，同"擗"，捶胸。摽（piào），同"嘌"，拍击的声音。

（22）日居（jī）月诸，即日月。后用以指岁月的流逝。居、诸，都是语气词，无义。

（23）胡，何。迭（dié），更替。微，指微弱无光。

（24）浣（huàn），洗。

（25）奋飞，鼓翼高飞。

【赏析】

这是一首众说纷纭的诗，争论的问题有两个，即诗的背景和内容。大体上有两种说法：一是认为是男子之诗。这种说法最早起于《毛诗序》："《柏舟》，言仁而不遇也。卫顷公之时，仁人不遇，小人在侧。"其说从者甚多。二是认为是女子之诗。其说最早是汉刘向在《列女传》中提出，他说《柏舟》是"卫宣夫人"之诗，也就是说是女子所作。到了宋代，朱熹反对《毛诗序》，作《诗序辨说》斥为"凿空妄语，以诳后人"，又说："且如《柏舟》，不知其出于妇人而以为男子，不知其不得于夫而以为不遇于君，此则失矣。"又作《诗集传》，在此诗下注云："妇人不得于其夫，故以柏舟自比。……《列女传》以为妇人之诗。今考其辞气卑顺柔弱且居变风之首，而与下篇（指《绿衣》）相类，岂亦庄姜之诗也欤？"今姑从朱氏之说。这首诗写一个女子，在其夫家受到欺侮和伤害，内心非常痛苦，但她秉性坚强，自持自重，渴望摆脱，而又毫无办法，满怀怨情，呼天抢地，发为悲吟。

全诗共五章。第一章诗人以柏舟在河水中漂浮不定起兴，抒写身不由己的悲哀。这种悲哀使她夜不成眠，焦灼不安。她想借酒浇愁或出去遨游来加以摆脱，但一切都无济于事。第二章，诗人以镜子作喻，不分美丑全照进来，意谓她能容别人与自己争宠，但她毕竟失宠了。在夫家受辱，她只得向娘家的"兄弟"求助，不料，不仅没有得到支持，反而惹得他勃然大怒。女子孤立无援的处境，内心委屈无处诉的痛苦跃然纸上。但这女子是位刚烈的女子，她并不屈服于任人摆布的命运，所以，第三章连用"我心匪石""我心匪席"两个比喻、表示自己的决心决不动摇，自己的威仪无一不善，这样，一个高傲、不屈，决心捍卫自己正妻地位的贵妇形象便栩栩如生了。是什么原因把这位女子逼到这种尴尬的境地呢？第四章女子由痛苦的自诉，转为愤怒的控诉：众妾的中伤、挑拨离间使她失宠。原来她的受污辱、受损害源于奴隶制社会盛行的媵妾制。《诗经》中有不少诗篇反映了这种制度。如《诗经·大雅·韩奕》记载韩侯娶妻众妾相随的情景说："诸娣从之，祁祁如云。"汉毛亨《毛诗故训传》解释说："诸娣，众妾也。"在这种制度下，妻妾争宠自然在所难免，失宠乃至被弃便不足为怪。这位女子受丈夫群妾的中伤、陷害太深重了，以致经常在睡梦中惊醒，拊心捶胸来解除自己的痛苦。这充分表现了女子不屈不挠、刚烈的一面。虽然她做了种种奋争，最终也不能改变自己的命运。第五章写这女子失望了，她责问苍天，诅咒日月。她感叹自己的痛苦像脏衣服一样无法洗净。她想"奋飞"，以摆脱可悲的处境，却力不从心。她的悲剧已经铸就，无可挽回。至此，一个充满愤懑而又孤苦无告的妇女形象便塑造成功了。

本诗在艺术上的特色是比喻的杰出运用。全诗六用比喻各不相同："泛彼柏舟，亦泛其流"，比喻忧心沉重而飘忽无依；"日居月诸，胡迭而微"，比喻丈夫受群妾谗蔽；二者都是隐喻。"心之忧矣，如匪浣衣"，则明喻忧不可去。"我心匪鉴""我心匪石""我心匪席"，三者都是反喻。这些都说明其喻法是变化多样的。清姚际恒《诗经通论》谓末三"匪"字"前后错综"，是指"匪鉴"句为单句，"匪石""匪席"四句为排句，这又见其句法之变化。

毛泽东在1931年夏写的《渔家傲·反第二次大"围剿"》"横扫千军如卷席"句中"卷席"二字，即典出于本篇"我心匪席，不可卷也"。原意是说我的心不是席子，不能任人卷曲，表现了女子刚强不屈的性格。毛泽东在词中使用"卷席"二字，是说第二次反"围剿"，红军从西向东打，追亡逐北，消灭了大量敌人，像卷席子一样，极言把敌人收拾得干净利落。（毕桂发　张桂芳）

【原文】

邶风·静女

静女其姝(1)，俟我于城隅(2)。爱而不见(3)，搔首踟蹰(4)。
静女其娈(5)，贻我彤管(6)。彤管有炜(7)，说怪女美(8)。
自牧归荑(9)，洵美且异(10)。匪女之为美(11)，美人之贻。

【毛泽东圈评等情况】

1956年夏季，毛主席乘专列去北戴河——列车刚启动，主席在客厅对我们说："今天是礼拜六，你们有没有约会呀！""有，我有。"我脱口冒出两句。

毛主席望着我一面带微笑，亲切地说："跟什么人有约会?"

我很不好意思，但又不能不回答，所以声音很低地说："跟男朋友"，并告诉主席就是为他作食品检验的那个小吕（宝璋）。

....

大家笑了，沉默了一会，主席忽然想到了什么说："哎呀，搅了你们的好事，怎么办？你们打算在哪儿约会？"主席皱着眉头，还有些着急的样子。

"说好了去中山公园玩，在门口，没有事。"

毛主席摇摇头说："久了会出误会的。"

晚上，我给主席把削好的铅笔送去，转身要离开时，主席说："小姚，你等等，有个东西你拿给小吕看一看。"毛主席将顺手写好的诗交给我：

> 静女其姝，
> 俟我于城隅，
> 爱而不见，
> 搔首踟蹰。

［参考］姚淑贤：《在毛主席专列上的日日夜夜》，
《党的文献》1994 年第 3 期。

【注释】

（1）静，安详，不轻佻。姝（shū），美丽。

（2）俟，等待。城隅，城角，幽僻之处。

（3）爱，借为"薆"，隐蔽。一说作"喜爱"讲，亦可通。

（4）搔首，用手挠头。踟蹰（chí chú），徘徊。

（5）娈，美丽俊俏之态。

（6）贻，赠送。彤管，红色的嫩茅草。一说红色的笔。南宋朱熹："未详何物。"

（7）炜（wěi），红而有光。

（8）说怿（yuè yì），喜悦。女，通"汝"，义含双关，字面上指彤管，实际指所爱的女子。

（9）牧，野外放牛羊的地方。归，借为"馈"，赠给。荑（tí），草名，白茅始生称荑。

（10）洵，确实。异，出奇。

（11）匪，通"非"，不是。女，通"汝"，指荑草。

【赏析】

《静女》是东周后期产生于邶地（今河南淇县境）的民歌。诗的内容是写一对青年男女幽会的情景，通篇由男子口吻道出。"静女"，据毛传及余冠英译文均谓文静的姑娘。然据清马瑞辰《毛诗传笺通释》，"亦当读为靖，谓善女，犹云淑女，硕女也"，则"静女"犹言"靓女"，乃是男子对心上人儿的爱称。从后文"自牧归荑"一句又可悟出，这位靓女乃是一位牧羊姑娘。全诗三章，第一章写未见时的喜悦与焦灼，第二、三两章写既见时的欢欣与幸福。

先看首章，"静女其姝，俟我于城隅。"起首二句仅九个字，便点明了会见的对象和幽会的地点。开头用"静女其姝"写女子，表达了男子对女子的赞美，同时也流露出一种倾慕的感情。连同下一句"俟我于城隅"，就生动地写出了男子赴约会时的欢欣、愉快、幸福，以及不无得意的心情。但下面却突然一转，写男子依约而至约会地点，却找不到那个女子，原来天真、活泼而调皮的姑娘看到男子来了，便故意隐藏起来了。这样一来，可急坏了那个满怀欣喜而兴冲冲赶来的男子，于是急得他抓耳挠腮，走来走去。"搔首踟蹰"一语，穷形尽相地写出当时那个男子焦灼万状的情态，同时，也表现了他对所钟情女子的迷恋程度。

如果说，那男子对女子的挚爱，在第一章中主要是通过动作表情刻画的，那么，在第二、三两章中，这种情感则更多的表现在细致的心理描写上。第三章唱道："静女其娈，贻我彤管。"美丽的人儿好不容易露面了，并且还带来了见面礼——彤管。所谓"彤管"，当是一种红色的空心嫩茅草，即下章中的"荑"。这样讲，比较切合女子牧羊女的身份——女子在一次会见中赠送男子一物，断无是理。一根普普通通的嫩茅草，并不是什么贵重礼物，但是在那男子面前却流光溢彩了。其原因就在于，"说怿女美"，"女"，汝，表面指彤管，暗指那女子，一语双关，既写出了男子对礼物的珍爱，又由此表现了他对"静女"的深情。

第三章，便写约会后男子幸福地回味。"自牧归荑，洵美且异"，起首二句是说男子拿着那支不寻常的嫩茅草，觉得它实在美得出奇。何以言之？原来这茅草本是郊原上最平常最低贱的植物，人们从来没有把"它"和美联系起来。然而一经姑娘手赠，居然"洵美且异"。常言道"情人眼里出西施"，又道是"爱屋及乌"，这里是兼而有之了。这种恋爱中的心理，在诗中表现得十分真切。全诗最精警的还在最后两句，诗人通过那男子对这种新鲜感受的反复玩味，道出了一个富于哲理意味的结论："匪女之为美，美人之贻。"美在物，亦在人，美在形式，亦在内容，美在客观，亦在主观，于此完全统一了。于是朴素的诗句启发读者超越诗的本文，进而领悟到美的本质，美的真谛。诗中对茅草直接以人（汝）相呼，"卉木无知，却胞与而汝之，若可酬答，此诗人之真情洋溢，推己及他。而我多情，则视物可以如人"（钱钟书《管锥编》）。这种"尔汝群物"的移情手法，后世诗词多有运用，而此诗已肇其端。

全诗抒情叙事单纯，天真有趣，不仅内容是健康的，艺术上也是成功的，其语言的简练，构思的精巧，形象的生动，生活气息的浓烈，颇具牧歌情调，都不能不使我们两千多年以后的读者感到惊异。

1956年夏，毛泽东乘专列去北戴河，因为搅了女医务工作者姚淑贤与其男友吕宝璋的"约会"，而感到不安，当晚使用铅笔手书"静女其姝"等四句诗，让她拿给小吕看，以免引起误会，既表现了伟大领袖对身边工作人员的无比关怀，又说明他对《静女》一诗的熟悉与喜爱。（毕桂发）

【原文】

卫风·木瓜

投我以木瓜⁽¹⁾，报之以琼琚⁽²⁾。匪报也⁽³⁾，永以为好也⁽⁴⁾。
投我以木桃⁽⁵⁾，报之以琼瑶⁽⁶⁾。匪报也，永以为好也。
投我以木李⁽⁷⁾，报之以琼玖⁽⁸⁾。匪报也，永以为好也。

【毛泽东圈评等情况】

毛泽东在1965年6月26日给民主人士章士钊的信中说:"大作(按:指章著《柳文指要》)收到,义正词严,敬服之至。古人云:'投我以木桃,报之以琼瑶。'今奉上桃杏各五斤,哂纳为盼!投报相反,尚乞谅解。"

[参考]:《毛泽东书信选集》,人民出版社1983年版,第601页。

【注释】

(1)投,投赠。木瓜,蔷薇科落叶灌木的果实,椭圆形,淡黄色,味酸涩,有香气。

(2)报,报答,回赠。琼,赤色玉,引申为美玉的通称。琚(jū),一种佩玉。琼琚,珍美的佩玉。

(3)匪,通"非",不是。

(4)好,友好,友爱。

(5)木桃,果名,一种大桃子。

(6)瑶,美玉。一说似玉的美石。《尚书·禹贡》:"厥贡惟金三品,瑶、琨、篠簜。"

(7)木李,果名,即李子。一说木梨。

(8)玖,似玉的浅色黑石。

【赏析】

《卫风》是十五国风之一,是卫国(今河南北部)一带的民歌。《木瓜》是情人赠答的恋歌。

全诗三章,每章四句,每章只换两个词,其余词语完全相同。每章的开头两句,写男女互赠礼物,三、四两句写永结同心。作者似是男性,全诗以"我"的口吻写出。那位男青年对于意中人投赠的木瓜、木桃、木李等新鲜水果,欣喜万分,思欲以珍贵的琼琚、琼瑶和琼玖相报,以表示自己与所钟情的姑娘永结盟好的意愿,从而热情地赞扬了这种天真无邪的质朴恋情。写姑娘的赠物用"投",一个"投"字活画出女主人公热情、活泼的性格,也表现了她对爱情的勇敢追求。这个"投"字,又使我们想起后来的"抛绣球"招亲的"抛"字，仍不失东方古典女性的端庄。写小伙子对姑娘的回赠礼物只用一个"报"字，表现出男子的忠厚。他面对木瓜、木桃、木李传递的爱情信息，立即以珍贵的佩玉报答。这佩玉是可以永久保存的，它象征着男子对姑娘的钟情，对爱情的坚贞。这心意，唯恐姑娘不能领会，小伙子便索性作了彻底的表白：我把佩玉送给你，并不单纯是对你投木瓜、木桃、木李的回赠，而是表示永远爱你！这样的表白，简直是山盟海誓了。所以，这首诗反映了我国古代青年男女自由恋爱的幸福生活和他们对爱情的追求与忠诚。

这首诗在结构上也颇具特色，最突出的是重章叠句。在句法上以四言为主，兼用杂言，呈现出自由活泼的民歌特色。全诗每章四句，句子格式为：五、五、三、五。从一章看，参差变化，活泼自由；从全篇看，又整齐和谐，错落有致。尤为可贵的，是这种优美的形式和美好的感情达到了高度的统一。

这首诗中男女相爱互赠礼品的情事，便成了"投瓜""投木报琼"的出典，后来人们便用以指报答他人对待自己的深情厚谊。毛泽东1965年6月26日致民主人士章士钊的信中感谢他所赠"大作"（《柳文指要》），"奉上桃杏各五斤"，并援引《木瓜》中"投我以木桃，报之以琼瑶"的诗句，说是"投报相反"，便是这种用法，表现了他对老朋友章士钊的深挚友谊。（毕桂发）

【原文】

王风·中谷有蓷

中谷有蓷[1]，暵其干矣[2]。有女仳离[3]，嘅其叹矣[4]。嘅其叹矣，遇人之艰难矣[5]。

中谷有蓷，暵其脩矣[6]。有女仳离，条其啸矣[7]。条其啸矣，遇人之不淑矣[8]。

中谷有蓷，暵其湿矣[9]。有女仳离，啜其泣矣[10]。啜其泣矣，何嗟及矣[11]。

【毛泽东圈评等情况】

渔家傲·反第二次大"围剿"

一九三一年夏

白云山头云欲立，白云山下呼声急，枯木朽株齐努力。枪林逼，飞将军自重霄入。

七百里驱十五日，赣水苍茫闽山碧，横扫千军如卷席。有人泣，为营步步嗟何及！

[参考]：《毛泽东诗词集》，中央文献出版社 1996 年版，第 40 页。

【注释】

（1）中谷，谷中。蓷（tuī），野生药草，今名益母草，可医妇科病。

（2）暵（hàn），干燥。其，语助词，下文均同。干，枯萎。

（3）仳（pǐ）离，别离。汉毛亨《毛诗故训传》："仳，别也。"

（4）嘅（kǎi），叹息声，同"慨"。

（5）遇人之艰难矣，是说要嫁一个好丈夫是多么艰难啊！

（6）脩，本指肉干，这里指草旱而枯缩。

（7）条，长。"歗"，同"啸"，是指蹙口发声。条歗，即长啸，长长地嘘气出声。

（8）淑，善，良。

（9）湿，借为曒（qì），曝晒将干。

（10）啜（chuò），哭泣时抽噎之态。

（11）何嗟及矣，即"嗟何及矣"，悲叹也来不及。嗟，叹息声。

【赏析】

这是一首弃妇诗。一个女子，所遇非人，不幸被弃，追悔莫及而悲苦无告，唱出了这首自伤自悼的歌。弃妇诗产生有它深刻的社会原因。《诗经》反映的奴隶时代，不合理的男尊女卑的婚姻制度给广大妇女带来了巨大的痛苦。《大戴礼记·本命》云："妇有七去：不顺父母去，无子去，淫去，炉去，有恶疾去，多言去，窃盗去。"这就意味着丈夫可用任何一个借口休妻。所以，那时妇女动辄被抛弃。《诗经》中的《邶风·谷风》《卫风·氓》《郑风·遵大路》等都是弃妇诗，这首《中谷有蓷》也是这样的诗。

全诗共三章，没有具体描写这位弃妇的身世和生活遭遇，而是集中刻画她在被遗弃之后痛苦不堪的情状及其感叹。首章"有女仳离，嘅其叹矣"的"嘅其叹"，是写弃妇的吁叹，也许她回顾往昔的经历和身受的种种折磨，不禁悲愤万端，发为长叹与感慨，而"遇人之艰难矣"，概言女子要找个好男人实在不易；次章"有女仳离，条其啸矣"的"条其啸"，是激于义愤的长啸，也许她想到丈夫对自己的狠毒与无情，义愤填膺，口出长啸以泄心中的不平，而"遇人之不淑矣"，则是弃妇对丈夫恶劣品德的指斥；末章"有女仳离，啜其泣矣"的"啜其泣"，是弃妇哽咽抽泣之状。她想到如今无故遭丈夫遗弃的狠毒和日后无家可归的惨境，悲恸欲绝，泣不成声。而"何嗟及矣"，是说当初嫁与负心汉，铸成终身大错，如今追悔莫及。各章第四句都是描写弃妇的悲苦情态，同中见异，正如姜炳章所说"而叹，而啸，而泣，以渐而深"（《诗序广义》），极有层次地表现人物情绪由忧而愤而悲极的变化；而各章的第六句从"遇人之艰难矣"到"遇人之不淑矣"，再到"何嗟及矣"弃妇的感慨也是逐步加深的。这样简练的笔墨，便揭示出这位弃妇抚今追昔时忧愤与悔恨交加的复杂心理，生动地塑造了一位弃妇的形象。诗中弃妇的绝望无告的情状，令人十分同情与怜悯。清代方玉润说，"世之读《中谷有蓷》者"，无不"动其悲悯之怀"（《诗经原始》）。

"中谷有蓷，暵其干矣"，这是比兴手法。三章首二句结构相似，只换了一个主要动词"干""脩""湿"，其效用不仅为变文趁韵，且与全诗及情感变化密切相关。诗中的"暵"字通贯三章次句，汉毛亨《毛诗故训传》云："暵，菸貌，陆草先于谷中伤于水。"三章均以谷中枯萎的益母草兴起弃妇之不幸，而枯萎的益母草又使人联想到形容枯槁的弃妇，加之用重叠复沓的形式抒叹，渲染出一种悲慨的氛围，笼罩全篇，很好地突出了诗的主题。

这首诗艺术上还有一个特点，就是连用了十二个"矣"字。"矣"是语气词，一般用于句末，表示一种肯定的已然的语气。此诗"矣"的大量使用，表示一切都已既成事实，无可挽回，表达弃妇无可奈何的感情格外可信，而且也从诗的句式、音律上增强了诗的美感。

毛泽东在 1931 年夏写的《渔家傲·反第二次大"围剿"》中结末写道："有人泣，为营步步嗟何及！"是说蒋介石鉴于第一次"围剿"冒进失败，这次改用所谓"稳扎稳打，步步为营"的办法，结果仍遭惨败，嗟叹莫及。这首词中"有人泣"二句，显然是由《中谷有蓷》中末二句"啜其泣矣，何嗟及矣"二句脱化而来，不过一句写弃妇，另一句写失败的蒋介石，用途迥异，活用却极为形象生动。（袁湜　毕桂发）

【原文】

齐风·敝笱

敝笱在梁[(1)]，其鱼鲂鳏[(2)]。齐子归止[(3)]，其从如云[(4)]。

敝笱在梁，其鱼鲂鱮[(5)]。齐子归止，其从如雨。

敝笱在梁，其鱼唯唯[(6)]。齐子归止，其从如水。

【毛泽东圈评等情况】

仗剑从云，作干城，忠心不易，军声在淮海，遗爱在江南。万庶尽衔哀，回望大好河山，永离赤县。

挥戈挽日，接尊俎，豪气犹存，无愧于平生，有功于天下，九泉应含笑，仁看重新世界，遍树红旗。

————张伯驹挽陈毅联

【注释】

（1）敝笱（gǒu），破烂的鱼篓。敝，破坏。梁，鱼壩似水中堤，中穿孔，置笱于孔内。

（2）鲂（fáng），鳊鱼。鳏（guān），鳡鱼。汉毛亨《毛诗故训传》：

"鳏，大鱼。"明李时珍《本草纲目·鳞四·鳡鱼》："其性独行，故曰鳏。"诗以破鱼篓捉不住鱼比喻鲁国礼法破坏，不能约束文姜。

（3）齐子，齐女，指文姜。文姜是齐襄公妹，鲁桓公夫人，鲁庄公的母亲。归，回娘家（齐国）。止，语气词。

（4）从，仆从。如云，连下两章"如雨""如水"，均比喻盛多。

（5）鲔（xù），鱼名，即鲢鱼。

（6）唯唯，鱼来去自由之状。汉毛亨《毛诗故训传》："唯唯，出入不制。"

【赏析】

　　齐襄公原来和他的同父异母妹文姜通奸。鲁桓公三年（前709），桓公娶文姜为妻，十八年（前694）和文姜到齐国去，发觉了他们兄妹的奸情，斥责文姜。文姜告诉了襄公，襄公恼羞成怒，派公子彭生杀死桓公，鲁国立文姜生的儿子为君，是为鲁庄公。文姜成了寡妇，仍不时由鲁国到齐国去，和齐襄公幽会。鲁庄公二年（前692），文姜会齐襄公于禚邑（今山东长清西），四年（前690），文姜在祝丘（今山东郯城东北）宴请齐襄公，五年（前689），文姜到齐军中去，七年（前687），文姜会齐襄公于防（今山东费县东北），又会襄公于谷（今山东东阿县）。齐襄公与文姜兄妹通奸是春秋时期一件大丑事，所以《春秋》中有明文记载，《诗经》中《齐风》仅有的十一篇中便有《南山》《载驱》和《敝笱》三篇讽刺其事。《敝笱》无情地揭露了齐襄公与文姜兄妹私通的丑恶行径，讽刺了文姜糜烂无耻、放荡不羁的腐朽生活，对鲁庄公不能禁止文姜行淫乱之事，表示了极大不满和痛恨。

　　《敝笱》主要记述了文姜回齐国后与襄公荒淫无耻的秽行。按周朝的礼节，婚后的女子若回娘家省亲，必须由其双亲向夫家提出申请，得到夫家的许诺，方可堂堂正正地归宁。如果擅自返回，则会被时人讥笑。而作为鲁国国君之妻、齐国国君之妹的文姜，竟敢冒天下之大不韪，于鲁庄公十八年（前676）由鲁桓公陪同，在众多随从簇拥下，公然回到齐国。文姜一到齐国，便与"齐侯通焉"（通是通奸之意）。由此可知，这两个丧失人伦的兄妹，在文姜未嫁之前就勾搭成奸了。到了文姜嫁给鲁桓公之后，仍然旧情不忘。

《敝笱》通过"一唱三叹"的表现手法，表现文姜的厚颜无耻、放荡不羁。"敝笱在梁，其鱼鲂鳏。"首章起始二句用破烂的鱼篓不能捕住鱼来比鲁桓公的无用。表现上两句是嘲笑敝笱，但忽然跳出文姜回娘家的事，讽刺的对象便十分清楚了。古人在河上筑一小坝，中间留下空隙，放上捕鱼的篓子（笱），鱼要洄游，被小坝（河梁）挡住，只能向笱里钻，而且钻进去就出不来。现在破烂鱼篓根本捕不住鱼，所以各种鱼儿可以自来自去。"其鱼鲂鳏"，鲂鱼鳏鱼一点不受拘束。这两句表现上是叙事，实际上是比兴，引起下文的慨叹。"齐子归止"，"子"在秦汉以前不单指男性，也指女性。这里的"齐子"指文姜。归指回娘家，文姜从鲁国回到齐国，"其从如云"，跟随的侍从极其盛多，远远望去像一堆云彩。夫人回国不可能有这么大气派，这句话就包含着鲁桓公陪同她回来的内容。这表面上好像赞叹艳羡，实际是莫大的讽刺。

二、三两章结构用意与第一章相同，只是换个韵脚。第二章第二句中把"鲂鳏"换成"鲂鱮"，即鲢鱼；第三章第二句中把"鲂鳏"换成"唯唯"，"唯唯"是来往自如之意。但"其鱼唯唯"只能放在最后，这是从前两章的"鲂鳏""鲂鱮"发展而来，"其鱼唯唯"就无所不包了。二、三两章末句"其从如雨""其从如水"亦应如是观。因为"如水"比"如云""如雨"又进了一步，先有云，再有雨，再成水。这三者的次序是不能颠倒的。汉郑玄《毛诗传笺》云："云之行顺风也。"又云："如雨，言无常，天下之，则下；天不下，则止。"又云："水之性，可停可止。""云""雨""水"皆含此义，意在喻文姜之随从的态度、行为。随从们如云之行顺风，入鲁后步文姜后尘，亦步亦趋与之一同作恶；文姜之姪娣们（随从）善恶如雨随天变，行动皆文姜指使；侍御贱妾（亦指随从）看文姜脸色行事，如水之性可停可行。无论归齐，还是回鲁，一呼百应，行停自如。

《敝笱》中比、兴结合巧妙，有力地表现了主题。本诗不但深刻地揭露了文姜龌龊的行为、卑鄙的灵魂，也嘲讽了鲁桓公不能防闲文姜的软弱，矛头直指统治阶级，可谓淋漓尽致！

如前所述（第33页），陈毅元帅逝世时，著名民主人士张伯驹送了一副挽联，其中有"仗剑从云，作干城"的句子，连用了《诗经》中的两个典故，而"从云"即典出《敝笱》："齐子归止，其从如云。"张伯驹加以改造，写作"仗剑从云"，是形容陈毅领导革命战争，跟他一起闹革命的人甚众。这是赞扬陈毅元帅的军功，毛泽东倍加赞赏。（毕桂发）

【原文】

魏风·伐檀

坎坎伐檀兮[(1)]，寘之河之干兮[(2)]，河水清且涟猗[(3)]。不稼不穑[(4)]，胡取禾三百廛兮[(5)]？不狩不猎[(6)]，胡瞻尔庭有县貆兮[(7)]？彼君子兮，不素餐兮！[(8)]

坎坎伐辐兮[(9)]，寘之河之侧兮，河水清且直猗。不稼不穑，胡取禾三百亿兮[(10)]？不狩不猎，胡瞻尔庭有县特兮[(11)]？彼君子兮，不素食兮！

坎坎伐轮兮，寘之河之漘兮[(12)]，河水清且沦猗[(13)]。不稼不穑，胡取禾三百囷兮[(14)]？不狩不猎，胡瞻尔庭有县鹑兮[(15)]？彼君子兮，不素飧兮[(16)]！

【毛泽东圈评等情况】

司马迁对《诗经》评价很高，说是诗《三百篇》皆古圣贤发愤之所为作也。大部分是风诗，是老百姓的民歌。老百姓也是圣贤。"发愤之所为作"，心里没有气，他写诗？"不稼不穑，胡取禾三百廛兮？不狩不猎，胡瞻尔庭有悬貆兮？彼君子兮，不素餐兮！""尸位素餐"就是从这里来的。这是怨天，反对统治者的诗。孔夫子也相当民主，男女恋爱的诗他也收。朱熹注为淫奔之诗。其实有的是，有的不是，是借男女写君臣。

[参考]陈晋：《心里没有气，他写诗》，《瞭望》1991年第36期。

【注释】

（1）坎坎，伐木声。檀，木名，可造车。

（2）寘，即"置"字，放。干，岸。

（3）涟，水面波纹。南宋朱熹曰："风行水成文也。"（《诗集传》）猗（yī），象声词，相当于现代的"啊"。

（4）稼，播种。穑（sè），收获。

（5）廛，缠的假借字，束。三百，言其多。

（6）狩，冬猎。汉郑玄曰："冬猎曰狩，宵田（夜里打猎）曰猎。"一般泛说，狩猎无分别。

（7）胡，为什么。县，古悬字。貆（huān），兽名，即貛。

（8）不素餐，不白吃饭。此是反语讽刺。

（9）辐，车轮的辐条。

（10）亿，周代十万为亿，此指粮食之多。

（11）特，三岁的兽。

（12）漘（chún），水边。

（13）沦，水的漩涡。

（14）囷（qūn），圆形粮仓。

（15）鹑（chún），鹌鹑。

（16）飧（sūn），熟食。

【赏析】

这是《诗经·魏风》中的一首诗。魏是魏国，其地在今山西西南的芮城。"风"是声调的意思。《伐檀》是伐木工人的诗歌，它揭露奴隶主贵族不劳而获、残酷地剥削劳动人民的丑恶行径，唱出了劳动人民的心声。它是《诗经》中脍炙人口的名篇，两千多年来，为广大人民所喜闻乐见，可以说是家喻户晓，妇孺皆知。

全诗三章共二十七句，其思想内容和艺术手法基本相同，略有变化。第一章前三句写伐木工人的劳动场面："坎坎伐檀兮，寘之河之干兮。河水清且涟猗。"这三句是说，伐木者叮叮咚咚砍檀树，砍下檀树放在河边，河水清清纹如连环。几句写出了伐木者砍树、运树的劳动过程，先闻伐木声，再见伐木者，使我们仿佛看到了辛苦的劳动场面。四至九句写伐木者对于不劳而获的君子的冷嘲热骂。"不稼不穑"四句，连用排比句式，质问剥削者，不种不收，为何抢走三百捆稻谷？冬夜不狩，白天也不打猎，为何你庭院里挂满猎物？"瞻"是远望，剥削者深宅大院，伐木者无法接近，只能从远处观望，很传神。伐木者看到自己的劳动成果都到了君子的手里，自然怒火中烧，四句反诘，喷射而出，好像连发炮弹，射向那些君子。尤其是紧承以上四句，诗作又用"彼君子兮，不素餐兮"两句反语，画龙点睛，揭示主题，更加具有深刻的讽刺力量。"君子"就是指"不稼不穑""不狩不猎"的剥削者，"彼君子兮"，等于指名道姓，指着鼻子骂，尖锐锋利。"素"，闻一多先生解为"蔬"。"素餐"就是以蔬菜为食，对荤（肉食）而言。"不素餐兮"，是说他们可不吃素啊，换句话说他们是些卑鄙的肉食者。语似委婉，其实尖锐，讽刺意味很强。

回旋复沓，反复吟咏，是《伐檀》的主要艺术特点。众所周知，这种手法在《诗经》中带有普遍性。但是，这个特点在《伐檀》中又有不同。它在句式结构上，比较整齐对称，富有强烈的节奏感和韵律性。此诗三章，每章九句，都是前三句写劳动场面，后六句抒发感慨。第二、三章与第一章，只更换了个别字，如"伐檀"，换成"伐辐""伐轮"；"河干"，换成"河侧""河漘"；"涟猗"，换成"直猗""沦猗"；"三百廛"，换成"三百亿""三百囷"；"县貆"，换成"县特""县鹑"；"素餐"，换成"素食""素飧"。用词不断变化，词义虽然大同而小异，但从诗的内容来讲，却写出了伐木者劳动的繁重与辛苦，剥削者的贪婪与奢侈，从而形成了尖锐的对立，有力地深化了主题；从艺术看，这样回环重叠，反复咏叹，音韵铿锵，悦耳动听，久久萦绕脑际，大大加强了诗作的抒情性，给人以感人至深的美感享受。

毛泽东认为这首诗正像司马迁所说是"发愤之所为作也"。他说："心里没有气，他写诗？'不稼不穑。胡取禾三百廛兮？''不狩不猎，胡瞻尔庭有县特兮'？'彼君子兮，不素餐兮！''尸位素餐'就是从这里来的。这是怨天，反对统治者的诗。"他还批评朱熹把它歪曲为淫奔之诗的错误说

法。(转引自陈晋:《心里没有气,他写诗?》,《瞭望》1991年第36期)
(毕桂发)

【原文】

秦风·黄鸟

交交黄鸟[(1)],止于棘[(2)]。谁从穆公[(3)]?子车奄息[(4)]。维此奄息,百夫之特[(5)]。临其穴[(6)],惴惴其慄[(7)]。彼苍者天[(8)],歼我良人[(9)]!如可赎兮,人百其身[(10)]!

交交黄鸟,止于桑。谁从穆公?子车仲行。维比仲行,百夫之防[(11)]。临其穴,惴惴其慄。彼苍者天,歼我良人!如可赎兮,人百其身!

交交黄鸟,止于楚[(12)]。谁从穆公?子车鍼虎。维此鍼虎,百夫之御[(13)]。临其穴,惴惴其慄。彼苍者天,歼我良人!如可赎兮,人百其身!

【毛泽东圈评等情况】

听到杨开慧牺牲的消息,正在准备反击国民军队第一次"围剿"的毛泽东说了一句:"开慧之死,百身莫赎。"他借用的是《诗经·秦风·黄鸟》里的话。

[参考]陈晋:《文人毛泽东》,上海人民出版社1997年版,第54页。

【注释】

(1)交交(yǎo),鸟鸣声。黄鸟,即黄雀。

(2)棘,枣树。

(3)穆公,姓嬴,名任好,春秋时秦国君。卒于周襄王三十一年(前621),以177人殉葬。从,从死,即殉葬。

(4)子车奄息,子车是姓,奄息是名。一说字奄名息。二、三两章中的"子车仲行""子车鍼虎",与此同。

(5)夫,男子的称谓。特,杰出。此句指百人中的佼佼者。

（6）穴，指墓穴。

（7）惴惴（zhuì），恐惧之状。慄，因恐惧而发抖。

（8）彼苍者天，苍天在上之意，怨恨、痛苦至极，呼天相告，以示不平。

（9）歼，杀害。良人，好人，指子车氏三兄弟。

（10）如可赎兮二句，汉郑玄《毛诗传笺》："如此奄息之死，可以他人赎之者，人皆百其身。"赎，用钱物或其他代价换回人身。人，每人。百其身，百倍其身。二句是说，如允许旁人代死以赎取三子的生命，对于每一个人都值得以一百人来赎他一人。

（11）防，抵挡。一人可以抵挡百人。

（12）楚，荆树，灌木丛，俗名荆条。

（13）御，抵御，抵挡。

【赏析】

公元前 621 年，秦穆公死，康公立，遵照穆公的遗嘱，杀了 177 人为他殉葬，其中有姓子车的三兄弟，一名奄息，一名仲行，一名铖虎。秦人痛恨秦国统治者的残暴，哀悼子车氏兄弟的屈死，因而作了这首诗。此事在《左传》和《史记》中均有记载。《左传·文公六年》云："秦伯任好（穆公名）卒，以子车氏之三子奄息、仲行、铖虎为殉，皆秦之良也。国人哀之，为之赋《黄鸟》。"《史记·秦本纪》也说："缪（通穆）公卒，从死者百七十七人，秦之良臣子舆氏三人名曰奄息、仲行、铖虎在从死之中。"诗中也直接提穆公和三良的名字，并有"谁从穆公""临其穴"等语，所以史载当是可信的。

全章共三章，每章十二句，各咏"三良"中的一人。先看第一章，咏子车奄息。诗的开头以"交交黄鸟"起兴，由此引起诗人的联想。天空飞翔的小鸟，它可以飞来，也可以飞走，是何等的自由。可是人为什么一定要跟着别人去死？特别是像子车奄息这样的人物，为什么一定要成为穆公的殉葬品？"谁从穆公"不是一般问句，也不是诗人的自我设问，它包含着极大的惶恐和愤怒。接着诗人赞扬子车奄息是百里挑一的杰出人物，可是他竟然要去死。当人们面对着墓穴，谁不感到恐惧战栗，随之而来的是无名的愤怒。诗人禁不住呼天抢地大声呼喊：苍天啊！为什么要让好人殉葬？苍天当然不会理睬，谁也不会承认是罪魁祸首。诗人只好喊叫道：如果可以替换，我们愿意死一百次去替换他。不可抑制的悲愤之情在此转化为一种真切感人的但又是无可奈何的痛苦哀怨，这愿望是高尚的，富于牺牲精神的，但细细想来，它也是实在没有多少力量的。

二、三两章分别咏子车仲行、子车铖虎，诗句重复回环，反复咏唱，加强了悲剧气氛，也形成了艺术表现上的一个显著特点，即章节的复沓。这首诗三章之间仅有三处不同："棘""桑""楚"是一处，它们都是黄鸟落的丛木；"奄息""仲行""铖虎"是一处，三兄弟都被殉葬了；"特""防""御"又是一处，三个字意义也有相似之处。可见各章的意义是有并列关系的，而从总体上看，形式是回环反复的，经过一而再、再而三的反复咏唱，所表达的感情也如潮水般一浪高过一浪，哀痛之情逐渐加深，具有强烈的艺术感染力量。

殉葬是奴隶制度中最狠毒、最野蛮、最灭绝人性的制度。产生此诗的春秋时期，是奴隶制逐步瓦解和封建制度逐渐形成的时期，于是作为奴隶制残余的人殉便受到人们的谴责。郭沫若在《中国古代社会研究》中指出："殉葬的习俗除了秦国以外，各国都是有的。不过到了这秦穆公的时候，殉葬才成了问题。殉葬成为问题的原因，就是人的独立性的发现……人的发现，我们可以知道正是新来的时代的主要脉搏。"从郭老的话，我们可以准确地把握《黄鸟》一诗的时代意义和历史意义。在那个新旧制度和新旧思想逐步交替的时代，这首诗不只是对"三良"高唱的挽歌，也是对旧礼制敲响的丧钟。

1930年11月14日，毛泽东的夫人杨开慧在长沙浏阳门外识字岭光荣就义，年仅29岁。当时，毛泽东正在中央革命根据地领导军民进行反第一次大"围剿"，得知这一噩耗，他十分内疚地说："开慧之死，百身莫赎。"（陈晋：《文人毛泽东》，上海人民出版社1997年版，第54页）他借用了《黄鸟》诗中"如可赎兮，人百其身！"表现了对爱妻和战友杨开慧牺牲的无比痛悼，对国民党反动派的无比愤怒。（毕桂发）

秦风·无衣

岂曰无衣⁽¹⁾，与子同袍⁽²⁾。王于兴师⁽³⁾。脩我戈矛⁽⁴⁾，与子同仇⁽⁵⁾。

岂曰无衣，与子同泽⁽⁶⁾。王于兴师，脩我矛戟⁽⁷⁾，与子偕作⁽⁸⁾。

岂曰无衣，与子同裳⁽⁹⁾。王于兴师，脩我甲兵⁽¹⁰⁾，与子偕行。

【毛泽东圈评等情况】

毛泽东《西江月·秋收起义》中"地主重重压迫，农民个个同仇"，化用《诗经·秦风·无衣》："王于兴师，脩我戈矛，与子同仇。"

[参考]：《毛泽东诗词集》，中央文献出版社 1996 年版，第 168 页。

【注释】

（1）岂曰，难道说。

（2）袍，外面的长袍，但士兵的袍较短。闻一多说："行军者日以当衣，夜以当被。"士兵穿一样的军服，所以说"同袍"。下面"同泽""同裳"与此同义。旧时军人相称曰"同袍"，也称相互之间的友谊为"袍泽之谊"。

（3）王，秦国人称秦君为王。于，助词。

（4）脩，同"修"，整治，修理。戈矛，皆古代长柄兵器。戈，平头横刀，用以横击、钩杀。矛，光头侧刃，用以直刺。

（5）同仇，共同对付敌人。

（6）泽，借为"襗（zé）"，贴身的内衣。

（7）戟，古代长柄兵器，合戈矛为一体，既可横击，又可直刺。

（8）偕作，一起干。

（9）裳，下身的衣服，裙。《诗经·邶风·绿衣》："绿衣黄裳。"毛苌传："上曰衣，下曰裳。"

（10）甲兵，铠甲和兵器。

【赏析】

《左传·定公四年》："吴入郢……申包胥如秦乞师……立依于庭墙而哭，日夜不绝声，勺饮不入口，七日。秦哀公为之赋《无衣》。九顿首而坐。秦师乃出。"古代作诗、诵诗都叫赋。据诗意是参加兵役的劳动人民所歌，而不是秦哀公所作，故"赋《无衣》"当是诵此诗。秦地位于今陕西，甘肃一带，是中国的西北边疆，地近那时华族的外患犬戎。据《史记·秦本纪》记载秦与犬戎战争甚多，从"西戎反王室""周宣王即位，乃以秦仲为大夫，诛西戎。西戎杀秦仲"起，历经庄公、襄公、文公，直至穆公三十七年"伐戎王，益国十二，开地千里，遂霸西戎"为止。可见秦的这些战争都与周王朝的命运息息相关，秦人伐戎必然以"王命"为旗号，正如南宋朱熹《诗集传》说："王于兴师，以天子之命而兴师也。"可见此诗是春秋前期秦人助周抵抗西戎入侵的一首著名的战歌。

全诗三章，每章五句，每句四言。每章前两句一层，中二句一层，末句一层。每章句首，从典型的细节描写入手，以"岂曰无衣"提出反问。反问是一种无疑而问，无须作答的修辞方法。但各章却分别以"与子同袍""与子同泽""与子同裳"答是。这就恰恰承认了"无衣"是客观存在，并以豪迈的口吻，自问自答的句式，写出了刚入伍的战士想方设法克服困难、解衣推食，以及兄弟的互助友爱、慷慨从军的情景。由此可见，当时的劳动人民，正处在"无衣无褐，何以卒岁"（《诗经·豳风·七月》）的困难境地，然而一旦有外族入侵，便毫不犹豫地奔赴战场，为保卫祖国而战。死都不怕，"无衣"又算得了什么！这种维护正义、同仇敌忾的民族精神，是一种熔爱国主义、乐观主义、英雄主义于一炉的民族正气。

接下来各章写为此而"脩我戈矛""脩我矛戟""脩我甲兵"这些典型细节，正是上述精神的具体表现。三个"脩我"，表现了战士们毫不犹豫地擐甲厉兵，积极备战的行动和高昂的战斗热情。而各章的结语则是"与子同仇""与子偕作""与子偕行"，从思想情绪到实际行动，步步推进，生动地描绘出战士们慷慨参战的昂扬斗志，慷慨从军的热情、同仇敌忾的气概、保家卫国的决心、跃然纸上，感人至深。

这首诗采用重章叠句的复沓形式。所谓复沓，就是在一首多章的诗歌中，各章在形式结构上基本相同，思想内容亦基本相同或略有变化，只是更换其中相应的几个字，这样几章反复咏唱，可以充分抒发诗人内心的激情，突出诗的主题，增强一咏三叹的韵味和悦耳动听的音乐美，取得很好的艺术效果。

《无衣》中的三章，仅有三处四个字的不同，"袍""泽""裳"字虽有别，但所指皆为士兵的服装。"戈矛""戈戟""甲兵"，大多是指兵器，只是三章中的"甲"是指铠甲，也与作战密切相关。意义上有较大变化的是"同仇""偕作""偕行"，从表达同仇敌忾的激情到彼此招呼行动起来到大家一起出征，意义上是有递进关系的。这种递进式的复沓，把士兵的那种共同御侮为国从军的慷慨激昂之情表现得更加强烈、更加动人，而且又具有一种音韵和谐之美。

毛泽东1927年写的《西江月·秋收起义》一词中"地主重重压迫，农民个个同仇"，是说秋收起义因地主的重重压迫，才造成农民个个起来反抗。此是化用《无衣》中"脩我戈矛，与子同仇"，即同心合力打击敌人之意是很明显的。（毕桂发）

【原文】

陈风·衡门

衡门之下⁽¹⁾，可以栖迟⁽²⁾。泌之洋洋⁽³⁾，可以乐饥⁽⁴⁾。
岂其食鱼⁽⁵⁾，必河之鲂⁽⁶⁾？岂其取妻，必齐之姜⁽⁷⁾？
岂其食鱼，必河之鲤⁽⁸⁾？岂其取妻，必宋之子⁽⁹⁾？

【毛泽东圈评等情况】

毛泽东等挽郭朝沛先生联：

先生为有道后身，衡门潜隐，克享遐龄，明德通玄超往右；哲嗣乃文坛宗匠，戎幕奋飞，共驱日寇，丰功勒石励来兹。

[参考] 荣斌主编：《中国名联词典》，山东大学出版社1990年版，第86页。

【注释】

（1）衡门，即以横木为门。衡，通"横"。汉毛亨《毛诗故训传》："衡门，横木为门，言浅陋也。"

（2）栖迟，栖息盘桓之意。

（3）泌（bì），泉水。洋洋，水大之状。

（4）乐饥，乐道忘饥。南宋朱熹《诗集传》："泌水虽不可饱，然亦可以玩乐而忘饥也。"

（5）岂其，难道。

（6）必，必须，一定要。河，黄河。鲂（fáng），鳊鱼。鳊是肥美的鱼，黄河的鳊尤为名贵。

（7）齐之姜，齐国姜姓之女。齐君姜姓，因而这个宗族的女儿均称姜。

（8）河之鲤，黄河里的鲤鱼很有名。

（9）宋之子，宋国贵族的女儿。宋君是殷之后，子姓，因而这个宗族的女儿均称为子。

【赏析】

春秋时期，社会上有少数知识分子，甘于贫贱，不求富贵，后人称之为隐士。这首诗就是隐士所作，抒写他安贫寡欲的思想。诗中宣称只要满足于所有，不嫌居处、饮食的简陋，娶妻不求名门大家，就会自安自乐，后世便以"衡门栖迟""泌水乐饥"作为安贫乐道的典故。

全诗三章。第一章写居处、饮食不嫌简陋。诗人从食、宿两方面表达其自甘贫贱的思想。诗中写道：栖息在横门之下而不嫌其简陋，有泌泉享玩却可以忘饥。"乐饥"有多解：一解为充饥，二解为乐而忘饥。汉毛亨《毛诗故训传》："乐饥也。"南宋朱熹《诗集传》云："泌水虽不可饱，然亦可以玩乐而忘饥也。"兹取二说，达观的字句，蕴含着诗人随遇而安的思想。

第二、三两章，写小家贫女可以为偶。诗人用复沓的形式，反复咏唱，章法结构完全一样。两章的前两句都说不强求美味，正如吃鱼未必非吃名贵的黄河鲂鱼和鲤鱼，后两句都说不嫌贫爱富，正如娶妻未必非要贵族女子齐姜、宋子不可。

由上述分析可知，这个男子确是个鄙夷奢侈、自得其乐的人。"斯是陋室，惟吾德馨"（刘禹锡《陋室铭》），他不渴求美味佳肴，不羡慕高堂大屋，不攀附富豪权贵，和孔子门下那位"一箪食，一瓢饮，在陋巷，人不堪其忧""而不改其乐"的颜回颇为相似。所以，这首诗的确抒发了一个贤者的生活理想，表现了《诗经》时代的某种精神风尚，是古代隐士对人生理想所作的一种理性思考，是在某一高度上的冷静的观照。

郭朝沛是郭沫若的父亲。1939年7月5日在四川乐山沙湾镇病逝，享年86岁。治丧期间，收到军政要员、知名人士和国际友人挽联近300副。前面所引录挽联（见荣斌主编《中国名联辞典》，山东大学出版社1990年版，第86页）是毛泽东、王明、秦邦宪、吴玉章、林伯渠、董必武、叶剑英、邓颖超等以"世侄"的名义联名所送。这副挽联的显著特点是既悼"先生"，又赞"哲嗣"，悼父与赞子相结合。上联从数典入笔，赞扬郭朝沛的立身、处世、为人、高寿、美德，为古往今来之少见，简练地勾勒了郭朝沛德高望重的长者形象。郭朝沛早年失学，年轻时当过学徒，酿酒、榨油、做生意、学医等，终生为家业奔走四方，饥渴无常、寒暑不避，后靠做生意发家。他为人正直，乐善好施，热心公益事业，注重儿辈教育，德高望重，在家乡声望很高。毛泽东在讲到郭朝沛的出身时用了"衡门潜隐"，其中"衡门"比喻其居室简陋，家境贫寒，典出此处，意为郭朝沛是位身居柴门的隐士，赞扬他的贫寒高洁的品德，用典恰到好处，十分贴切。下联则赞扬郭沫若在文化战线和革命战争中的丰功伟绩。全联既悼念了死者，又赞扬了来者。有此父乃有此子，借悼念郭朝沛之机，盛赞郭沫若之功，实有一举两得之妙。（毕桂发）

【原文】

豳风·七月

七月流火⁽¹⁾，九月授衣⁽²⁾。一之日觱发⁽³⁾，二之日栗烈⁽⁴⁾。无衣无褐⁽⁵⁾，何以卒岁⁽⁶⁾。三之日于耜⁽⁷⁾，四之日举趾⁽⁸⁾。同我妇子⁽⁹⁾，馌彼南亩⁽¹⁰⁾，田畯至喜⁽¹¹⁾。

七月流火，九月授衣。春日载阳⁽¹²⁾，有鸣仓庚⁽¹³⁾。女执懿筐⁽¹⁴⁾，遵彼微行⁽¹⁵⁾，爰求柔桑⁽¹⁶⁾。春日迟迟⁽¹⁷⁾，采蘩祁祁⁽¹⁸⁾，女心伤悲，殆及公子同归⁽¹⁹⁾。

七月流火，八月萑苇⁽²⁰⁾。蚕月条桑⁽²¹⁾，取彼斧斨⁽²²⁾，以伐远扬⁽²³⁾，猗彼女桑⁽²⁴⁾。七月鸣鵙⁽²⁵⁾，八月载绩⁽²⁶⁾。载玄载黄⁽²⁷⁾，我朱孔阳⁽²⁸⁾，为公子裳。

四月秀葽⁽²⁹⁾，五月鸣蜩⁽³⁰⁾。八月其获⁽³¹⁾，十月陨箨⁽³²⁾。一之日于貉⁽³³⁾，取彼狐狸，为公子裘⁽³⁴⁾。二之日其同⁽³⁵⁾，载缵武功⁽³⁶⁾。言私其豵⁽³⁷⁾，献豜于公⁽³⁸⁾。

五月斯螽动股⁽³⁹⁾，六月莎鸡振羽⁽⁴⁰⁾。七月在野⁽⁴¹⁾，八月在宇⁽⁴²⁾，九月在户⁽⁴³⁾，十月蟋蟀入我床下。穹窒熏鼠⁽⁴⁴⁾，塞向墐户⁽⁴⁵⁾，嗟我妇子，曰为改岁⁽⁴⁶⁾，入此室处⁽⁴⁷⁾。

六月食郁及薁⁽⁴⁸⁾，七月亨葵及菽⁽⁴⁹⁾，八月剥枣⁽⁵⁰⁾，十月获稻。为此春酒⁽⁵¹⁾，以介眉寿⁽⁵²⁾。七月食瓜，八月断壶⁽⁵³⁾，九月叔苴⁽⁵⁴⁾。采荼薪樗⁽⁵⁵⁾，食我农夫⁽⁵⁶⁾。

九月筑场圃⁽⁵⁷⁾，十月纳禾稼⁽⁵⁸⁾。黍稷重穋⁽⁵⁹⁾，禾麻菽麦⁽⁶⁰⁾。嗟我农夫，我稼既同⁽⁶¹⁾，上入执宫功⁽⁶²⁾。昼尔于茅⁽⁶³⁾，宵尔索绹⁽⁶⁴⁾，亟其乘屋⁽⁶⁵⁾，其始播百谷。

二之日凿冰冲冲⁽⁶⁶⁾，三之日纳于凌阴⁽⁶⁷⁾。四之日其蚤⁽⁶⁸⁾，献羔祭韭⁽⁶⁹⁾。九月肃霜⁽⁷⁰⁾，十月涤场⁽⁷¹⁾。朋酒斯飨⁽⁷²⁾，曰杀羔羊⁽⁷³⁾，跻彼公堂⁽⁷⁴⁾，称彼兕觥⁽⁷⁵⁾，万寿无疆⁽⁷⁶⁾！

【毛泽东圈评等情况】

农事不理则不知稼穑之艰难，休其蚕织则不知衣服之所自。《豳风》陈王业之本，《七月》八章只曲详衣食二字。……

[参考]：《讲堂录》，《毛泽东早期文稿》，

湖南出版社1990年版，第597页。

【注释】

（1）七月。夏历七月。周人兼用夏历，见《逸周书·周月》篇。火，星名，或称大火，即星宿。流，向下行。每年夏历五月的黄昏，此星出现于正南方，方向最正而位置最高。六月以后，就偏西向下行，所以说流。

（2）授衣，制备寒衣。毛传："九月霜始降，妇功成，可以授冬衣矣。"清马瑞辰通释："凡言授衣者，皆授伎为之也。此诗'授衣'，亦授冬衣使为之。盖九月妇功成，丝麻之事已毕，始可为衣。"一说官家分发冬衣。孔颖达疏："可授冬衣者，谓衣成而授之。"

（3）一之日，周历正月，夏历十月以后的第一个月（十一月）的日子，以下二之日、三之日、四之日以此类推。觱（bì），寒风刮得很紧之状。

（4）栗烈，即凛冽，寒气逼人之状。

（5）褐（hè），本指粗毛布，此指粗布衣服。

（6）何以，用什么。卒岁，到年终。

（7）于，为，指修理。耜（sì），耕具，犹今之犁铧。

（8）举趾，举足下田，开始耕种。趾，足。

（9）我，指农民的家长（老人）。妇子，女人和小孩。

（10）馌（yè），送饭。南亩，农田。南坡向阳，利于农作物生长，古人田土多向南开辟，故称。

（11）田畯（jùn），农官，当是贵族统治者所派遣的直接统治农民的官。

（12）载，开始。阳，温暖。毛传："阳，温也。"

（13）有，动词词头，无意义。仓庚，鸟名，即黄莺。

（14）执，拿着。懿筐，深筐。

（15）遵彼微行（háng），顺着那条小路。

（16）爰，于是。柔桑，嫩桑叶。

（17）迟迟，阳光温暖，光线充足之状。南宋朱熹集传："迟迟，日长而暄也。"

（18）蘩（fán），菊科植物，又名白蒿。据说"蚕之未出者，煮蘩沃之则易出"（明何楷《诗经世本古义》引徐光启语）。祁祁，众多之忧。

（19）殆，危，害怕之意。及，与。公子，指贵族子弟。同归，一道回去，指被掳去。

（20）萑（huán）苇，两种芦类植物：蒹长成后为萑，葭长成后为苇。朱熹集注："萑苇，即蒹葭也。"

（21）蚕月，养蚕的月份，指夏历三月。条桑，修剪桑枝。

（22）彼，那。戕（qiāng），方柄的斧子。

（23）远扬，指长得太远而扬起的枝条。

（24）猗（yì），即"掎"，牵引之意。女桑，即柔桑。

（25）鹏（jué），鸟名，又名伯劳。

（26）载绩，开始纺织。绩，麻，即把麻析成细缕擒接起来。

（27）载，古关联词语，口语犹言又是。玄，黑红色；黄，黄色，都是纺织品所染的颜色。

（28）我，疑作冠词用，与"彼""其"之义相近。朱，红色。孔，极其。阳，鲜明。

（29）秀，植物结子。葽（yāo），植物名，今名远志，味苦，可入药。

（30）蜩（tiáo），蝉。

（31）其，动词词头。获，收获。

（32）陨萚（tuò），草木落叶。陨，坠落。萚，落叶。

（33）于，取。貉（hé），东汉许慎《说文》："似狐，善睡兽。"

（34）裘（qiú），皮衣。

（35）同，会合众人。

（36）缵（zuǎn），继续。武功，指打猎的事。

（37）言，乃。私，猎者和私人占有。豵（zōng），本指一岁小猪。此处泛指小兽。

（38）豜（jiān），三岁大猪，这里泛指大兽。

（39）斯螽（zhōng），蝗类鸣虫。动股，相传这种虫以两股相摩擦发声，此指发出鸣声。

（40）莎（suō）鸡，虫名，即纺织娘。振羽，指纺织娘振翅发声。

（41）"七月在野"以下四句主语都是蟋蟀，前三句蒙后省略。在野，在四野间。

（42）宇，房檐下。

（43）户，门，这里指房内。

（44）穹（qióng），空隙。窒（zhì），堵塞。

（45）向，北面的窗。墐（jǐn），用泥涂抹。

（46）曰，亦作聿，发语词。改岁，由旧岁进入新年。清陈奂传疏："改，更也。改岁，更一岁。"

（47）室处，居室。

（48）郁（yù），植物名，果实像李子，可食。薁（yù），植物名，野葡萄。

（49）亨，同烹。葵，菜名。菽，豆类总称。

（50）剥（pū），击，打。

（51）春酒，毛传："春酒，冻醪也。"陈奂说："疑今作白酒酿。"又据清马瑞辰说：冬天酿酒，经春始成，故名春酒（《毛诗传笺通释》）。

（52）介（gài），祈求。眉寿，长寿，是古代的成语。据说老人的眉上长有毫毛，所以称长寿为眉寿。

（53）断，割断，摘下。壶，即瓠瓜，大型的葫芦。

（54）叔，拾取。苴（jū），麻子。

（55）采荼（tú）薪樗（chū），采荼作菜吃，用樗木当柴烧。荼，苦菜。樗，臭椿。

（56）食（sì），供养，养活。

（57）筑场圃，把菜圃修筑为打谷场。圃，菜园。古时场圃同地，春夏为圃，秋冬为场。

（58）纳禾稼，把粮食送进谷仓。禾嫁，泛指一般谷物。

（59）黍稷，为古代主要农作物，亦泛指五谷。二者皆脱壳，类似小米而稍大。明李时珍《本草纲目·谷二·稷》："稷与黍，一类二种也。黏者为黍，不黏者为稷。稷可做饭，黍可酿酒。"重穋（tóng lù），又可写作"種稑"。先种后熟的农作物叫"種"，后种先熟的农作物叫"稑"。

（60）禾，此专指一种谷物，又名梁，即今之谷子，脱壳后叫小米，方可食用。

（61）同，集中，把谷物聚拢起来。

（62）上，同尚，还得。宫功，室内劳役。

（63）尔，语助词。于茅，采取茅草。

（64）宵，夜。索，此处作动词用，指制绳子。绹（táo），绳子。

（65）亟，急，赶快。乘，登屋覆盖房顶之意。

（66）冲冲，凿冰的声音。

（67）阴，即窨（用闻一多说）。凌阴，冰窖。

（68）蚤，即早，所谓早朝（用朱熹说），即下文的祭祖仪式。

（69）献羔祭韭，指用羔羊和韭菜祭祖。据《礼记·月令》，仲春之时，以"献羔开冰"之礼祭祀祖先。

（70）肃霜，霜降而万物收缩。毛传："肃，缩也，霜降而收缩万物。"南宋朱熹集传："肃霜，气肃而霜降也。"又说，肃霜犹肃爽，指天高气爽。参阅王国维《观堂集林·肃霜涤场说》。

（71）涤场，打扫谷场，言农业已毕。孔颖达疏："十月之中，扫其场上粟麦尽皆毕矣。"一说谓场与荡通，指天宇澄净。王国维《观堂集林·肃霜涤场说》："《诗·豳风》：'九月肃霜，十月涤场'……肃霜、涤场，皆互为双声，乃古之联緜字，不容分别释之……涤场即涤荡。"

（72）朋酒，两樽酒。飨，同享，享用之意。

（73）曰，同聿，发语词。

（74）跻，升，登。公堂，《毛传》："公堂，学校也。"实即古代的公共场所。或说此指豳公（公刘）之堂，亦通。

（75）称，举杯敬酒。兕觥（sì gōng），犀牛角制成的酒器。

（76）万寿无疆，祝颂之词。万，大。无疆，无穷。《毛传》："疆，竟也。"

【赏析】

本篇描写周代早期的农业生产情况，叙述农奴在一年中所从事的农业劳动，反映了当时的生产关系和农奴的艰苦生活。全诗凡八章八十七句，是《国风》中篇幅最长、结构最复杂、内容最丰富的一篇。《诗序》说：

"《七月》，陈王业也。周公遭变，故述后稷先公风化之所由，致王业之艰难也。"认为作者是周公。就诗的内容看，此篇当为周公以前的豳地（今陕西彬州市）诗歌，或许周公曾经陈述此诗以教诫成王。它是一篇现实主义杰作，有极高的文学价值和史料价值。

《七月》以奴隶自述的口吻，诉说了自己一年的生活苦况和劳动艰辛。全诗像一卷周代奴隶生活的剪影，诗人以月份为经，以每月的农事、杂务为纬，纵横交错，叙、议结合，组成了一幅周代农业生活的画卷。

第一章总括全诗，从岁寒写到春耕开始。大火星由正南而偏西，是暑气已退、寒气将至的标志，诗人由此而想到天寒授衣之事。"九月授衣"当是诗人根据当时规定发出的呼吁，"无衣无褐，何以卒岁"的反问，很显然是在天气渐冷而寒衣未发的情况下流露出的忧怨。清姚际恒说："'七月'至'卒岁'言衣；'三之日'至末言食。衣以御寒，故以秋冬言之；农事则以春言之。"（《诗经通论》）本章表示时令用夏历月份；后来改用周历月日。首章总述衣食问题，以下各章则是承此分述。

第一章从七月说到二月，第二章即从三月说起。春光明媚，万物复苏，本是一年中最美好的日子，可是女奴们却一点领略不到春天的欢乐。"春日迟迟"两句是从女奴的感觉上着笔的，她们由于厌倦采蘩，觉得春天太阳运行特别缓慢，蘩已经采得很多了，天色居然还不晚。但是最使她们伤心的，还是"殆及公子同归"。这句话郭沫若解作"怕的是有公子们把她们带回家去"（《由周代农事诗论到周代社会》）。

第三章写女奴蚕桑之事，并指出是为供统治者制衣裳用的。本章从蚕桑劳动说到布帛衣料的制作，诗人从八月收割芦苇用作来年蚕箔，而联想到下年开春蚕桑之事，再又回到当前的织布染色。"我朱孔阳，为公子裳"，指出了女奴的劳作是为了统治者，难免要悲伤了。第四章承前章八月写农事已毕，奴隶还得为统治者猎取野兽。这里叙四、五月的物候，只是借以表示时间的推移，以与上章"蚕月"相衔接，使以下叙事不觉突然。第二、三、四章是承第一章前半段分述关于"衣"方面的事。第五章由前章叙述为裘御寒，过渡到为自己修缮破屋过冬。这里叙述"斯螽""莎鸡"的动作和蟋蟀的迁徙，也是表示季节更替，气候由暑而寒。清陈奂说："盖古者在野有庐，在邑有室，春夏居庐，秋冬居室。"（《诗毛氏传疏》）前章首以四月，此章首以五月，第六章从六月叙起，从"衣"而入"食"，写夏秋之际果蔬稻酒一类农事，从中可以看出奴隶和奴隶主饮食的差别。崔述说："云食我农夫者，别于上文春酒介寿之养老者而为言也。"（《读风偶识》）第七章写收成完毕，奴隶还得为贵族干室内的活儿，然后才谈得到用茅草修补自己的住房。崔述指出："前言'八月其获'，此何以言'十月纳禾稼'也？禾熟先后不齐，此举其终而统言之故也。"第八章从凿冰写到准备祭品一类杂役以及举行年终宴会的情况。这种大规模的宴会当是一年一度的。第六、七、八章是承首章后半段分述关于"食"方面的事。

从上面可以看出《七月》像排年历似的，诗人按月排列了虫鸟的情态，草木的荣实，作物的生长过程和人们的劳作、生活情况。吴闿生说："此诗天时、人事、政令、教养之道，无所不赅。"（《诗义会通》）但最基本的正如清崔述所说："《七月》一篇，自正月至十二月，趋事赴功，初无安逸暇豫之一时：男子耕耘于外，女子蚕织于内。未'举趾'而先'于耜'，甫（才）纳稼而即'执宫功'。虽隙之时而亦有'剥枣''断壶''采荼''薪樗'、取狐狸、缵武功之事，乃至……一切之事皆毕，而犹使之冒寒凿冰，无奈过于劳乎！"然而农夫一年的辛劳成果却大部分被奴隶主占有。奴隶只能吃粗劣食物、住破房，连御寒的粗麻衣也没有，终岁啼饥号寒，而奴隶主却是夏绸冬裘，吃的是细粮酒肉，还要以冰消暑，住的是好房子。诗中从衣食住行诸多方面作了鲜明对比，但是诗人并不像《硕鼠》《伐檀》那样大声疾呼，表示强烈反抗，而是通篇冷峻地以赋直陈其事，一件件诉来，在客观的叙述中，把自己的苦和恨蕴于其中，含而不露，真实地绘出了三千年前奴隶生活的图画，在对比强烈的画面中，显示社会的不合理，透露了奴隶们的初步觉醒。《七月》是西周社会的一个缩影。

《七月》写作上的一个特点，便是正笔与闲笔的运用，首先揭示本诗这一艺术特点的是姚际恒。所谓正笔，多指诗中那些关于衣食劳作的叙说，所谓闲笔，则是那些关于物候变化的描述。正笔表达主旨，闲笔写景物变化以衬托人物心理活动。如第二章诗人先描绘了一幅阳光和煦、黄莺歌唱的欢乐春景，这本是采桑、采蘩女奴劳动的环境，然而引起她们的却不是轻松愉快的情感，相反却带来了厌倦和悲伤。此所谓以乐写哀，倍增其哀也。又如第五章对候虫动态的勾画，寥寥几笔，绘出了一幅秋冬之际寒凉的画面，从而烘托了奴隶的忧怨之情。《诗经》大多数篇章本不很注意景物本身，景物往往只是起比兴作用，因而也就不必单独描绘景物的意象。《七月》"点缀时景，却与本事相映"（晚清吴闿生《诗义会通》），这一点就更显得可贵了。

《七月》以四言为主，穿插五言、六言、七言，既凝练而又有参差之美；叙事多为农家语，巧妙地运用了一些联绵词和叠音词，如"觱发""栗烈""肃霜""涤场""迟迟""祁祁""冲冲"等，拟声、状情、绘形，生动活泼，各尽其妙；用韵也有特色，全诗的韵脚涉及十四个韵部的字，一般是每章换三个韵或四个韵，独第七章换五个韵，而第五章又一韵到底，全用"鱼部"韵。就句法说，全诗除"一之日于貉""嗟我妇子""曰为改岁""嗟我农夫"四句不用韵外，其余则是两句、三句一韵，或四句、五句、七句一韵。这些复杂变化，体现了"《毛诗》之韵，动于天机，不费雕刻"（明陈第《毛诗古音考》）的自然之妙。

1913 年 12 月 6 日毛泽东在湖南省立第四师范学校读预科，听国文教员袁仲谦讲这首诗记下的笔记表明，他对《豳风》"陈王业之本，七月八章只曲详衣食二字"的重视，以及对该诗表现的"农事不理则不知稼穑之艰难，休其蚕织则不知衣服之所自"道理的认同，这对他后来在革命和建设中特别重视农民和农业问题有一定影响。（毕桂发）

【原文】

豳风·鸱鸮

鸱鸮鸱鸮⁽¹⁾！既取我子，无毁我室⁽²⁾！恩斯勤斯⁽³⁾，鬻子之闵斯⁽⁴⁾。迨天之未阴雨⁽⁵⁾，彻彼桑土⁽⁶⁾，绸缪牖户⁽⁷⁾。今女下民⁽⁸⁾，或敢侮予⁽⁹⁾？

予手拮据⁽¹⁰⁾，予所捋荼⁽¹¹⁾，予所蓄租⁽¹²⁾，予口卒瘏⁽¹³⁾。曰予未有室家⁽¹⁴⁾。

予羽谯谯⁽¹⁵⁾，予尾翛翛⁽¹⁶⁾，予室翘翘⁽¹⁷⁾，风雨所漂摇。予维音哓哓⁽¹⁸⁾。

【毛泽东圈评等情况】

1939 年 7 月，毛泽东为悼念冀东抗日英雄杨十三，写了一副挽联：

国家在风雨飘摇之中，对我辈特增担荷；

燕赵多慷慨悲歌之士，于先生犹见典型。

［参考］吴直雄：《毛泽东楹联艺术鉴赏》，当代中国出版社 1995 年版，第 198 页。

【注释】

（1）鸱鸮（chī xiāo），猫头鹰。古人一直认为它是一种恶鸟，所以此处用以比喻强暴者。

（2）室，指鸟巢。

（3）恩勤，即殷勤，辛辛苦苦。斯，语气助词。

（4）鬻（yù）子，幼子，指雏鸟。鬻，通"育"，养育。闵，病。

（5）迨（dài），及，趁。

（6）彻，通"撤"，取。桑土，桑枝和泥土，筑巢所用。

（7）绸缪，缠缚。牖（yǒu），窗。户，门。

（8）女，汝，你们。下民，树下所居人类。

（9）侮，侵害。

（10）拮据，手病。一说手口并作之状。

（11）捋，用手自上而下勒取。荼（tú），茅草的花。

（12）蓄，积聚。租，"苴"的借字，茅草。

（13）卒，通"瘁"。瘁瘏（tú），劳累致病。

（14）曰，同"聿"，发语词。家，古音读 gū。

（15）谯谯（qiáo），羽毛脱落凋残之状。

（16）翛翛（xiāo），羽毛枯焦而无光泽。

（17）翘翘，高而危险之状。

（18）哓哓（xiāo），因恐惧而发出的哀鸣。

【赏析】

这是一首禽言诗，描写大鸟在鸱鸮抓去它的一两只雏儿以后，为了防御外来的侵害，保护自己的小鸟、辛苦筑巢的故事。从情理推度，诗人不会无的放矢作无病呻吟，所以，这应当是一首别有寄托的寓言诗。但究竟何所指，实难考证。《尚书·金縢》："武王既丧，管叔及其群弟乃流言于国曰：'公（周公）将不利于孺子（成王）！'周公乃告二公曰：'我之弗辟，我无以告我先王。'周公居东二年，则罪人斯得。于后，公乃为诗以贻王，名之曰《鸱鸮》。"据此，这首诗是周公所作。诗中的大鸟是周公自比，"鸱鸮"比殷武庚，"即取我子"的"子"比管叔、蔡叔，"鬻子"比成王，"室家"比周王朝。这一说法的可靠程度，在占有更多的历史材料以前，是很难估定的。就诗论诗，它其实是一首民间创作的寓言诗。其产生时代，应在《金縢》之前，西周初期或稍后。

作者运用拟人化的手法，假托一只小鸟诉说它遭到鸱鸮的欺凌迫害所带来的种种痛苦，从而曲折地表现了劳动人民身受深重灾难而发出的嗟叹。

全诗四章，每章五句。第一章，写母鸟对鸱鸮做哀怨的控诉，不许它再毁自己的巢室。鸱鸮就是猫头鹰，它夜间活动，捕食鼠、兔和其他小鸟，本来是益鸟，然而古人认为它是"恶鸟，攫鸟子而食者也"（朱熹《诗集传》）。作者在这首诗中，把鸱鸮作为邪恶强暴势力的象征。一开始就对它进行控诉，鸱鸮啊，鸱鸮！你既然抓走了我们的孩子（小鸟），就不要再毁坏我的巢室了！我辛辛苦苦，殷勤劳作，就是因为抚育孩子才累病了呀！这一章可谓如怨如慕，如泣如诉。听到这样声泪俱下的诉说，人们很自然地会联想到当时被压迫剥削的劳动人民的痛苦呻吟。

第二章，写母鸟自言其殷勤修筑巢室的情况。趁着天还没有下雨，我赶快飞到桑树上折取枝条，衔叼泥土，用桑条把巢室的空隙之处缚紧了，现在你们那些住在树下的人们，谁还敢来欺侮我啊！这一章写劫后的收拾,表现了可怜的自救,也是微弱的抗争。

第三章,写母鸟回顾经营室家的艰辛。母鸟自言由于"捋荼""蓄租"以垫巢室,结果手和嘴巴都过于疲劳而病了。这一章表面上是小鸟自述,实际上正是处于社会底层的劳动人民终日劳作疲惫不堪的窘境的写照。

第四章,写自己已筋疲力尽,但巢室初成,处境仍极危险,故恐惧而悲鸣。母鸟总括形容自己的憔悴模样:羽毛脱落凋残之态,干枯不泽之色,危而不安之状,风雨飘摇之况,以及由于恐惧发出的哀鸣。本章不仅写出鸟儿的外形,而且写出其心态,末句还模仿其哀鸣之声,可谓声态并作,惟妙惟肖。

总之,这首诗运用《诗经》中常用的以物比人或托物起兴的比兴手法,把动物的某些生理特征和可能有的遭遇,与人类社会中某些现象有机地联系起来,借物寓人,对比联想,含蓄地提示了某种生活本质。作者笔下的鸟,既有禽类的特征,又有人类的感情,这两方面结合得自然、贴切,使读者并不感到勉强。这种艺术手法,表现出诗人丰富的想象力,在《诗经》其他篇章中还不曾出现过。就拿同样是借动物比人对统治阶级加以谴责的《硕鼠》来说,其批判锋芒比《鸱鸮》更为尖锐,但其抒写方式是人对鼠讲话,主体是人不是鼠,主要说明人的一种感情和态度,并未描写鼠类的活动。而《鸱鸮》则全部写鸟而不曾写人,通篇都是鸟对鸟讲话和鸟的自述,并且写出了鸟儿的一系列动作和造成的结果,从而也就展现出一定的过程,具备了初步的情节性。因此,《硕鼠》仍然属于比喻,而《鸱鸮》已是寓言的雏形,当代学者或称之为禽言诗。先秦寓言的第一篇,似乎应当从《鸱鸮》算起。这类以动物为主角的寓言诗,在汉代的乐府民歌中逐渐多了起来,如《雉子班》《乌生》《艳歌何尝行》《枯鱼过河泣》《蜣蝶行》等。魏晋南北朝以后,由禽言诗又派生出禽言赋,并由民间创作发展成文人模拟。唐代许多著名诗人都曾做过这方面的尝试,如杜甫的《义鹘行》、韩愈的《病鸱》、柳宗元的《跂乌词》、白居易的《燕诗寄刘叟》等。宋元以降,代有佳作,历久不衰。这个悠久的文学传统,正是从《鸱鸮》发轫的。

1939 年 7 月,毛泽东为悼念冀东抗日英雄杨十三写的一副挽联中有"国家在风雨飘摇之中"句,其中"风雨飘摇"一词,即出自《鸱鸮》。"风雨飘摇"，本指鸟巢被风所摇，被雨所漂的危险处境，毛泽东用来形容日本侵略、中国危急的国情，十分贴切。杨十三，即杨裕民（1889—1939），河北迁安人。原名彦论，字灿如，排行十三。曾参加觉悟社，高等工业专门学校毕业后赴美留学，回国后执教，任河北省工业学校教授。1932年，天津沦陷后，创立华北人民抗日联军，1938年任冀东抗日联军政治部主任。1939年冬，奉八路军朱德总指挥、彭德怀副总指挥电令，去太行山八路军总部工作，终因长期转战，积劳成疾，于1939年7月21日病逝于山西屯留。八路军总部朱德总指挥主持召开了追悼大会，毛泽东题写了上述这副挽联。（毕桂发）

【原文】

小雅·常棣

常棣之华(1)，鄂不韡韡(2)。凡今之人(3)，莫如兄弟。

死丧之威(4)，兄弟孔怀(5)。原隰裒矣(6)，兄弟求矣(7)。

脊令在原(8)，兄弟急难。每有良朋(9)，况也永叹(10)。

兄弟阋于墙(11)，外御其务(12)。每有良朋，烝也无戎(13)。

丧乱既平，既安且宁。虽有兄弟，不如友生(14)。

傧尔笾豆(15)，饮酒之饫(16)。兄弟既具(17)，和乐且孺(18)。

妻子好合，如鼓瑟琴(19)。兄弟既翕(20)，和乐且湛(21)。

"宜尔室家(22)，乐尔妻帑(23)。是究是图(24)，亶其然乎(25)！"

【毛泽东圈评等情况】

苏维埃中央政府与红军革命军事委员会特慎重地向南京政府当局诸公进言，在亡国灭种的紧急关头，理应幡然改悔，以"兄弟阋于墙外御其侮"的精神，在全国范围首先在陕甘晋停止内战，双方互派代表，磋商抗日救亡具体办法，此不仅诸公之幸，实亦民族国家之福。

[参考]：《停战议和一致抗日通电》，《毛泽东文集》第一卷，
人民出版社1993年版，第386页。

【注释】

（1）常借为"棠"。常棣，即棠棣树。果实像李子而较小，花两三朵为一缀，茎长而花下垂。

（2）鄂，借为"萼"，花萼。不，通"柎（fū）"，花萼的足。韡韡（wěi），光明之状。韡，《韩诗》作"炜"。

（3）凡今之人，现在所有的人。

（4）威，通畏，可怕的事。

（5）孔怀，很关心。孔，很，最。

（6）原隰（xí），平原洼地，此指旷野。裒（póu），聚土成坟。

（7）求，寻找。

（8）脊令，即鹡鸰，鸟名。鹡鸰成群而飞，好比兄弟成群共处。

（9）每，虽。

（10）况，增加。永叹，长叹。

（11）阋（xì）于墙，在墙内争吵。阋，争斗。墙，墙内，家中。

（12）务，通"侮"。《左传·僖公二十四年》和《国语》都引作侮。此言兄弟虽然在家中不和，可是遇有外人欺凌，则共同起而抵抗。

（13）烝，曾。戎，相助。南宋朱熹《诗集传》："戎，助也。"

（14）友生，朋友，生是语助词。此二句指人在平安的时候，都感到兄弟不如朋友。

（15）傧，陈列。尔，你。笾（biàn），咸干肉，水果的食器，竹制。豆，咸肉菜的食器，陶、铜或木制。

（16）之，则。饫（yù），满足，吃饱喝足。

（17）既具，已一齐来到。具，同俱。

（18）孺，借为"愉"，相亲相爱。

（19）如鼓瑟琴，以琴瑟音调的和谐比喻夫妻和好。

（20）翕（xī），聚合。

（21）湛，深厚。

（22）宜，善，即对待合适，恰到好处。室家，指家中的人。

（23）帑（nú），同"孥"，子女。

（24）究，研究。图，考虑。

（25）亶（dǎn），诚然，确实。其，指宜室家，乐妻孥。

【赏析】

这是一首歌咏兄弟亲情的诗，在家庭宴饮时歌唱。诗中用棠棣之花萼相依相聚比喻兄弟之间的亲密；又用与"良朋"对比，说明手足之情弥足珍贵，是一篇动人的兄弟友爱之歌。旧说以为周公作。近人或认为周宣王大臣召穆公所作。

全诗八章，可分为前后两部分。前四章为第一部分，写难时兄弟互相救助。其中又可分为两个层次。第一章为第一层，诗人以棠棣之花比兴，歌颂兄弟感情的亲密、美好、崇高。棠棣之花光辉灿灿，相生相聚，这些形象都能引起人们的联想，而棠棣树又是常见的树木，也见出兄弟之情的自然、显见，这样，"凡今之人，莫如兄弟"的题旨，便自然地表达出来而且易于让人理解。下面二、三、四章列举三种情况下兄弟的友爱：对待死亡威胁时，兄弟彼此间是那么关心，不顾生死地访求；遇到灾难时，兄弟是义无反顾地急救；面对外侮，兄弟是同心协力抵抗。这里是选择典型情境、常人难能的情景来表现兄弟感情，并以"良朋"的态度作对比，见出兄弟之情的深厚、精纯，发自内心，出于天性。当然，兄弟间也难免有口角，但那是无根本利害的冲突，外侮当前，就立即一致对外。一面是"阋于墙"，一面是"外御其侮"，情绪行为的转变，只在顷刻之间，更见得兄弟间救助没有丝毫犹豫，"天伦"之情来得何等自然。这个情境提炼得更为典型。这三章是承接第一章中"凡今之人，莫如兄弟"而来，水到渠成，行文至此，这个道理已经讲得很透彻了。

诗的后四章为第二部分，写平时手足之情更值得珍视。也可分为两个层次．第五章为第一层，写在平时兄弟还不如朋友亲近，言外之意，这是不应该的。难时兄弟互相救助，朋友徒作壁上观，而平时的对待却适得其反，足见其悖谬。第六、七、八章为第二层，直接写兄弟在家宴上的和乐。宴席上陈列了那么多的食品，大家吃喝得是那么开心。妻子也参加了宴会，夫妻间的感情是那么融洽。诗人以夫妇比衬兄弟，是说丧乱时期兄弟固然比朋友好，安宁的时候兄弟也不是不如妻子。正如《谷风》所说："宴尔新婚，如兄如弟。"新婚的甜蜜也不超过兄弟间的感情。六、七两章诗人反复赞美兄弟聚会的和乐，旨在说明：兄弟和睦是家庭和睦的基础。兄弟和，则室家安，兄弟和，则妻孥乐，于是诗人卒章显其志，告诫人们要记住这个道理。

全诗用兴、赋结合的手法，从不同的角度，假设各种情况进行对比，抒发感情，表现主题，是本篇的主要艺术特色。对比的写法在《诗经》中比比皆是，这首诗可贵在对比的多层次与多角度。全诗从整体上用祸乱、危难同安宁时进行对比。祸乱、危难之时，兄弟之间能够"兄弟求矣""外御其务"，可是在安宁时期，却竟然"虽有兄弟，不如友生"，在这样的对比中，令人信服地批评了后者。诗人又用兄弟与朋友作对比，把兄弟在危难时的互相救助，与朋友们在危难面前只能"况也永叹""烝也无戎"两种情景摆在人们面前。兄弟之情不笃，朋友之谊难寂，所以特别强调兄弟之情。诗人又用兄弟间的内部摩擦与共同抵御外侮进行对比，既指出了内外有别的情况，又教育人们要本质地认识兄弟之谊，从而更加珍视它。此外，诗人还用妻子、室家的和乐与兄弟之谊进行对比，指出夫妻和美，室家和乐，也与兄弟之谊密切相关。总之，诗人这样进行多角度多层次的对比，丰富了诗歌的内容，加强了诗歌的艺术表现力，取得了较好的艺术效果。

在日本帝国主义策划华北自治，蓄意扩大侵华战争之时，经过二万五千里长征刚到达陕北不久的红军，便渡黄河东征，开赴抗日前线。为此，1936 年 5 月 5 日，以中华苏维埃人民共和国中央人民政府主席毛泽东、中国工农红军军事委员会主席朱德的名义发出《停战议和一致抗日通电》。通电指出，正当红军抗日先锋军渡河东征，"所向皆捷，全国响应""积极准备东出河北与日本帝国主义直接作战之时"，蒋介石竟派十万大军入山西拦阻红军并令张学良、杨虎城率部袭扰我抗日后方。为了共同抗日，红军撤回河西，以期停战议和，达到共同抗日的目的。在通告中援引了"兄弟阋于墙外御其侮"的诗句，敦促蒋介石等毅然改悔，团结抗日，拯救国家，同时严正指出："如仍执迷不悟"，势必沦为卖国贼，被钉在历史的耻辱柱上。（毕桂发）

小雅·伐木

伐木丁丁⁽¹⁾，鸟鸣嘤嘤⁽²⁾。出自幽谷，迁于乔木。嘤其鸣矣，求其友声。相彼鸟矣⁽³⁾，犹求友声；矧伊人矣⁽⁴⁾，不求友生⁽⁵⁾？神之听之，终和且平⁽⁶⁾。

伐木许许⁽⁷⁾，酾酒有藇⁽⁸⁾。既有肥羜⁽⁹⁾，以速诸父⁽¹⁰⁾。宁适不来⁽¹¹⁾，微我弗顾⁽¹²⁾。於粲洒扫⁽¹³⁾，陈馈八簋⁽¹⁴⁾。既有肥牡⁽¹⁵⁾，以速诸舅⁽¹⁶⁾。宁适不来，微我有咎⁽¹⁷⁾。

伐木于阪⁽¹⁸⁾，酾酒有衍⁽¹⁹⁾。笾豆有践⁽²⁰⁾，兄弟无远。民之失德⁽²¹⁾，干糇以愆⁽²²⁾。有酒湑我⁽²³⁾，无酒酤我⁽²⁴⁾。坎坎鼓我⁽²⁵⁾，蹲蹲舞我⁽²⁶⁾。迨我暇矣⁽²⁷⁾，饮此湑矣。

【毛泽东圈评等情况】

毛泽东在文章、书信中多次用此诗"嘤其鸣矣，求其友声"句意。1915 年 11 月 9 日《致黎锦熙信》："弟诚不能为古人所为，宜为其所讥，然亦有'幽谷乔木'之训。"

[参考]：《毛泽东早期文稿》，湖南人民出版社 1990 年版，第 30—31 页。

1936 年致国民党军第八十四师师长高桂滋信说："嘤其鸣矣，求其友声。暴虎入门，懦夫奋臂。"

[参考]：《毛泽东书信选集》，人民出版社 1983 年版，第 45 页。

1936 年 8 月 14 日致宋子文函有"寇深祸亟，情切嘤鸣，风雨同舟，愿闻明教"之语。

[参考]：《毛泽东书信选集》，人民出版社 1983 年版，第 32 页。

1939 年 12 月 20 日写的《斯大林是中国人民的朋友》一文中说："我们中国人民，是处在历史上灾难最深重的时候，是需要人们援助最迫切的时候。《诗经》上说的：'嘤其鸣矣，求其友声。'我们正是处在这种时候。"

[参考]：《毛泽东选集》第二卷，人民出版社 1991 年版，第 657 页。

【注释】

（1）丁丁（zhēng），刀斧砍树声。

（2）嘤嘤，鸟和鸣声。

（3）相（xiàng），看，观察。

（4）矧（shěn），况且，何况。伊，语中助词。

（5）友生，朋友。生是语助词。

（6）"神之听之"二句，言人们和好友爱，神听到后也会给人以和平之福。

（7）许许（hǔ），锯木声。

（8）酾（shī 师，又读 shāi），滤酒。旨（xù），甘美。

（9）羜（zhù），出生五个月的小羊。

（10）速，请。诸父，对同宗中长一辈男性的称呼。

（11）适，凑巧。

（12）微，无。顾，照顾周到。

（13）於（wū），叹词。粲，明净的样子。

（14）馈，进食品给别人。簋（guǐ），古代盛食品的圆口圆足食器，无耳或有两耳，也有四耳、方座，或带盖的。

（15）牡，指雄性的羜。

（16）诸舅，对亲戚中的长一辈的称呼，如母之兄弟、妻之父辈等。

（17）咎，过失。

（18）阪，山坡。

（19）衍，溢，多。

（20）笾（biān）豆，皆为礼器。笾，竹制的盛食物的器皿；豆，木制的盛食物的器皿。有，语中助词。践，陈列之状。

（21）失德，失和而相仇恨。

（22）糇（hóu），干粮。愆（qiān），过失。

（23）湑（xǔ），通"酾"，滤过的酒，引申为清。我，疑为语助词。

（24）酤，通"沽"，买。一说为一种速成的酒。

（25）坎坎，击鼓声。

（26）蹲蹲（cún），跳舞的样子。

（27）迨，及，趁着。

【赏析】

《伐木》是贵族宴享亲友、故旧的乐歌。从诗中所用的"伐木""鸟鸣"等比兴来看，疑此诗本出自民间而为贵族所采用，或者贵族文人仿民歌而作。

全诗三章，第一章，以伐木起兴，以鸟鸣求友喻人们也应该彼此友爱相处；末言神将降福于友爱的人。"伐木丁丁，鸟鸣嘤嘤"，起首二句以伐木声引出鸟鸣声。"出自幽谷，迁于乔木"，上两句是所闻，这两句便是所见，诗人看到的不单是鸟的飞翔，也是听者对鸣声的捕捉。接下四句是说，听着这样的鸟鸣，自然引起人们的联想；并不懂得友情的鸟还呼朋引类，鸟儿之间是那么和乐，人类之间更需要友爱，更需要亲情和友情维系。于是诗人想象，如果是这样，神灵就会降福给我们了。这样的比兴、联想非常自然，因为鸟的和鸣引起思亲求友往往是人的共感。

第二章，写洒扫屋宇，陈设酒食，以待客至。"伐木许许，酾酒有藇"起首二句仍用起兴，由对亲友之爱的呼唤写到施爱的举动：诗人以最甜蜜的酒、最肥美的羔羊、最谦恭的态度宴请同姓和异姓长辈。"酾酒有藇"，见其酒清，"肥羜""肥牡"，见其肉美，"陈馈八簋"，言其酒宴丰盛。"以速诸父""以速诸舅"两小节于整齐中又有参差，以起互见补助作用。"宁适不来，微我弗顾""宁适不来，微我有咎"，朱熹《诗集传》说："宁使彼适有故而不来，而无使我恩义之不至也""宁使他凑巧不来，而不要使我对人有疏失"，极言其责人宽，律己严，在长者面前，恭敬之至。

第三章，写醉饱歌舞之乐，并约后会。前四句亦用起兴，施爱行动由第二章的长辈诸父、诸舅转到了第三章的同辈兄弟，行文次第井然，也见出内外、长幼的次序。最后六句写歌舞的场面，歌声、鼓声、欢乐的人们交融在一起，真是痛饮无长幼，忘形到尔汝。宴会进入高潮，亲友之间的亲情也得到充分表现，最后表示只要有空暇，这样的饮宴还要举行。这六句差不多都是排比，句句用韵，每句最后一个字和倒数第二字都是韵脚，这样的节奏和韵律很适合表现这种热闹的场面和热烈的情绪。

这首诗艺术上最突出的特点，是起兴手法的运用。"兴"作为一种艺术手法，正如南宋朱熹所说："兴者，先言他物以引起所咏之词也。"（《诗集传》）所以一般的起兴往往是两句，位于全诗或一章的开头。如本诗和第一章用"伐木丁丁，鸟鸣嘤嘤"起兴，接着用"出自幽谷，迁于乔木。嘤其鸣矣，求其友声"一组诗对"鸟鸣"进行展开，以点明"鸟鸣嘤嘤"目的在于呼朋引类，并进而由鸟"求友声"过渡到人"求友生"，这便是诗人所咏之事，使得诗意丰厚，诗味浓郁，是起兴手法的成功运用。

毛泽东在文章和书信中多次运用本诗句意，说明在私交和革命事业中都离不开朋友的帮助。在《斯大林是中国人民的朋友》一文中说："我们中国人民，是处在历史上灾难最深重的时候，是需要人们援助最迫切的时候。《诗经》上说的：'嘤其鸣矣，求其友声。'我们正是处在这个时候。"（《毛泽东选集》第二卷，第 657 页）毛泽东在文中引用《诗经·伐木》中的两句诗，说明了世界各国劳动人民之间是朋友，应该互相支持、互相援助。这个教导大至一个国家、一个民族，小至个人交往、人际关系，都不失其教育意义。在给高桂滋和宋子文的信中援引此诗句子，则强调国共合作，共同抗日。（毕桂发）

【原文】

小雅·天保

天保定尔⁽¹⁾，亦孔之固⁽²⁾。俾尔单厚⁽³⁾，何福不除⁽⁴⁾。俾尔多益，以莫不庶⁽⁵⁾！

天保定尔，俾尔戬穀⁽⁶⁾。罄无不宜⁽⁷⁾，受天百禄。降尔遐福⁽⁸⁾，维日不足⁽⁹⁾。

天保定尔，以莫不兴⁽¹⁰⁾。如山如阜⁽¹¹⁾，如冈如陵⁽¹²⁾。如川之方至，以莫不增。

吉蠲为饎⁽¹³⁾，是用孝享⁽¹⁴⁾。禴祠烝尝⁽¹⁵⁾，于公先王⁽¹⁶⁾。君曰卜尔⁽¹⁷⁾，万寿无疆。

神之吊矣[18]，诒尔多福[19]。民之质矣[20]，日用饮食。群黎百姓[21]，徧为尔德[22]。

如月之恒[23]，如日之升[23]。如南山之寿[24]，不骞不崩[25]。如松柏之茂，无不尔或承[26]。

【毛泽东圈评等情况】

1950毛泽东贺张维母亲八十寿辰，书此诗中"如月之恒，如日之升"二句；致张维函谓："令堂大人八十寿辰，无以为赠，写了几个字，借致庆贺之忱。"

【注释】

（1）天保，上天保佑，使之安定。汉郑玄笺："保，安。尔，女也。女，王也。"后引申为皇统、国祚。天，上天，皇天。保，保佑。定，安定。尔，人称代词，你。

（2）孔，很，甚。固，坚固。

（3）俾，使。单厚，富有。单，厚。

（4）除（zhù），施与。

（5）以，语助词。莫不庶，任何财富你都很多。庶，众多。

（6）戬（jiǎn），福。穀（gǔ），禄。

（7）罄，尽。

（8）遐福，长远之福。一说，遐（gǔ），大。遐福，大福。

（9）维，语助词。日不足，只觉得时日不足。

（10）兴，兴隆。

（11）阜，土山。

（12）冈，山脊。陵，山岭。

（13）蠲（juān），通"涓"，清洁。毛传："吉，善；蠲，洁也。"饎（xī 希，又读 chì），酒食。

（14）用，指用酒食。享，进献，上供。祭祀祖先是对祖先的孝敬，故说孝享。

（15）禴（yuè）祠烝尝，《毛传》："宗庙之祭，春日祠，夏日禴，秋日尝，冬日烝。"

（16）公，未称王以前诸祖先。先王，前代君王。

（17）君，先君。卜，借为"付"，给予。

（18）吊（dì），至。神之至矣，犹言祖考来享也。

（19）诒（yí），通"贻"，赠送。《左传·昭公六年》："叔向使诒子产书。"晋杜预注："诒，遗也。"

（20）质，常。

（21）群黎，公民，庶人。黎，众。百姓，古代对贵族的总称。汉郑玄笺："百姓，百官族姓也。"

（22）偏，"遍"的异体字。为，借为"化"，感化。

（23）如月之恒二句，像上弦月逐渐圆满，像太阳刚刚升起，比喻正处在兴盛时期，也比喻强大的生命力和广阔的发展前途。旧时常用来祝寿或称颂个人事业的发展。

（24）南山，终南山，属秦岭山脉，在今陕西西安南。

（25）骞，亏损。山的小部分亏毁为骞。

（26）承，奉，意思是拥护。无不尔或承，"无或不承尔"的倒装句，即没有人不拥护你。

【赏析】

《天保》是一首优美的祝祷诗：诉求上天神灵的保佑，祷告先王列祖列宗的庇护，歌颂当朝君王的恩德，祝福周室江山的长久。看来，这首诗是出自贵族臣子之手。

全诗六章，可分为三个段落。前三章为第一段，写诉求神灵的保佑。"天保定尔"，首句开宗明义。有了上天的保佑，周朝江山的安定便确定无疑了。由此而下的三章，把周王朝与上天紧密相连，在祈求上天保佑的同时，大大神化了周朝统治者，很有点"君权神授"的意味，表现了周人心中原始的"天人合一"和"君权神授"的观念。第一章，有了上天垂佑，周王朝就能政权巩固，物产丰富，国家富庶，周天子一切幸福。第二章，只要上天保佑，就会得到安乐幸福，万事如意，永远享受上天赐的福禄，永久的幸福也即将降临，真是唯恐一天享受不足。第三章，有了上天保佑，生产就会蒸蒸日上，国家欣欣向荣，物产丰盈不可言状，简直如高山，如土丘，如山脊，如山岭，如滚滚而来的河水，不断增长而不干涸。从这些祷词中，我们看到作者对平安幸福的期望。

祈求了上天，仍恐不足，还要向列祖列宗祷告。这便是四、五两章的内容，此为第二段。第四章说，要想得到先祖的庇佑，首先自己态度必须虔诚。于是他用清洁的酒食来祭祀，而且祭祀一年四季从不间断。虔诚的祭祀，终于使先公先王的神灵开了口：先赐当今君王万寿无疆。第五章说，祖宗的灵魂已经降临，它为我们送来幸福，使老百姓像平常一样，每天都能吃饱穿暖。于是所有的平民和百官贵族都对君主感恩戴德。

第六章为第三段，写诗人对周天子进行歌颂和祝愿。他把君主比作新月，将日趋一日地丰盈；把君主比作旭日，将从东方冉冉升起；把君主比作终南山，寿比南山，永不亏损，不会崩坏；把君主比作松柏，冬夏常青，当然会枝繁叶茂而庇荫后人。"无不尔或承"，周朝的江山将代代相传。全诗以此句作结，确有画龙点睛之妙。

《天保》通过反复叠唱，以优美的言辞，表达祈求幸福平安的良好祝愿，数千年来为人们交口称赞，在艺术表现上也颇有特色，特别是诗中连用九个"如"字明喻来祝人福寿，产生绵绵不绝、日新月异的联想，加之篇名《天保》又给人一种吉祥如意之感，后遂以"天保九如"为祝寿颂词，表达祝寿者真诚的心意和良好的祝愿。毛泽东书写此诗中"如月之恒，如日之升"二句，祝贺老同学张维（1989—1975年，湖南浏阳人，上海第二军医大学教授）之母王福庆八十寿辰，典雅大气，且体现了传统美德。（毕桂发）

【原文】

小雅·采薇

采薇采薇⁽¹⁾，薇亦作止⁽²⁾。曰归曰归，岁亦莫止⁽³⁾。靡室靡家⁽⁴⁾，

犹之故⁽⁵⁾。不遑启居⁽⁶⁾，狎狁之故。

采薇采薇，薇亦柔止。曰归曰归，心亦忧止。忧心烈烈⁽⁷⁾，载饥载渴⁽⁸⁾！我戍未定⁽⁹⁾，靡使归聘⁽¹⁰⁾。

采薇采薇，薇亦刚止⁽¹¹⁾。曰归曰归，岁亦阳止⁽¹²⁾。王事靡盬⁽¹³⁾，不遑启处。忧心孔疚⁽¹⁴⁾，我行不来⁽¹⁵⁾。

彼尔维何⁽¹⁶⁾？维常之华⁽¹⁷⁾。彼路斯何⁽¹⁸⁾？君子之车⁽¹⁹⁾。戎车既驾⁽²⁰⁾，四牡业业⁽²¹⁾。岂敢定居，一月三捷！

驾彼四牡，四牡骙骙⁽²²⁾。君子所依⁽²³⁾，小人所腓⁽²⁴⁾。四牡翼翼⁽²⁵⁾，象弭鱼服⁽²⁶⁾。岂不日戒⁽²⁷⁾，狎狁孔棘⁽²⁸⁾。

昔我往矣⁽²⁹⁾，杨柳依依⁽³⁰⁾，今我来思⁽³¹⁾，雨雪霏霏⁽³²⁾。行道迟迟⁽³³⁾，载渴载饥。我心伤悲，莫知我哀！

【毛泽东圈评等情况】

五律·挽戴安澜将军

一九四三年三月

外侮需人御，将军赋采薇。师称机械化，勇夺虎罴威。浴血东瓜守，驱倭棠吉归。沙场竟殉命，壮志也无违。

[参考]：《毛泽东诗词集》，中央文献出版社 1996 年版，第 177 页。

【注释】

（1）薇，野菜名，又名野豌豆，多年生草本植物，可食。

（2）作，初生。止，语尾助词。

（3）莫，古"暮"字，时间将尽。

（4）靡，无。

（5）狎狁（xiǎn yǔn），我国古代北方一个少数民族。西周时称狎狁，春秋时称北狄，秦汉时称匈奴。周代以来，其经常与我国北方发生战争。

（6）遑，无暇，没有时间。居，安坐。启，跪，我国古代不论坐和跪都是两膝着席；坐时把臀部贴在足跟上，跪时则腰部伸直，臀部与足跟离开。

（7）忧心烈烈，忧心如焚。

（8）载，又，则。

（9）戍，驻防的地方。未定，未停止。

（10）使，使者。聘，探问家人的音讯。

（11）刚，坚硬。此指野豌豆苗变老了。

（12）阳，农历十月。现在尚称十月为"小阳春"。

（13）盬（gǔ），休止。清王引之撰《经义述闻》卷五："盬者，息也。"

（14）孔，很。疚，病痛。

（15）来，指归来。

（16）尔，同"荣"，花繁盛之状。

（17）常，借为"棠"，即棠梨树，花有红有白。华，古"花"字。

（18）路，借作"辂"，车高大之状。斯，语助词。斯，同"维何"，是什么。

（19）君子，指领兵的将帅。

（20）戎车，兵车，战车。

（21）业业，高大之态。牡（mǔ），指雄马。

（22）骙骙（kuí），马强壮之态。

（23）依，乘载。

（24）小人，指士兵。腓（féi），覆庇。

（25）翼翼，整齐之状。

（26）象弭（mǐ），象牙镶饰的弓。鱼服，鱼皮制成的箭袋。

（27）戒，警惕。

（28）棘，同"亟"，紧急。

（29）往，指当初出征时。

（30）依依，柳枝迎风披拂之状。

（31）思，语末助词。

（32）雨雪，下雪。霏霏，状雪之密。

（33）迟迟，迟缓。

【赏析】

《采薇》是一首描写戍卒生活的诗。兵士们在归途中追述戍边作战的苦况，充分反映出征人痛定思痛的心情。关于它的时代背景，向来有两种不同的说法。《汉书·匈奴传》说："（周）懿王时，王室遂衰，戎狄交侵，暴虐中国。中国被其苦。诗人始作，疾而歌之曰：'靡室靡家，猃狁之故'……岂不日戒，猃狁孔棘。'"据此，则此诗当作于公元前10世纪左右。《诗序》说："《采薇》，遣戍役也。文王之时，西有昆夷之患，北有猃狁之难，以天子之命，命将军戍役以守卫中国。故歌《采薇》以遣之，《出车》以劳还，《杕杜》以勤归也。"据此则此诗则写于殷商末年，即公元前11世纪。《诗序》所述殊与诗意不符，当以《汉书》之说为是。

全诗六章，可分四个段落。

首章为第一段，写为了征伐猃狁而离家远戍于外，揭示战争的原因。诗以"采薇采薇"开头，用一唱三叹的复沓形式，来反复咏唱。朱熹认为这是"以采薇起兴"。所谓"兴"，按朱熹的解释，是"先言他物以引起所咏之词也"。所以前四句是"出戍之时采薇以食，而念归期之远"，是由采薇引起戍卒归期，这正是"兴"的手法。一个久戍在外的士卒，连饭也吃不饱，不得不采薇而食，当然会引起感情波动，渴望与家人团聚，老说要回去要回去，一年快完了，还是没有回到家，在战场上疲于奔命，无暇休息，难免要产生怨嗟之情，但这位士卒还是识大体的，他知道离家远戍，是为了征战猃狁。前人常说："小雅怨悱而不怒"，于此可见一斑。

第二、三两章为第二段，写戍守无定所，与家人音信隔绝，及种种饥渴劳苦之状。二、三两章写法，大体与一章相似，前四句有的用首章原句，有的或易一字，或易一句，后四句则基本上是改弦更张，别开生面，表现新的生活场景和新的思想感情。这是复沓的特点。这首诗的复沓，表现出多层次的递进，从第一章的"薇亦作止"到二、三两章的"薇亦柔止""薇亦刚止"，"作""柔""刚"三字显示了薇生长的三个不同阶段，由破土而出的嫩芽，到长出柔嫩的幼苗，再到长成粗梗，时间上是递进的，它表明戍卒久戍不归。同样，从"岁亦莫止"到"岁亦阳止"，从岁暮年终到夏历十月，时间的流逝，物换星移，征人的痛苦也与日俱增，从"岁亦莫止"的感慨，到"心亦忧止""忧心烈烈"，征人的痛苦更加强烈，再加上从军在外，本无固定的住所，无法找人捎回家信，与家人音信断绝，痛苦便可想而知了。

第四、五两章为第三段，追述戍守时紧张劳苦的战斗生活。四章前四句作者自问自答，用"维常之华"兴起"君子之车"，接着便以战车为引线展开了具体的战争描写。"戎车既驾，四牡业业"二句，借进发的兵车和四匹高头大马来侧面表现威武的阵容和高昂的士气。"岂敢定居，一月三捷"两句，写出战斗的频仍。五章是战斗场面的描写：主帅乘坐四匹雄马驾着的戎车指挥战斗，步兵跟随在车后英勇冲杀。"四牡翼翼，象弭鱼服"，形容军容之威和兵器的精良。"岂不日戒，猃狁孔棘"两句，显示军情的紧急。

第六章为第四段，写士卒归途抚今追昔，因痛定思痛而更加悲伤，同时对于能够生还，也不无喜悦情绪。诗人由回忆写到归途中的情景："昔我往矣，杨柳依依；今我来思，雨雪霏霏。"回忆起昔日从军时，正值美好的春天，万条杨柳，迎风披拂；今日归来已是严冬，又遇上大雪纷飞的天气。刘勰有云："情以物迁，辞以情发，一叶且或迎意，虫声有足引心。"（《文心雕龙·物色》）在人与自然之间，本来就存在着一种互相感发的关系，何况主人公面对的是眼前这样一片惨淡景色？更何况主人公在面对这景色时又偏偏想起了昔日那"杨柳依依"的美景呢？今"来"和昔"往"，痛苦和欢乐，在此形成了鲜明的对照，从而越发加深了人物内心的痛苦程度，所谓"以乐景写哀，以哀景写乐，一倍增其哀乐"（清王夫之《姜斋诗话》卷上）指的正是这种情况。这四句千古传诵，并被视为《诗经》中的最佳之句，是有一定道理的。

《采薇》一诗，在题材上可称为边塞诗的鼻祖，征人思乡便成了后代边塞诗的重要主题，它拨动着千万读者的心弦。

毛泽东非常熟悉《采薇》这首诗。在抗日战争期间，国民党第五军第二〇〇师师长戴安澜将军，率第二〇〇师出征缅甸，协同英军对日作战。1943 年 3 月，在率师返国途中，遭日军伏击，身受重伤，不幸牺牲。1943 年 4 月 1 日，国民政府在广西全州为其举行国葬，毛泽东于同年 3 月从延安拍电报传去挽诗一首：《七律·挽戴安澜将军》，有"将军赋采薇"之句，即用本诗之典，赞扬了戴安澜将军率远征军出征缅甸，勇敢抗击日寇的爱国主义精神和国际主义精神。

另据毛泽东的身边工作人员郭全荣回忆：1976年春，一个春光明媚、风和日丽的早晨，小孟（锦云）劝毛泽东去花园走走，出乎意料，毛泽东同意了。小张（玉凤）和小孟一人一边搀扶着他，来到卧室后面的一个小花园，他们边走边谈话。毛泽东沿着花园小径踽踽而行，他仔细看这花，这草，这石。那刚刚透出的鹅黄色的柳条，在轻轻摇曳，久违了，春光。毛泽东顺口念了两句诗："今我来兮，杨柳依依。"这显然是毛泽东将《采薇》中"昔我往矣，杨柳依依；今我来思，雨雪霏霏"加以改造，来表达自己久病乍见春色的喜悦之情。（毕桂发）

【原文】

小雅·节南山

　　节彼南山⁽¹⁾，维石岩岩⁽²⁾。赫赫师尹⁽³⁾，民具尔瞻⁽⁴⁾。忧心如惔⁽⁵⁾，不敢戏谈⁽⁶⁾。国既卒斩⁽⁷⁾，何用不监⁽⁸⁾？

　　节彼南山，有实其猗⁽⁹⁾。赫赫师尹，不平谓何⁽¹⁰⁾！天方荐瘥⁽¹¹⁾，丧乱弘多⁽¹²⁾。民言无嘉⁽¹³⁾，憯莫惩嗟⁽¹⁴⁾。

　　尹氏大师，维周之氐⁽¹⁵⁾。秉国之均⁽¹⁶⁾，四方是维⁽¹⁷⁾，天子是毗⁽¹⁸⁾，俾民不迷⁽¹⁹⁾。不吊昊天⁽²⁰⁾，不宜空我师⁽²¹⁾！

　　弗躬弗亲⁽²²⁾，庶民弗信⁽²³⁾。弗问弗仕⁽²⁴⁾，勿罔君子⁽²⁵⁾。式夷式已⁽²⁶⁾，无小人殆⁽²⁷⁾。琐琐姻亚⁽²⁸⁾，则无膴仕⁽²⁹⁾。

　　昊天不佣⁽³⁰⁾，降此鞠讻⁽³¹⁾！昊天不惠⁽³²⁾，降此大戾⁽³³⁾！君子如届⁽³⁴⁾，俾民心阕⁽³⁵⁾。君子如夷⁽³⁶⁾，恶怒是违⁽³⁷⁾。

　　不吊昊天，乱靡有定⁽³⁸⁾。式月斯生⁽³⁹⁾，俾民不宁⁽⁴⁰⁾！忧心如酲⁽⁴¹⁾，谁秉国成⁽⁴²⁾？不自为政，卒劳百姓⁽⁴³⁾。

　　驾彼四牡⁽⁴⁴⁾，四牡项领⁽⁴⁵⁾。我瞻四方，蹙蹙靡所骋⁽⁴⁶⁾！

　　方茂尔恶⁽⁴⁷⁾，相尔矛矣⁽⁴⁸⁾。既夷既怿⁽⁴⁹⁾，如相酬矣⁽⁵⁰⁾。

昊天不平，我王不宁(51)。不惩其心(52)，覆怨其正(53)。

家父作诵(54)，以究王讻(55)。式讹尔心(56)，以畜万邦(57)。

《朴学斋稿序》

......

诚能殚精研思，穷高极远，贯天人以为学，罗古今以为资，譬若采木邓林，伐石南山，以就倕般之绳削，而千门万户，无不可营，生尚方之珍，罗水陆之品，以供易牙之烹饪，而天下之至味具焉。

[参考]：《毛泽东早期文稿》，湖南出版社1990年版，第605页。

【注释】

（1）节，山高峻之状。南山，镐京以南的终南山，属秦岭山脉，在今陕西西安南。

（2）岩岩，山石堆积之状。

（3）赫赫，势位显耀盛大之状。师尹，太师尹氏的简称。师，太师，周代三公（太师、太傅、太保）中最尊贵的大臣。尹氏，周王朝贵族之一，姓尹，作者未举其名。

（4）具，通"俱"，都。瞻，看，瞧着。这句说人民都在看着你。

（5）忧心，忧苦之心。惔（tán），借为"炎"，火烧。

（6）戏谈，随便戏谑谈论。

（7）国，周国，周王朝。卒，同"猝"，突然。斩，断绝。这句说周王朝突然灭亡。当指犬戎灭周而言。

（8）何用，何以。监，察。这句说为什么不检查政治上的错误。

（9）实、猗，清王引之《经义述闻》："实，大貌。猗，借为阿。"阿，山坡。

（10）谓，通"为"。谓何，即为何，为什么。

（11）方，正在。荐，进，犹加。瘥（cuó），灾疫。这句说上天正在加重人民的灾难。

（12）丧乱，死丧祸乱。弘，大。

（13）民言，百姓的议论。嘉，善。无嘉，没好话。这句说老百姓对师尹的议论没有好话。

（14）憯（cǎn），曾，乃。惩，戒。嗟，叹。这句说尹氏还不知警戒骇叹。

（15）氐，根本。又解：氐借为楮（zhī），《尔雅·释言》："楮，柱也。"这句说尹氏处于执政的地位如同国家的柱石。

（16）秉，掌握。均，通"钧"，制陶器模子下面的圆盘。尹氏掌握政权治国，如同匠人掌握圆盘制器，所以说"秉国之均"。

（17）维，维持。这句说尹氏有维持四方之责。

（18）毗（pí），辅佐。汉郑玄《毛诗传笺》："毗，辅也。"

（19）俾，会。迷，指无所适从。

（20）吊，通"淑"，善。昊（hào）天，上天。

（21）空，困乏，穷。汉毛亨《毛诗故训传》："空，空也。"师，众民。这句说上天不宜使我们民众陷于穷困。

（22）躬，亲、亲自。这句说尹氏不亲自管理政事。

（23）弗信，不信从。

（24）不问，不过问。仕，审察。这句说尹氏不询察政事。

（25）罔，欺骗。君子，指官吏。这句说尹氏你不要欺骗官吏。

（26）式，发语词。夷，平。已，借为"怡"。东汉许慎《说文解字》："怡，和也。"这句说你要公平、和善。

（27）无，勿。殆，危险。这句说不要因小人弃权而使国家陷于险境。

（28）琐琐，卑微渺小之状。姻，儿女亲家。亚，通"娅"，姐妹之夫相互的称谓。姻亚，指亲属，裙带关系。

（29）膴（wǔ），厚。膴仕，高官厚禄。这句说不要让无能的亲属高官厚禄。

（30）不傭，不公平。汉毛亨《毛诗故训传》："傭，均也。"

（31）鞠，穷。讻，凶，祸害。鞠讻，最大的祸害。

（32）惠，仁。

（33）戾，暴戾，指暴政。

（34）届，至，来临。这句说如果由君子来亲临政事。

（35）俾，使。阕（quē），止息。这句说民怨就可以平息了。

（36）夷，平。

（37）恶，憎恨。违，去。汉毛亨《毛诗故训传》："违，去也。"这句说君子若无不平，民怨众怒也就没有了。

（38）靡，无，没有。定，止。

（39）式，语助词。斯，是。这句说每月都有乱事发生。

（40）宁，安宁。

（41）酲（chéng），饮酒多而病之态。

（42）秉，执掌。成，疑借为"程"。《荀子·致仕篇》："程者，物之准也。"《诗经·小雅·小旻》："匪先民是程。"汉毛亨《毛诗故训传》："程，法也。"程即法度。国成，即国家法度。

（43）卒，借为"瘁"，疾病。这句说致使百姓劳苦疲惫。

（44）四牡，四匹公马。

（45）项，肥大。领，脖颈。

（46）蹙蹙，局促不得舒展之意。靡，无。骋，驰骋。这句说壮马跑不起来，暗示无地可去。

（47）方茂尔恶，正作恶多端。茂，盛。

（48）相尔矛矣，以矛相对。这句说将遭到武力反抗。

（49）夷，平，做事公平。怿（yì），喜悦。这句说公平做事百姓就会欢颜相待。

（50）如，乃，则。酬，如劝酒那样友善。

（51）王，指周王。宁，安宁。

（52）惩，改。

（53）覆，反而。这句说反而怨恨纠正他行为的人。

（54）家父，又称嘉父，嘉甫，周大夫，即本诗的作者。诵，讽诵，作诗讽谏。

（55）究，追究。讻，借为"凶"。王凶，王左右的凶恶之人，指尹氏。

（56）式，发语词。讹，改变。尔，你，指尹氏。

（57）畜，养。万邦，各诸侯国，即天下。

【赏析】

这是一首周王朝大臣作的政治讽刺诗。诗中控诉执政者的暴虐以及周王的不明，表现了忧国伤时、直言敢谏的精神。至于家父是谁，周王又是哪个，学术界众说纷纭，莫衷一是。一般认为周王即指周幽王。

这是一首长诗，共十章，可分为四个部分。前三章为第一部分。第一章以南山起兴，历数师尹的暴虐不平，使得百姓敢怒而不敢言，国家将走向衰亡。起句严厉有势，以岩石高峻的终南山起兴，显示出师尹地位的显赫。由于师尹的暴虐，王业已衰，国运将断，语气中带有焦急的愤慨。第二章进一步说明由于师尹的暴政，已弄得天怒人怨，竟然没有人来制止他推行的恶政。老天已反复降灾，多少死丧祸害！百姓怨声载道，你自己却毫不悔过。第三章则直斥师尹。太师本是国家的根本，国运系于一身，其重要达到这样的程度，幽王当然"不宜空我师"，不该重用坏人，让他把国家弄得如此危殆，民众如此穷困。诗人从局势的危急、黎民的怨恨、国力的损耗这三个方面层层写来，把师尹之恶、国人之忧、幽王之昏，悉包举无遗，可谓理正辞达。

第二部分包括四、五、六章。第四章责周王。师尹之所以能专权，原因在于天子不问国政，不审察民情，不任用君子、制止坏事，却仍然与小人亲近，任用才智短浅的人做高官。诗人作为奴隶主阶级的士大夫，虽然他痛恨奸佞，忧国忧民，然而他唯一能做的是向周王进谏。基于这种认识，所以诗人在五、六两章，分别从正、反两方面对比陈词，反复申说，第五章望朝廷进用君子，第六章则怨周王委政于小人，盼望周天子要从用人上开刀，整顿朝纲。对比强烈，态度鲜明。

第三部分包括七、八、九章。诗人一连用三章的篇幅来浓化情感，强调题旨。第七章自伤无地可以回避。天地虽广，楚马也堪奔驰，就是容不下一己之身。局缩不得舒展谓之蹙蹙，"蹙蹙靡所骋"，表面上是说没有驰骋之所，实际上是讲国中无处容身。第八章言师尹的态度变化莫测。师尹的个人品质极其恶劣，是个反复无常的小人，不堪信赖的家伙。第九章怨周王不悟。恶人不除，肯定会反攻倒算，人们的生存空间很小，安全系数不大，所谓"庆父不死，鲁难未已"，此之谓也。

第十章为第四部分，说明作诗目的。"卒章显其志"，诗人自报家门，讲明作诗目的，清君侧以巩固周王朝的统治，结穴处简劲明确。

这首诗反映了周王朝奴隶主统治集团内部尖锐而激烈的斗争。诗人家父相当富于斗争经验，他的目的是把师尹搞下台，他火力集中，处处代天立言，为民请命，替国分忧，总是把周王与师尹既联系，而又区别开来，抒情言志又不携带个人恩怨，十分讲究斗争策略，使全诗具有一种堂堂正正之气，排比句的大量使用及反复出现，使整首诗越发显得气势酣畅淋漓。

在1913年10月至12月毛泽东写的《讲堂录》中记载了他听国文老师讲清潘耒《朴学斋稿序》一文时，记下的"伐南山石"的句子，即典出《诗经·小雅·节南山》"节彼南山，维石岩岩"。（毕桂发）

【原文】

小雅·正月

正月繁霜[1]，我心忧伤。民之讹言[2]，亦孔之将[3]。念我独兮[4]，忧心京京[5]。哀我小心，癙忧以痒[6]。

父母生我，胡俾我瘉[7]！不自我先[8]，不自我后。好言自口，莠言自口[9]。忧心愈愈[10]，是以有侮[11]。

忧心惸惸[12]，念我无禄[13]。民之无辜，并其臣仆[14]。哀我人斯[15]，于何从禄？瞻乌爰止[16]，于谁之屋？

瞻彼中林[17]，侯薪侯蒸[18]。民今方殆[19]，视天梦梦[20]。既克有定[21]，靡人弗胜[22]。有皇上帝[23]，伊谁云憎[24]！

谓山盖卑[25]，为冈为陵[26]。民之讹言，宁莫之惩[27]！召彼故老[28]，讯之占梦[29]。具曰"予圣"[30]，谁知乌之雌雄[31]？

谓天盖高，不敢不局[32]。谓地盖厚，不敢不蹐[33]。维号斯言[34]，有伦有脊[35]。哀今之人，胡为虺蜴[36]！

瞻彼阪田⁽³⁷⁾，有菀其特⁽³⁸⁾。天之扤我⁽³⁹⁾，如不我克⁽⁴⁰⁾。彼求我则，如不我得⁽⁴¹⁾。执我仇仇⁽⁴²⁾，亦不我力⁽⁴³⁾。

心之忧矣，如或结之⁽⁴⁴⁾。今兹之正⁽⁴⁵⁾，胡然厉矣⁽⁴⁶⁾！燎之方扬⁽⁴⁷⁾，宁或灭之⁽⁴⁸⁾。赫赫宗周⁽⁴⁹⁾，褒姒威之⁽⁵⁰⁾。

终其永怀⁽⁵¹⁾，又窘阴雨⁽⁵²⁾。其车既载，乃弃尔辅⁽⁵³⁾。载输尔载⁽⁵⁴⁾，"将伯助予"⁽⁵⁵⁾！

无弃尔辅，员于尔辐⁽⁵⁶⁾。屡顾尔仆⁽⁵⁷⁾，不输尔载。终踰绝险⁽⁵⁸⁾，曾是不意⁽⁵⁹⁾！

鱼在于沼⁽⁶⁰⁾，亦匪克乐。潜虽伏矣，亦孔之炤⁽⁶¹⁾。忧心惨惨⁽⁶²⁾，念国之为虐。

彼有旨酒⁽⁶³⁾，又有嘉殽⁽⁶⁴⁾。洽比其邻⁽⁶⁵⁾，昏姻孔云⁽⁶⁶⁾。念我独兮，忧心慇慇⁽⁶⁷⁾。

佌佌彼有屋⁽⁶⁸⁾，蔌蔌方有穀⁽⁶⁹⁾。民今之无禄，夭夭是椓⁽⁷⁰⁾。哿矣富人⁽⁷¹⁾，哀此惸独⁽⁷²⁾。

【毛泽东圈评等情况】

1915 年 5 月中旬某日，罗章龙赴司马里第一中学访友，于该校会客室门外墙端，偶见署名"二十八画生求友启事"一则，启事是用八裁湘纸油印的，古典文体，书法挺秀。罗章龙伫足浏览，见启事引句为《诗经》语："愿嘤鸣以求友，敢步将伯之呼"。……"二十八画生"，即当时在第一师范读书的毛泽东（毛泽东三字繁体为二十八画）。

[参考] 中共中央文献研究室编：《毛泽东年谱》（1893—1949），
人民出版社、中央文献出版社 1993 年版，第 20 页。

【注释】

（1）正（zhèng）月，毛传："正月，夏之四月。"夏历四月，殷、周六月。因为是"纯阳用事"的正阳之月，故称"正月"，繁霜，多霜。

（2）讹言，谣言。

（3）孔，很。将，大，盛。

（4）独，孤独。

（5）京京，忧愁无法解除之态。

（6）癙（shǔ），忧病。痒，病。《尔雅·释诂》："癙痒，病也。"《释文》引日："心忧愈之病也。"

（7）胡，何。俾，使。瘉（yù），病。

（8）"不自我先"二句，指变乱不先不后正发生在我的时代。

（9）莠言，坏话。莠，丑，恶。

（10）愈愈，犹"郁郁"，烦闷。一说应依东汉许慎《说文》作"念念"，含忧之深，至于恍惚善忘。

（11）以，因。有侮，被小人欺侮。

（12）惸惸（qióng），心中忐忑不安之意。

（13）无禄，不幸。禄，福气。

（14）并，皆。臣仆，奴隶。

（15）人，疑指统治阶级中的人，与前文"民"指被剥削的劳苦大众不同。斯，语气词。

（16）瞻，视。乌，乌鸦。爰，之，语助词。

（17）中林，林中。

（18）侯，维，是。薪，柴。蒸，草，此比喻小人。

（19）殆，危。

（20）梦梦，昏暗不明之态。

（21）既，终。克，能。定，止。主语为"天"，句意为只要天意有定。

（22）靡，无。人，指在朝的小人。

（23）有皇，即皇皇，伟大之意。

（24）伊，维，句首语助词。云，句中助词。

（25）谓，惟。盖，通"盍（hé）"，何。

（26）冈，古"岗"字，山脊。陵，大阜。

（27）宁，乃。惩，戒，制止。

（28）召，即"诏"，告。故老，旧臣，元老。

（29）讯，问。占梦，指占梦之官，掌占卜梦的吉凶及灾异之事。

（30）具，同俱。圣，圣明。

（31）此句嘲笑故老占梦知识浅薄。

（32）局，一作"踢"，曲身，弯腰。

（33）踏（jí），用小步走路。

（34）号（háo），喊叫。斯，此，指上面的四句话。

（35）伦、脊，毛传："伦，道；脊，理。"伦脊，道理。

（36）虺蜴（huǐ yì），毒蛇和蜥蜴。

（37）阪（bǎn）田，山坡上的田。

（38）菀（wǎn 晚或 yù），茂盛之状。特，生得突出的禾苗。

（39）扤（wù），借为"抈（yuè）"。东汉许慎《说文》："抈，折也。"

（40）如，唯恐。克，胜。

（41）彼，指天子。不我得，不得我，指用尽方法以求得我。则，语尾助词。

（42）仇仇，同"扰扰"，形容拿东西不用力的样子（用清王引之之说）。

（43）不我力，不对我用力，即不重视我之意。

（44）结，结疙瘩。

（45）正，通"政"。

（46）胡然，何以如此。厉，暴虐。

（47）燎，野火，火炬。扬，旺盛。

（48）宁，乃。或，有人。灭，用水浇熄。

（49）赫赫，兴盛的。宗周，周人称镐京为宗周，也用以称西周。宗，主。因其为天下所宗，故称宗周。

（50）褒姒（sì），西周末代君主幽王的宠妃。幽王因宠她而朝政昏乱，终于导致亡国。威（xuè 血或 miè），本义为灭火，引申为灭亡。

（51）终，即。永怀，深忧。

（52）窘，困迫。陈奂说："既其长为之忧伤，又困之以阴雨。阴雨以喻所遭多艰。"

（53）辅，清末俞樾《群经平议》："辅读为轉（bó），车下索也。"即联结车身与车轴的绳索。作者喻指贤人。一说为车箱板。

（54）输，堕落，即掉下车来。载，前载字是语助词，后载字指所载之物。

（55）将，请。伯，古代对同辈男子的敬称，犹今语的大哥。

（56）员（yún），把绳索盘上。一说作"益"解，加大。辐，车箱下面钩住车轴的木头，状似伏兔，用鞹紧缚在轴上。一说与"辕"同，即车轴。

（57）仆，车夫。

（58）踰，越过。绝险，最险之处。

（59）不意，不在意。意，揣度，考虑。

（60）鱼，诗人自喻。沼，池。

（61）炤，同"昭"，明。

（62）惨惨，"懆懆"之借，忧虑不安。

（63）旨酒，美酒。

（64）嘉殽，美好的肴馔。

（65）洽，融洽。比，亲近。邻，同类的人。

（66）昏姻，指亲戚关系。云，周旋往还。

（67）愍愍（yīn），痛心。

（68）佌（cǐ）佌，卑微渺小。

（69）蔌（sù）蔌，鄙陋。穀，谷物，指俸禄。

（70）天，灾祸。椓（zhuó），摧残，打击。

（71）哿（kě 或 gè），嘉，乐。

（72）惸（qióng）独，孤独无助的人。

【赏析】

《正月》是一首忧国哀民、愤世嫉邪的诗，当是周室士大夫所作。旧说以为此诗产生于西周未亡之时；只有朱熹根据诗中"赫赫宗周，褒姒威之"之言，引或说以为是西周亡后的作品。他说："或曰：此东迁后诗也。时宗周已灭矣，其言'褒姒威之'，有鉴戒之意，而无忧惧之情，似亦道已然之事，而非虑其将然之词。"朱熹引"或说"的论点是比较正确的。此诗大约产生于西周已亡而东周尚未巩固的时期，从诗中，我们可以看出诗人忧伤惴惧之情极其显著。显然，这是一首贵族政治讽刺诗。

全诗共十三章，可以分三个大的段落。前四章为第一段，从"我"与"天时"着眼，写诗人自伤生不逢时，恰好碰上亡国灭种之难。第一章从天时失常写到自己的忧虑独深。首句"正月繁霜"从天时着笔，正阴之月，指周历六月，即夏历的四月，本是孟夏时节，天降繁霜是时令失常的现象，古人往往认为是灾祸将至的征兆，所以诗人忧伤不已。第二章，诗人自伤生逢乱世，并觉小人莠言之可怕。人在痛苦和绝望的时候，常常呼唤父母。第二章正是从这一角度写出诗人生不逢时，偏偏遇上了亡国灾祸。诗人通过自己的深重忧伤反而遭到祸国殃民的小人的诽谤欺侮，揭示了谗邪的可怕，世风的颓丧。第三章，诗人写亡国之后的情况并忧虑后患无穷。诗人不仅哀伤自己之不幸，而且忧国忧民。他看到亡国之后，人民都成了俘虏，变成了侵略者的奴隶，就连这些为官做宦的人也不知道将在什么地方才能得到幸福。大乱之后，连乌鸦都不知落在谁的屋上好了，比喻人民流离失所，无所依归。第四章，作者推测在朝的小人该被上帝所憎。诗人以"瞻彼中林，侯薪侯蒸"起兴，比喻小人。《韩诗外传》引此二句说："言朝廷皆小人也。"小人当政，祸国殃民，人民自然生计艰难，处境岌岌可危。"视天梦梦"，意指上天对人间世的不平并无表示。但上天并非真是昏暗不明，只要天意有定，不论什么人，它都可以胜过。言外之意是，冥冥之中自有主宰，小人们是无法逃脱天谴的。末二句说，伟大的上帝究竟憎恨谁呢？不言而喻，是那些在朝的小人。这是一种无可奈何的、寄希望于天命的想法。

第五章至第八章为第二段，从"我"与"君"的关系，揭示了宗周灭亡的直接原因。第五章，言民间谣言四起，朝中是非纷纭，极写当时社会之混乱不堪。诗人直言社会上已无是非，执政者对谣言不加制止，却去召讯元老旧臣和占梦之官占卜吉凶，而那些故老、占梦者都自命不凡，各执一词，很难辨别谁是谁非，从侧面斥责了天子的治国无方。第六章，言人民遭逢乱世，时刻危惧不安。开头四句是说，天虽高，地虽厚，可是人民却局促不安，时刻自危。唐人诗云："出门即有碍，谁云天地宽！"正是此四句之意。"维号斯言"二句是说，人民之所以呼喊着这些话，是有一定的道理的。末二句说，世上既充满毒虫，人民自然手足无措了。第七章，作者言自己虽有贤才而不被重用。首二句以山坡薄田长生一株茂盛的禾苗自喻。三、四句说，上天有意要摧残我，唯恐不能把我制服。后四句是说，当天子求我之时唯恐得不到我，得到我之后，并不重用我。第八章直斥时政，并指出宗周灭亡的原因——幽王宠幸妲己，以为鉴戒。周天子不用贤才，信用群小，致使朝政日非，谣言四起，幽王贪恋女色，荒淫无耻，终于导致西戎入侵，西周灭亡。幽王宠幸妲己是西周灭亡的直接原因，但把国家的灭亡系于一个女子，这种女人是"祸水"的观点并不正确。

第九章至第十三章为第三段，从"我"与"新贵"的角度，揭示了西周灭亡的根本原因。第九、十两章，诗人以大车载物比喻治国，从正、反两方面加以说明。第九章用大车载物比喻错误的、失败的政治措施。头两句是作者的自述，心中忧伤，又逢阴雨更加凄凉，这是触景生情、融情于景的妙笔。诗中的比喻，寓意极为明显：执政者一旦掌握了国家大权，就抛弃了他的辅佐之臣，直到国家将亡时，才想到喊他们救急，为时已晚，讽刺之意，溢于言志。第十章，诗人用行车时遇险比喻正确的、成功的政治措施。作者认为君王如果任用股肱之臣，采取得力措施，国家就能转危为安，可惜昏庸的国君却根本不加考虑。第十一章，作者以池鱼自比，有终恐罹祸的危惧。一、二句，诗人以"鱼"自喻，池中之鱼，也不能很快乐。三、四句进一步说，鱼即便藏在池水深处，也容易被人发现。末二句是说，想到国家苛政太多，不禁忧虑不安。从个人的不幸追究到朝政的残暴，把个人的命运与国家安危紧密相连。十二章和十三章诗人都用了对比的手法；第十二章中，以小人之朋比同自己的孤立对比；第十三章中，把社会上的贫富加以对比。第十二章说，小人得势时，他们整天以酒会相征逐，树党成群，周施于姻戚之间。第十三章说，在朝的统治者虽都是小人，却因大量剥削人民，拥有房屋田产，富人欢乐无比，而孤独无依的老百姓多么可怜！社会上的贫富对立，才是导致宗周灭亡的根本原因。

这首诗是《小雅》中的一篇力作。诗人为我们描绘的那幅西周王朝灭亡前的社会动乱图画，具有较高的认识价值，尤其难能可贵的是，作者始终把个人的不幸遭遇和国家的沦亡、人民的痛苦紧紧地联系在一起，这种忧国忧民的思想对后代进步作家的思想和创作产生了深远的影响。在艺术表现上，本诗多次成功运用对比手法，也颇有特色。

据罗章龙回忆，1919 年 5 月中旬的一天，毛泽东以"二十八画生"名义写的一则"求友启事"中有"愿嘤鸣以求友，敢步将伯之呼"之句，"敢步将伯之呼"典出《正月》中"将伯助予"，意谓"求您多帮忙"，极切求友题旨，用得恰到好处。（毕桂发）

【原文】

小雅·小旻

旻天疾威⁽¹⁾，敷于下土⁽²⁾。谋犹回遹⁽³⁾，何日斯沮⁽⁴⁾？谋臧不从⁽⁵⁾，不臧覆用⁽⁶⁾。我视谋犹，亦孔之邛⁽⁷⁾。

潝潝呰呰⁽⁸⁾，亦孔之哀！谋之其臧⁽⁹⁾，则具是违⁽¹⁰⁾。谋之不臧，则具是依。我视谋犹，伊于胡底⁽¹¹⁾？

我龟既厌⁽¹²⁾，不我告犹⁽¹³⁾。谋夫孔多，是用不集⁽¹⁴⁾。发言盈庭，谁敢执其咎⁽¹⁵⁾？如匪行迈谋⁽¹⁶⁾，是用不得于道⁽¹⁷⁾。

哀哉为犹⁽¹⁸⁾！匪先民是程⁽¹⁹⁾，匪大犹是经⁽²⁰⁾。维迩言是听⁽²¹⁾，维迩言是争。如彼筑室于道谋，是用不溃于成⁽²²⁾。

国虽靡止⁽²³⁾，或圣或否⁽²⁴⁾。民虽靡膴⁽²⁵⁾，或哲或谋⁽²⁶⁾，或肃或艾⁽²⁷⁾。如彼泉流，无沦胥以败⁽²⁸⁾。

不敢暴虎⁽²⁹⁾，不敢冯河⁽³⁰⁾，人知其一，莫知其他⁽³¹⁾。战战兢兢⁽³²⁾，如临深渊⁽³³⁾，如履薄冰⁽³⁴⁾。

【毛泽东圈评等情况】

1943 年年初，毛泽东在延安第一次见到薄一波，紧紧地握住薄一波的手，问道："你就是薄一波同志？"为了记住薄一波的姓名，他反复地说："如履薄冰，如履薄冰……"

[参考] 董学文等：《毛泽东的文艺美学活动》，高等教育出版社 1995 年版，第 102—103 页。

【注释】

（1）旻（mín）天，天。《书·大禹谟》："帝（舜）初于历山，往于田，日日号于旻天。"疾威，暴虐。

（2）敷，布，施。

（3）犹，通"猷"，谋划。回遹（yú），邪僻。

（4）斯，语助词。沮，止。

（5）臧，善。从，听从，采用。

（6）覆，反。

（7）孔，很。邛（qióng），通"忡"，忧病。《诗经·小雅·巧言》："匪其止共，维王之邛。"东汉郑玄注："邛，病也。"

（8）潝（xì），借为"喋"，巧言。訿（zǐ）訿，同"訾訾"，诋毁，诽谤。

（9）之，若。

（10）具，通"俱"。违，违背。

（11）伊，推。底，物的下部。借指最后境地。此句意思是，将弄到什么地步。

（12）龟，占卜用的龟甲。厌，厌恶。

（13）不告我犹，指用龟甲已占卜不出策谋的吉凶。

（14）用，以。集，成就，成功。

（15）执其咎，抓他的过错。

（16）匪，通"彼"，那。行迈，行走。

（17）是用，所以。

（18）为犹，指掌权者所作出的策谋。

（19）匪，非。先民，古人。程，效法。

（20）经，经营。

（21）维，唯，只。迩言，肤浅的话。

（22）溃，达到，成就。

（23）止，郑笺："止，礼。"靡止，没有礼法。

（24）或，有。

（25）肊（wǔ），肥。

（26）哲，聪明。谋，有计划。

（27）肃、艾（yì），《尚书·洪范》："貌曰恭，言曰从，恭作肃，从作乂。"艾，通"乂"。据此，容貌庄敬为肃，言有条理为艾。

（28）沦，沉没。胥，相率。以，于。

（29）暴，借为"搏"。搏虎，空手打虎。

（30）冯（píng）同"凭"，从水中走过去。

（31）"人知其一"二句，指人们只知不敢暴虎冯河是不勇敢，而不知这是谨慎小心。

（32）战战兢兢，畏惧戒慎之状。

（33）渊，深潭。

（34）履，踩，踏。

【赏析】

这是一首怨刺诗，《毛诗序》说："《小旻》，大夫刺幽王也。"南宋朱熹《诗集传》也说："大夫以王惑于邪谋，不能断以从善，而作比诗。"所论极是。周幽王是历史上有名的昏君，腐败无能，不能决断，在决策中每每弃善从恶。诗人预感到周王朝潜伏着一场灾难。这首诗表现了诗人对当时政治状况的不满，同时也流露出诗人对国家命运的深切忧虑。

全诗六章，可分为三段。第一、二两章为第一段，指出国家政治之弊在于决策的不善。"旻天疾灭，敷于下土"，开头二句，呼天悲号，起句十分突兀，这表明诗人胸中的怨愤已不可遏止，也造成悬念。三、四两句是通篇的主旨。"谋犹回遹"是说执行的政策全是荒唐的、错误的；"何日是沮"，何日才能止息？这里用一反诘句，一方面表明幽王用邪僻之谋非一日，另一方面也表现出诗人对朝政的不满由来已久。"谋臧不从，不臧覆用"，并不是当时没有人提出好的办法、政策，但幽王偏偏不能采用，反而去任用奸邪之人，奉行邪僻之谋，对国君来说，任用贤能，听取正确意见，是极其重要的，但像周幽王这样倒行逆施，简直不可救药。最后总结两句，政策糟糕透顶，国家的前途真是不堪设想。第二章转换视角，从群臣来说。"潝潝訿訿",是对朝中小人丑恶嘴脸的写照;他们对邪僻之谋,一起同声附和,对正确的主张,则群起诋毁。曹粹中云:"潝潝然相和者,党同而无公是;訿訿然相诋者,伐异而无公非。"(清方玉润《诗经原始》)统治阶级党同伐异,致使是非难辨,因而使作者发出"伊于胡底"的慨叹。

第三、四两章为第二段,探究政策错误的原因。"我龟既厌,不我告犹。"《郑笺》云:"卜筮数而渎龟,龟灵厌之,不告其所图之吉凶",诗人通过龟灵厌这一典型细节,说明周王朝已遭到神的灭弃,也是近于绝望的愤激之辞。这两章同一、二章一样,也是分别从臣、王两方面来说。第三章从辟臣方面说,指出出谋划策的人太多,每议一事,众说纷纭,难有结果,"发言盈庭",谁也不负责任;"虽有一二正直臣,而忠不胜奸,朴不胜巧,亦难力与之争"(清方玉润《诗经原始》),小人因此得售其奸。第四章从幽王来说,指责他不法古人,不奉行远大的谋略,而唯便僻习近之言是听,唯便僻习近之言是争。作者用了一个生动的比喻来形容这种情况:就像在大路旁边修建房屋向行路之人征求意见,是不能成功的,喻意深刻,很有说服力。后来的"道谋"一词,就是由此而来。

第五、六两章为第三段,写诗人对周王朝命运的忧惧和悲愤。第五章说,即便是小国寡民,也有才智之士,言外之意是,何况周王朝地广人众,才智之士更多。作为国王应该善于择才而用之,否则,就会像流泉一样,都将衰亡。诗人这里对周王朝发出了警告。第六章,诗人表达了自己对国事的深忧。暴虎冯河、临渊、履冰,反复设喻,用没有武器徒手打虎,没有舟楫徒步渡河,比喻治国没有正确政策的危害,表明他已预见到西周王朝的覆亡即将来临。这些比喻生动形象,喻意精警,后来都约定俗成,常被引用。

这是一篇论政之作。通篇全用赋体,把叙述、议论和作者的慨叹结合起来,而以诗人对国事的忧愤作为一条主线贯穿起来,中心突出,一气呵成,神完意足。在议论中夹用一些抒情诗句,同时又用了不少生动贴切的比喻,增强了作品的表现力和感染力。

1943年年初,毛泽东在延安第一次见到老革命家薄一波时,为了记住

他的名字，反复地说："如履薄冰，如履薄冰……"既亲切风趣，又说明毛泽东对《小旻》一诗十分熟悉。（毕桂发）

【原文】

小雅·巷伯

萋兮斐兮⁽¹⁾，成是贝锦⁽²⁾。彼谮人者⁽³⁾，亦已大甚⁽⁴⁾！

哆兮侈兮⁽⁵⁾，成是南箕⁽⁶⁾。彼谮人者，谁适与谋⁽⁷⁾？

缉缉翩翩⁽⁸⁾，谋欲谮人。慎尔言也⁽⁹⁾，谓尔不信。

捷捷幡幡⁽¹⁰⁾，谋欲谮言。岂不尔受⁽¹¹⁾？既其女迁⁽¹²⁾。

骄人好好⁽¹³⁾，劳人草草⁽¹⁴⁾。苍天苍天！视彼骄人，矜此劳人⁽¹⁵⁾！

彼谮人者，谁适与谋？取彼谮人，投畀豺虎⁽¹⁶⁾。豺虎不食，投畀有北⁽¹⁷⁾。有北不受，投畀有昊⁽¹⁸⁾。

杨园之道⁽¹⁹⁾，猗于亩丘⁽²⁰⁾。寺人孟子⁽²¹⁾，作为此诗。凡百君子⁽²²⁾，敬而听之！

【毛泽东圈评等情况】

毛泽东在《向国民党的十点要求》一文中说："务绝汪党，投畀豺虎，此应请采纳实行者一。"

[参考]：《毛泽东选集》第二卷，人民出版社1991年版，第721页。

【注释】

（1）萋，"緀"的假借字。緀、斐都是有文采的样子。《礼记·大学》："有斐君子，如切如磋，如琢如磨。"郑玄注："斐，有文章貌。"

（2）贝锦，织成贝形花纹的锦缎。此用织成贝锦比喻谮人罗织人的罪状。

（3）谮（zèn），说别人的坏话，进谗言。

（4）大，通"太"。

（5）哆（chǐ，又读yí），张口。侈，夸大，过分。

（6）南箕，星名，即箕宿。箕宿四星，连起来成梯形，也就是簸箕星。古说箕星主口舌（《史记·天官书》），象征谮人。

（7）適（dí），主。《诗经·卫风·伯兮》："岂无膏沐，谁適为容？"汉郑玄笺："適，主也。"与，助。

（8）缉，本字是"咠"，交头接耳私语的声音。毛传："缉缉，口舌声。"往来不息之状。

（9）尔，代指谮人。

（10）捷捷，同"倢倢"，巧言的样子。幡幡，同"翩翩"，反复往来的状态。

（11）受，指听信谮言。

（12）女，古通"汝"，你。迁，迁官，指升官。

（13）骄人，指谮人。谮人因谮言被君主听从而飞扬跋扈。好好，得意之状。

（14）劳人，忧人，指被谮的人。草草，"慅慅"的假借，忧愁的样子。

（15）矜，怜悯。

（16）畀（bì），给予，付予。

（17）有，语气词。北，北方荒凉之地。

（18）有昊（hào），昊天，苍天。

（19）杨园，种植杨树的园。一说园名。

（20）猗（yǐ），加，在……之上。亩丘，垄界像田亩的土丘。二句说亩丘上有杨园之道，诗人徘徊在这条道上，吟成这首诗。

（21）诗人，阉官，是天子待御之臣。孟子，是这位寺人的表字，就是此诗的作者。

（22）凡百君子，指执政者。

【赏析】

这首诗是一个表字孟子的寺人所作。"寺人"，官名，古代宫中供使令的近臣，东汉以后则专指宦官。《周礼·天官·寺人》："寺人掌王之内人及女宫之戒令。"诗题《巷伯》，巷，指宫内小道。伯官，官长的尊称，也是寺人的意思。诗人遭人谗毁，用这首诗发泄他的怨愤，诅咒谗者，同时劝执政者警惕。

全诗七章，每章四句、五句、六句、八句不等。第一、二章开头都采用了比的艺术手法。"比者，比方于物也。"（南宋朱熹《诗集传》）比是比喻，就是拿人们习见的事物比不常见的事物，或拿具体的事物来比抽象的事物，以收到形象易晓之效。第一章中写道："萋兮斐兮，成是贝锦。"二句说谗人诬陷别人用许多迷惑人的语言，好像组织好看的文彩以成美锦似的，用来比喻谗人的坏话。所以后两句说："彼谮人者，亦已大甚。"二句是说，那些谗害别人的人，做得也太过分了。经上面用"贝锦"一比，谗言的迷惑作用便具体生动了。第二章则用了这样的比喻："哆兮侈兮，成是南箕。""南箕"，星名，即箕宿。箕宿四星，连起来成梯形，也就是簸箕形。距离较远的两星之间就是箕口。古人认为箕宿主口舌，所以用来比喻谗者张开大口说人坏话。故后两句说："彼谮人者，谁适与谋？"二句是说谮者害人太甚，可能有助谋的，但不知谁是主要的。在一、二两章中，诗人运用"贝锦"和"南箕"这两个比喻，揭露了谮人花言巧语、搬弄是非的丑恶嘴脸与险恶用心，并进而追究那个给他出谋划策的坏家伙。

作者在三、四两章中，描绘了谮人在谗毁别人时的种种丑态，并对他们发出严正警告。第三章写道："缉缉翩翩，谋欲谮人。慎尔言也，谓尔不信。"前两句意谓叽叽喳喳要害人，活画出谮人搬弄口舌的丑恶嘴脸，后二句警告谮者：你说话谨慎些吧，听者会发现你是不可信的。第四章写道："捷捷幡幡，谋欲谮言。岂不尔受？既其女迁。"再次描画谮者花言巧语，设计害人的丑态，并又一次向他提出警告：虽然有人一时受你蒙骗，而加害别人，但转眼间他就会用同样的手段，把谗言加在你身上。作者一针见血地指出谮者必然落个害人害己的下场。

在第五章中，诗人把谗害别人的小人和被谗的君子并提，造成了强烈对比的效果：诗中写道："骄人好好，劳人草草。"二句写小人得计，喜形于色，君子被谗，忧心忡忡。面对这是非颠倒的社会现象，诗人不禁大叫：苍天啊苍天快睁眼，看看谗人的罪行吧，可怜这些受害者！这呼天抢地的叫喊，饱含着诗人多少不平、辛酸和愤慨啊！清方玉润评论此章说：

"谮人与受谮之人，两面双提，总上启下，为全篇枢纽。"指出了此章在全诗的重要作用。

第六章是诗人感情的总爆发，对谗者进行强烈的诅咒。为了适应淋漓尽致地表达感情的需要。篇幅也比前四章增长了一倍。前二句"彼谮人者，谁适与谋？"并非简单的重复，它一方面起贯穿全诗的作用；另一方面表示了对谮者的深恶痛绝，直接导致下面六句对谮者的诅咒：把那个造谣害人的坏蛋投给虎狼，虎狼也不肯吃，把他撵到北方极寒的无人之境，北方也不肯要他，只好叫老天爷来惩罚他。以上六句提出三个处置谮者的方案，必欲置之死地而后快，表现了诗人对谮者的切齿痛恨。清代姚际恒说："刺谗者诗无如此之快利，畅所欲言。"一语中的。酣畅淋漓的痛斥，疾风暴雨般的节奏，产生了强烈的艺术力量。

末章诗人介绍了自己的名字和作诗的目的。"杨园之道，猗于亩丘"二句是说亩丘之上杨树林中有条小道，诗人徘徊在这条道上，吟成这首诗。三、四句作者自报了姓名，表明他光明正大，敢作敢当。末二句"凡百君子"，指执政者。"敬而听之"，劝执政者要警惕谮人，这便是写诗的目的。班固在《汉书·司马迁传赞》中说："迹其所以自伤，《小雅·巷伯》之伦。"可见，正道直行之士被邪恶小人谗言所害是黑暗社会的一种普遍现象。因而这首诗结尾所表达的希望是统治者吸取教训的愿望，也就具有了更为广阔的社会意义。

毛泽东在《向国民党的十点要求》一文中说："务绝汪党，投畀豺虎。……此应请采纳实行者一。"（《毛泽东选集》第2卷第721页）毛泽东引用"投畀豺虎"，说明汪精卫之流的民族败类祸国殃民，恶贯满盈，死有余辜，对其表现了应有的革命义愤。（毕桂发）

【原文】

小雅·蓼莪

蓼蓼者莪[(1)]，匪莪伊蒿[(2)]。哀哀父母，生我劬劳[(3)]。
蓼蓼者莪，匪莪伊蔚[(4)]。哀哀父母，生我劳瘁[(5)]。

缾之罄矣⁽⁶⁾，维罍之耻⁽⁷⁾。鲜民之生⁽⁸⁾，不如死之久矣！无父何怙⁽⁹⁾，无母何恃。出则衔恤⁽¹⁰⁾，入则靡至⁽¹¹⁾。

父兮生我，母兮鞠我⁽¹²⁾。拊我畜我⁽¹³⁾，长我育我。顾我复我⁽¹⁴⁾，出入腹我⁽¹⁵⁾。欲报之德，昊天罔极⁽¹⁶⁾！

南山烈烈⁽¹⁷⁾，飘风发发⁽¹⁸⁾。民莫不穀⁽¹⁹⁾，我独何害⁽²⁰⁾。

南山律律⁽²¹⁾，飘风弗弗⁽²²⁾。民莫不穀，我独不卒⁽²³⁾。

【毛泽东圈评等情况】

1920年3月14日，毛泽东在北京写信给周世钊，在信的一开头写道："接张君文亮的信，惊悉兄的母亲病故！这是人生一个痛苦之关。像吾等长日在外未能略尽奉养之力的人，尤其发生'欲报之德，昊天罔极'之痛！这一点我和你的境遇，算是一个样的。"

[参考]：《毛泽东早期文稿》，湖南出版社1990年版，第473页。

【注释】

（1）蓼蓼（lù），长大之状。莪，蒿的一种，茎抱根而生，有细毛。明李时珍《本草纲目》："莪抱根丛生，俗谓之抱孃（娘）蒿。"

（2）匪，非。伊，是。蒿，又名青蒿、香蒿。

（3）劬（qú）劳，苦，劳累。

（4）蔚，蒿的一种，又名牡蒿，茎高二三尺，叶互生，花褐色。干茎燃烟可驱蚊。

（5）瘁，病。

（6）缾，同瓶。罄（qìng），器中空、尽。

（7）罍（léi），形似酒坛，大肚小口。《尔雅·释篇》郭璞注："罍形似壶，大者受一斛。"

（8）鲜，斯，此。

（9）怙（hù），依靠。

（10）衔，含。恤，忧。

（11）靡至，没有着落。

（12）鞠，养育。

（13）拊，爱抚。畜我，爱我。畜，好。

（14）顾，照顾。复，借为"覆"，庇护。

（15）腹，抱。

（16）"欲报之德"二句，上天没有准则，不保佑我，使我不得赡养父母。罔，无。极，借为则，准则。

（17）烈烈，山高峻险阻之状。毛传："烈烈然，至难也。"清胡承洪后笺："烈烈为山之高峻险阻之状，故《传》以为至难。"引申为雄伟之状。

（18）飘风，旋风。发发，疾风声。

（19）穀，善，良好。

（20）何，通"荷"，蒙受。

（21）律律，山高峻之状。清王先谦《诗三家义集疏》："律律，王安石以为山之崒崒。"

（22）弗弗，风疾之状。毛传："弗弗，犹发发也。"今人高亨注："弗弗，风疾貌。"

（23）不卒，不得终养父母。

【赏析】

《蓼莪》是《诗经》中一首著名的悼念诗。《毛诗序》说："蓼莪刺幽王也。民人辛苦，孝子不得终养耳。"所说大体不错。这首诗叙述了一个行役之人整日在外东奔西走、颠沛流离的不幸遭遇，抒发了他不得报答父母养育之恩，不得赡养父母以终天年的痛苦心情，表达了他对当时社会繁重的徭役负担、残酷的剥削压榨的不满。

全诗一共六章，可分为三个段落。一、二两章为第一段，哀叹父母生我养我劬劳、劳瘁。诗以"蓼蓼者莪"起兴，"莪"草抱根而生，具有鲜美芳香等特质，在古人心目中成了美好事物的象征。"蓼蓼者莪"本可令人高兴，但第二句立即来了一个一百八十度的大转弯："匪莪伊蔚（即蒿的一种）"，在感受上与前一句形成了巨大的反差。那不是一株"莪"

而是一棵"蒿"，这里的"莪"和"蒿"已经成了贤愚美丑的象征，已经注入了诗人强烈的感情色彩。我不是一株"莪"，只是一棵"蒿"。我和那些有才能的人相比，真是自愧弗如。为什么呢？因为"哀哀父母，生我劬劳""哀哀父母，生我劳瘁"，父母终生劳碌贫困，辛辛苦苦把我养大，而我却无力为他们养老送终，不能报答他们的深恩大德于万一，实在天地难容。"哀哀父母"的惨痛郁结于心，借助于"莪""蒿"的联想与对比使其悲痛欲绝，神思恍惚的心态得到了形象的表现。第二章以同样的声情格调，反复咏叹，再次强调父母的不幸和自己的无能，使感情得到进一步宣泄。

三、四两章为第二段，写儿子与父母的眷眷深情。两章角度不同：三章从儿子着笔，写儿子失去双亲时那种衔血刺心的苦楚；四章从父母入手，写父母对儿子的精心养育和依依深情。第三章，承"匪莪伊蒿"而来。先以瓶子为喻，酒瓶子空了，本来可以到大缸子中去舀，可是现在大缸子也是空的；父母劳苦多病，本来要靠子女赡养，可是子女没有能力。空缸子是无用的，不能赡养父母的子女是可耻的。"鲜民之先"二句，是对耻辱心态的一片刻画：失去父母自己也就失去了支持，失去了依靠。末二句刻画出一个失去父母而进退失据、坐卧不安、悲痛欲绝、神思恍惚、惶惶不可终日的贫穷孝子形象。第四章，承"哀哀父母"而来，作者全用赋法，"敷陈其事而直言之"（南宋朱熹语）：生我、鞠我、拊我、畜我、长我、育我、顾我、腹我，九个动作描写，历数父母对自己的抚养过程，字字含情，而连下九"我"字，节奏由慢至快，声调由缓至促，宛如声声哭诉，郁积的情感汹涌而出，"勾人血泪全在此无数我字"（清姚际恒《诗经通论》），令人千载之下，为之动容，为之一掬同情之泪。

五、六两章为第三段，写自己艰苦行役的处境。那烈烈律律、崔嵬险峻的南山，那发发弗弗、声振林木的飘风，不就是世路险阴和人事艰难的见证？大自然对人并无偏袒，但为什么有的人生活得幸福美满，而我却多灾多难？有的人父母长寿康健，而我的父母却贫病交加，不能享其天年？路途坎坷，环境险恶，人我对比，忧愤难申，诗人便戛然而止，给人留下了广阔的思考余地。

1920 年 3 月 14 日，毛泽东在北京写信给好友周世钊，说从张文亮信中得知周的"母亲病故"，信中援引《蓼莪》中"欲报之德，昊天罔极"诗句，以不能对父母略尽"奉养之力"而引为憾事。（毕桂发）

【原文】

小雅·北山

陟彼北山⁽¹⁾，言采其杞⁽²⁾。偕偕士子⁽³⁾，朝夕从事⁽⁴⁾。王事靡盬⁽⁵⁾，忧我父母⁽⁶⁾。

溥天之下⁽⁷⁾，莫非王土⁽⁸⁾。率土之滨⁽⁹⁾，莫非王臣⁽¹⁰⁾。大夫不均⁽¹¹⁾，我从事独贤⁽¹²⁾。

四牡彭彭⁽¹³⁾，王事傍傍⁽¹⁴⁾。嘉我未老⁽¹⁵⁾，鲜我方将⁽¹⁶⁾。旅力方刚⁽¹⁷⁾，经营四方⁽¹⁸⁾。

或燕燕居息⁽¹⁹⁾，或尽瘁国事⁽²⁰⁾。或息偃在床⁽²¹⁾，或不已于行⁽²²⁾。

或不知叫号⁽²³⁾，或惨惨劬劳⁽²⁴⁾。或栖迟偃仰⁽²⁵⁾，或王事鞅掌⁽²⁶⁾。

或湛乐饮酒⁽²⁷⁾，或惨惨畏咎⁽²⁸⁾。或出入风议⁽²⁹⁾，或靡事不为⁽³⁰⁾。

【毛泽东圈评等情况】

在人类历史上，有过几次性质不同的大的革命。

……

第二次，是封建地主革掉奴隶主的命。这次革命，在中国大概是在春秋战国时期。……在春秋战国时期，发生了激烈的变化，发生了大的阶级斗争、革命斗争，从那时起，开始允许土地私有、允许土地收租。……过去是"普天之下，莫非王土；率土之滨，莫非王臣"，这个时候是搞私有了。私有制曾经是一个很好的东西。……

[参考]：《毛泽东文集》第六卷，人民出版社 1999 年版，第 344—347 页。

【注释】

（1）陟（zhì），登。北方，泛指北方之山。

（2）言，语助词。杞，枸杞，子可食，入药。

（3）偕偕，强壮之状。东汉许慎《说文解字》："偕，强也。"士子，诗人自称。

（4）朝（zhāo）夕，从早到晚，整天。《周礼·夏官·道仆》："掌驭象路以朝夕。"清孙诒让正义："朝夕，朝莫听事也。"从事，办理王事。靡盬（gǔ），无止境，没完没了。盬，休止。

（6）忧我父母，使父母担忧。

（7）溥，通普，普遍，整个。《左传》《孟子》《荀子》《韩非子》等书引作"普"。

（8）莫非，莫不是，全都是。

（9）率，自。土，土地，领土。滨，水边。古人以为大地四周环海，犹言四海之内。

（10）王臣，王的臣民。

（11）大夫，指执政大臣。不均，不公平。

（12）独贤，唯独我最劳苦。汉毛亨《毛诗故训传》："贤，劳也。"

（13）壮，指公马。彭彭，强壮有力之状。

（14）傍傍，紧急繁忙之状。汉毛亨《毛诗故训传》："傍傍然，不得已也。"

（15）嘉，夸奖。

（16）鲜，善，此指称善。将，强壮。汉毛亨《毛诗故训传》："将，壮也。"

（17）旅，通"膂"。膂力，体力。刚，强健。

（18）经营，往来奔走劳作。

（19）或，有的人。燕燕，安逸之状。居息，私居休息。

（20）尽瘁，竭尽身心，不留余力。瘁，劳。

（21）偃，卧。

（22）行（háng），道路。

（23）叫号，呼叫号哭。不知叫号，言不识人间有痛苦事。

（24）惨惨，一作"懆懆"，焦虑不安之状。劬（qú）劳，辛苦操劳。

（25）栖迟，游息。偃仰，即安居。

（26）鞅掌，忙乱烦扰。清陈奂《毛诗传疏》："鞅掌，叠韵连绵字。鞅掌失容，犹言仓皇失据耳。"

（27）湛（dān）乐，过度的享乐。

（28）咎，灾殃。

（29）风议，放言，讽刺之意。

（30）靡事不为，无事不做，意谓为公家什么都得去干，万分辛苦。

【赏析】

这是一首周王朝下层官吏述说自己痛苦与不平的诗。这个小吏为王事四方奔波，艰苦备尝，连父母也很替他担忧。但那些大员宠臣，却安然过着优裕清闲的生活。对比之下，他感叹其遭遇的悲惨，发泄其心中的不平。清姚际恒《诗经通论》指出："土者所作，以怨大夫"，较为中肯。

此诗共六章，可以分两个部分。前三章为第一部分，写诗人的不幸遭遇。首章起始两句"陟彼北山，言采其杞"，诗人登上北山采集枸杞，在采集中想起了自己的身世：我这强壮的身子，从早到晚都在做事，国王的事没完没了，使我离家让父母担忧。不"忧我"而"忧我父母"，《孟子》谓劳于王事不得奉养父母，则立言在孝的观念，算是看到了诗句的表层。更进一层，诗句类似唐人"无那金闺万里愁"的写法，撇开一身之忧苦，牵入亲人，意蕴倍加丰厚。第二章前四句"溥天之下，莫非王土；率土之滨，莫非王臣。"古人相信中国四周有海，"率土之滨"是举外以包内，犹言四海之内。普天之下，没有不是天子之地；四海之内，没有不是天子之臣。这四句后来成为脍炙人口的名言，就在于它用铿锵的语言讲出了"君权神授"天下一家的大道理。诗人虽然承认为国家服役合于天理，但是还有"不均"的牢骚。章末说"我从事独贤"，这"独贤"二字，是很高明的反讽，正如明钟惺所说："嘉我未老三句，似为独贤二字下一注脚，笔端之妙如此。"第三章，抒情主人公方登场亮相：他驾着骊马，经营四方，疲于奔命，不敢渎职。这里专门转述了似乎是其顶头上司"大夫"的话，"嘉我未老"云云，真是形象生动极了。卖命的差使，廉价的夸奖！讽刺见于无形之中，作者白描手法委实高明。

如果此诗就此作结，也不失为一首佳作，但还未臻其妙。此篇奇妙之处在于后三章，对于劳逸不均的不平。诗人在前三章克制地叙述之后，后三章一连用了十二个"或"字领起的排比句，滔滔不绝，作尽情的宣泄。这样，先前的克制便成为一种蓄势，使后面的喷发更加有力。排比之中，又有对照，以劳逸、苦乐、善恶、是非，两两相形："或安居在家，或尽瘁于国，或高卧于床，或奔走于道，则劳乐大大悬殊矣，此不均之实也。或身不闻征伐之声，或面带忧苦之状；或退食从容而俯仰作态，或经理烦剧而仓卒失容，极言不均之致也，不止劳逸不均而已。或湛乐饮酒，则是既已逸矣，且深知逸之无妨，故愈耽于逸也；或惨惨畏咎，则是劳无功矣，且恐因劳而得过，反不如不劳也。或出入风议，则己不任劳，而转持劳者之短长；或靡事不为，则是勤劳王事之外，又畏风议之口而周旋弥缝之也，此则不均之大害，而不敢详言之矣。"这些鲜明生动的对比，皆采自日常生活，既具体可感又形象逼真，经过反复咏唱便将愤愤不平之气流于笔端，而后更不多着一字，全篇到此便戛然而止，真是下笔痛快淋漓而又悲愤充溢，收笔则突兀果断有迅雷不及掩耳之势。清方玉润在《诗经原始》中称"末及劳逸对举，两两相形，一直到底，不言怨而怨自深矣。此诗人善于立言处，因不徒以无数或字见局阵之奇也。"连用十二"或"字，加之鲜明整齐的对比句式，使这几章历来备受激赏。清沈德潜说："《北山》诗连下十二'或'字，情至，不觉音之繁，辞之复也。"唐代诗人韩愈写的《南山诗》，连用五十多个或字，有人称有石破天惊之势，沈德潜却说他"用《北山》之体而张大之，下五十余或字，然情不深而侈其辞，只是汉赋体制。"这批评固然中肯，也见出《北山》影响之大。

1954年9月14日，毛泽东在中央人民政府委员会临时会议通过中华人民共和国宪法草案后作的《关于辛亥革命的评价》的讲话（见《毛泽东文集》第6卷第344—347页）中，讲到在人类历史上，有过几次性质不同的大的革命；奴隶主推翻原始共产主义社会、封建地主革掉奴隶主的命、资产阶级革封建地主阶级的命。其中讲到封建地主革掉奴隶主的命时，援引了《北山》诗中"溥天之下，莫非王土；率土之滨，莫非王臣"四句有名诗句，是说"过去（奴隶社会）"是这样，而"这个时候（封建社会）是搞私有制了"。"私有制曾经是一个很好的东西"，表现了毛泽东的历史唯物主义观点。（毕桂发　袁湜）

【原文】

大雅·大明

明明在下⁽¹⁾，赫赫在上⁽²⁾。天难忱斯⁽³⁾，不易维王⁽⁴⁾。天位殷適⁽⁵⁾，使不挟四方⁽⁶⁾。

挚仲氏任⁽⁷⁾，自彼殷商，来嫁于周⁽⁸⁾，曰嫔于京⁽⁹⁾。乃及王季⁽¹⁰⁾，维德之行⁽¹¹⁾。

大任有身⁽¹²⁾，生此文王。维此文王，小心翼翼⁽¹³⁾，昭示上帝⁽¹⁴⁾，聿怀多福⁽¹⁵⁾。厥德不回⁽¹⁶⁾，以受方国⁽¹⁷⁾。

天监在下⁽¹⁸⁾，有命既集⁽¹⁹⁾。文王初载⁽²⁰⁾，天作之合⁽²¹⁾。在洽之阳⁽²²⁾，在渭之涘⁽²³⁾。文王嘉止⁽²⁴⁾，大邦有子⁽²⁵⁾。

大邦有子，伣天之妹⁽²⁶⁾。文定厥祥⁽²⁷⁾，亲迎于渭。造舟为梁⁽²⁸⁾，不显其光⁽²⁹⁾。

有命自天⁽³⁰⁾，命此文王，于周于京⁽³¹⁾。缵女维莘⁽³²⁾，长子维行⁽³³⁾，笃生武王⁽³⁴⁾。保右命尔⁽³⁵⁾，燮伐大商⁽³⁶⁾。

殷商之旅⁽³⁷⁾，其会如林⁽³⁸⁾。矢于牧野⁽³⁹⁾："维予侯兴⁽⁴⁰⁾。上帝临女⁽⁴¹⁾，无贰尔心⁽⁴²⁾。"

牧野洋洋⁽⁴³⁾，檀车煌煌⁽⁴⁴⁾，驷騵彭彭⁽⁴⁵⁾。维师尚父⁽⁴⁶⁾，时维鹰扬⁽⁴⁷⁾。凉彼武王⁽⁴⁸⁾，肆伐大商⁽⁴⁹⁾，会朝清明⁽⁵⁰⁾。

【毛泽东圈评等情况】

迷信最大的就是"婚姻命定说"。一个人刚刚掉下母亲的肚子，便说他的婚姻是已经前定了。……自此以外，那许多号称家庭和睦的好夫妇，都是脑子里装满了"婚姻命定"四个大字的。所以"十世修来同船渡，百世修来共枕眠""月老牵丝""天作之合"等等，便是他们时记着的格言。

这样服从命定说的婚姻，在中国社会大概要占去十分之八。这十分之八的夫妇，他们的恋爱滋味都在"莫名其妙"之中。要说他好，他们又时常发出叹声；要说不好，他们居然是一对夫妇，同住在一个屋子，吃饭睡觉，生儿育女，好像真正是"天生成"的。有时吵几回嘴，打几次架，气一转过来，想到"世（百）世修来共枕眠""天作之合"上头，便立时恢复原状，仍旧吃饭、睡觉。因有此命定说，媒人便可不负责任。

[参考]：《毛泽东早期文稿》，湖南出版社1990年版，第444页。

【注释】

（1）明明，光明辉煌之状。在下，指光照人间。

（2）赫赫，威严显赫。

（3）忱（chén），常。斯，语气语。这句说天命难以有常。

（4）不易维王，即"维王不易"。维，为。这句说做国王不容易。

（5）天位，天子之位。殷适（dí），殷的嫡传，这里指殷纣王。适，同"嫡"。南宋朱熹《诗集传》："殷适，殷之嫡嗣也。"《史记·殷本纪》："帝乙长子曰微子启。启母贱，不得嗣。少子辛。辛母正后，辛为嗣。帝乙崩，子辛立，是为帝辛，天下谓之纣。"这句说上天立殷纣为君。

（6）挟（jiā），拥有。这句说上天使纣不能保有天下四方。

（7）挚，古国名，在殷的王畿之内。仲，次子或次女。挚仲即太任，王季之妻，文王之母。因她是挚国君的次女，所以称挚仲。氏任，姓任。挚国之君姓任，所以说她氏任。

（8）来嫁于周，挚国是殷商的一个诸侯国，故说挚仲自商来嫁于周。

（9）曰，语助词。嫔（pì），嫁。京，指周京。周太王自豳（今陕西邠县）迁岐，其地名周，王季仍建都于周。周即今陕西岐山。

（10）乃，于是。及，与。王季，太王之子，文王之父。

（11）维，唯，只。行，实行。维德之行，指挚仲与王季只行德事。

（12）太（tài）任，周人称挚仲为太任。有身，有孕。

（13）翼翼，恭谨之态。

（14）昭，借为"劭"。东汉许慎《说文解字》："劭，勉也。"这句说文王勤勉侍奉上天。

（15）聿，以。怀，来，招来。

（16）厥，此，这。回，邪僻。

（17）受，接受。方，邦。这句说文王承受周国，做了周王。

（18）天监在下，上天监察下土。监，监察。

（19）有命，指天命。既，已。集，止，指降临。这句说天命已经落到文王身上。

（20）初载，指文王即位之初年。

（21）天作，上天作成。合，匹配。指上天就使文王、太姒结为夫妇。

（22）洽（hé），古水名，发源于今陕西合阳县北，东南流入黄河。阳，水的北面。

（23）渭，渭水，为黄河最大的支流，在今陕西境。涘（sì），水滨。

（24）嘉，喜。止，语气词。

（25）大邦，指莘国。子，女子，指莘国国君之女太姒。

（26）伣（qiàn），好比。妹，少女。这句说莘国的女儿好比天上的仙女。

（27）文，指卜筮的文辞。这句说文辞指定两国联姻是吉祥的。

（28）梁，桥。这句说造船，搭上木板成为浮桥。

（29）不，通"丕"，大。

（30）自天，从天而降。

（31）于周，在周国。于京，在周的国都。

（32）缵（zuǎn），美好。清马瑞辰《毛诗传笺通释》："缵女为好女，犹言淑女、硕女、静女，皆美德之称。"莘（shēn），古国名，姒姓。这句说莘国有好女。

（33）长子，长女，指太姒。行，出嫁。这句说莘国国君的长女出嫁文王。

（34）笃，厚。是说蒙上天的厚恩，生了武王。

（35）保右，即保佑。尔，你，指武王。

（36）燮（xiè），会合。指联合各诸侯国。

（37）旅，军队。

（38）如林，形容人数众多。

（39）矢，誓师。牧野，地名，在今河南淇县西南，武王伐商最后决战处。

（40）予维侯兴，即"维予乃兴"。予，我，指周朝。侯，乃。兴，兴起，兴盛。

（41）临，临视。女，汝，指周朝的将士。

（42）无，不要。贰心，二心。

（43）洋洋，广大之状。

（44）檀车，檀木做的战车。煌煌，明亮之状。

（45）驷騵（sì yuán），四匹赤毛白肚的骏马。驷，古代一车套四马，因称一车所驾之四马。彭彭，强壮有力之状。

（46）维，语助词。师，太师，官名。尚父为对吕尚的尊称，一说是吕尚的号，俗称姜太公。文王四友之一，辅佐武王伐纣有大功，称"师尚父"。

（47）时，是。维，为。鹰扬，如雄鹰展翅，形容师尚父进军的迅速威猛。

（48）凉，辅佐，协助。汉毛亨《毛氏故训传》："凉，佐也。"

（49）肆，纵兵。

（50）会，清马瑞辰《毛诗传笺通释》："《广韵》：'会，至也。'"朝，晨。清明，天下清明，指荡平殷商，澄清天下。会朝清明，言牧野大战至早晨而天下平安。

【赏析】

这是追述周王朝开国历史的一篇史诗。它与《生民》《緜》《公刘》和《皇矣》同为周民族的史诗。这五篇史诗从周民族祖先的诞生写起，中经业绩的开创和发展，直到推翻商朝统治，建立周朝，天下清明，比较全面概括地反映了自公元前21世纪起至公元前11世纪周人的社会历史生活。《大明》一诗叙述了王季与太任、文王与太姒的结婚生子以及武王灭商的胜利，内容十分丰富，特别是对著名的牧野之战的描写，气势恢宏，堪称是波澜壮阔的古代战争的画卷。

全诗共八章，可分为三个部分。第一部分即第一章，写皇天无亲，惟德是辅，灭商是上天意志。此为全诗思想基调。诗一开头"明明在下，赫赫在上"二句，写出周文王受上天之命，光照人间，显赫天上。这是把周文王神化，故有天上地下之分。接着说天道无常，实在是难测难信，一个国王保持王位不容易。"天位殷適，使不挟四方"，是说殷朝天子之位传到殷纣王，上天使他不能再统治四方之国，这样，周朝当兴，殷朝当灭，便都归于天意了。

第二部分包括二至六章写王季、文王行德事、拒邪僻，天赐美满婚姻。该诗叙述了周文王之父王季与太任以及文王与太姒结婚的情形，意在表明文王和武王的诞生，他们光辉的德行，全是天神造化的产物。你看，挚国本是殷商属国，但它的姑娘却不嫁其宗王，而"来嫁于周，曰嫔于京"，这是说王季与太任的结合是上天的意旨。文王出生更是"厥德不回，以受方国"，天下归附，周人取代殷商已是大势所趋，人心所向。至于文王与太姒的婚姻，更是"天监在下，有命既集。文王初载，天作之合"。须知，此诗不是一般地写婚姻，而是通过婚姻宣扬天意，突出他的"维德之行"，此其一。其二，周人认为夫妻之道为"王化之基"，他们代商而有天下，与王季、文王符合天意的婚姻有直接关系。清方玉润在《诗经原始》中指出说："盖周家奕世积功累仁，人悉知之。所寄者，历代夫妇皆有盛德以相辅助，并生圣嗣，所以为异。使非'天作之合'，何能圣配相承不爽若是？故诗人命意，即从此着笔，历叙其婚媾无成，有非人力所能为者。"方氏的话道出了此诗剪裁、立意的特点与周人哲学与政治思想之间的关系。在诗人看来，上天对凡尘的一切明察秋毫，无所不控制，它把人间的作为让与周文王、武王父子代理，所以，武王的诞生，就是"保右命尔"，天命所属天保佑之，"燮伐大商"的历史任务便落在了他的身上，这实在是中国古代天人合一思想最初的朦胧表现。

第三部分包括七至八章，写牧野之战，推翻商朝，及至商、周两军对垒牧野，也就是诗的最后两节，对于牧野之战的巨大场面和威武雄壮的军容写得极其出色。诗人从商、周双方着墨。先写敌人："殷商之旅，其会如林。"一个贴切的比喻，便把殷人兵多将广、气势汹汹的特点写了出来，用墨不多，但十分传神。这样写不仅为周人的誓师提供了一个紧张严峻的环境，也为战争的胜利作了有力的铺垫。再写周人，先写周人誓师："维予侯兴。上帝临女，无贰尔心。"意思是说，我大周就要兴起，这是上天的意志，将士们不要三心二意。"牧野洋洋"写战场之广和规模之大，"檀车煌煌"状军车之坚和军威之盛，"驷騵彭彭"写战马之壮和冲锋之猛。一连三个排比句，造成一种语势上的威严感和紧迫感，有力地描绘出一种大战在即的氛围。到了描写战争过程，诗人又采用典型化的手法，突出描写了周军统帅师尚父的英勇形象。你看，他像一只凌空奋飞的雄鹰，辅佐着武王，指挥周军奋勇冲杀，大败商军，于是荡平殷商，澄清天下。从整体来看，本诗对牧野之战的描写有虚有实，有声有色，既有战争全局的鸟瞰，又有局部的特写，从各个侧面展现了这场历史上著名的大战，在《诗经》中是不多见的。

在艺术表现上，语言运用的洒脱和精到也很突出。像"小心翼翼""天作之合"等都成为约定俗成的成语，一直流传了下来。

毛泽东在1919年写的《婚姻上的迷信问题》一文中在批驳"婚姻命定说"时就援引了世代在民间流传的"世世修来同船渡，百世修来共枕眠""月老牵线""天作之合"等格言，痛斥了"婚姻命定说"的荒谬，为妇女摆脱封建婚姻的羁绊大声呐喊。（袁　湜　毕桂发）

【原文】

大雅·旱麓

瞻彼旱麓(1)，榛楛济济(2)。岂弟君子(3)，干禄岂弟(4)。

瑟彼玉瓒(5)，黄流在中(6)。岂弟君子，福禄攸降(7)。

鸢飞戾天(8)，鱼跃于渊(9)。岂弟君子，遐不作人(10)。

清酒既载(11)，骍牡既备(12)。以享以祀(13)，以介景福(14)。

瑟彼柞棫(15)，民所燎矣(16)。岂弟君子，神所劳矣(17)。

莫莫葛藟(18)，施于条枚(19)。岂弟君子，求福不回(20)。

毛泽东一九二五年写的《沁园春·长沙》词中"鹰击长空""鱼翔浅底"两句，是从《诗经·大雅·旱麓》中"鸢飞戾天，鱼跃于渊"化用而来的。

[参考]：《毛泽东诗词集》，中央文献出版社1996年版，第6—7页。

【注释】

（1）旱，旱山，在今陕西南郑南。麓（lù），山脚。

（2）榛（zhēn），一种丛生灌木。楛（hù），丛生，形似荆条，赤茎。榛楛连举，指灌木丛生。济济，众多之状。

（3）岂弟（kǎi tì），即"恺悌"，平和近人。君子，指周文王。

（4）干禄，祈求福禄。干，求。禄，福。这句说周文王以恺悌之德以求福。又：清马瑞辰《毛诗传笺通释》："干禄疑千禄形近之讹。"

（5）瑟，洁净鲜明之状。汉郑玄《毛诗传笺》："瑟，洁鲜貌。"玉瓒（zàn），即圭瓒，古代以圭为柄的灌酒器，类似玉勺。

（6）黄流，黍酒，因盛在黄金勺中，金色映照，故称黄流。

（7）攸，乃，是。

（8）鸢（yuān），一种猛禽，又称鹞鹰。戾，至。

（9）渊，深渊，深水。

（10）遐，通"何"。作人，造就、培养人才。

（11）载，设置。

（12）骍（xīng）牡，赤色的公牛。周人尚赤，祭祀时用红色的公牛。既备，已经齐备。

（13）享，献祭，上供。祀，祭祀。

（14）以介景福，祈求赐给洪福。介，借为"丐"，祈求。景，大。

（15）瑟，形容众多之状。南宋朱熹《诗集传》："瑟，茂密貌。"柞（zuò），植物名，又名"蒙子树""冬青"等。常绿灌木或小乔木，生棘刺，生长较慢。木质坚硬，供制家具等用。棫（yù），木名。《尔雅·释木》："棫，白桵。"西晋郭璞注："小木丛生有刺，实如耳珰，紫赤可啖。"

（16）燎，燃烧。

（17）劳，劳来，指来赐福佑。汉郑玄《毛诗传笺》："劳来，犹言佑助。"

（18）莫莫，茂密之状。葛藟（lěi），葛藤，一种蔓生植物。

（19）施（yì），蔓延。条，树枝。枚，树干。两句用藤攀大树，比喻凭借先祖的德业。

（20）回，邪僻。这句说文王以正道求福。

【赏析】

《旱麓》见于《诗经·大雅》，学术界一般认为它是歌颂文王功绩的。清姚际恒《诗经通论》称：此篇"大抵咏其祭祀而获福，因祭祀及其助祭者，以见其作人之盛，则谓文王为近也。"所以，把《旱麓》的主旨归于咏歌周文王能承受、发展"其祖之功业"，是比较允当的（亦有谓咏武王的，或谓泛咏贵族的）。

全诗六章，首章以自然景物起兴，引发出对和蔼近人的周文王的赞美。诗以榛楛之"济济"起兴，后言君子得禄之多，它颇能引起欣赏者的联想：这山高树茂的旱山不是可以象征着社会的兴旺吗？而这又归功于文王的功德。第二章紧接着写祭祀的场面：这位"岂弟君子"，用金玉制成的祭器，盛满馥郁扑鼻的佳酿，恭敬地献给神祇，神高兴地享用之后，自然要多降下福禄。第三章写文王善于用人。起首二句"鸢飞戾天，鱼跃于渊"，雄鹰翱翔，搏击云天，鱼儿跳跃，潜行水底，一幅乐易和平的景象，这是以动物自由自在，各得其所，来比喻文王善于用人，能很好地发挥各种人才的作用。第四章继续描写祭祀场面之隆重，并写明祭祀祈福的目的。五、六两章，描写文王求福的必然结果：由于他的恭敬与虔诚、不违正道，神灵自然要赐福给他。第五章先用柞棫的兴盛，使人民得到众多的薪柴，写到文王恭恭敬敬地祭祀，神灵自然要加以福佑。末章则先写葛藤自然地沿着大树干而爬上树梢，后写父王也如同葛藤的自然攀缘一样，依靠祖先的功德，以敬祀神灵的正道求福，自然也能得到福佑。

"兴"的手法在《诗经》的许多篇中都有运用。诗中用起兴开头，而用作起兴的那部分与诗歌的主要内容处于不确定的模糊关系之中，这就使得欣赏者可以在广阔的时空环境中展开丰富的想象，赋予诗歌更丰富的意蕴。《旱麓》一诗就具有这种特点。全诗六章，除第四章描写祭祀的具体场面时采用了"敷陈其事而真言之"（南宋朱熹语）的"赋"法之外，其他五章全用"兴"法，因而读这首诗时能连类而及，内蕴无穷，收到较好的艺术效果。其中的名句"鸢飞戾天，鱼跃于渊"，毛泽东在《沁园春·长沙》一词中点化为"鹰击长空，鱼翔浅底"。南宋朱熹在《诗集传》中注"鸢飞"二句，称"怡然自得"，与"万类霜天竞自由"亦相应，由此可看出二者之间的师承关系。（毕桂发）

【原文】

大雅·公刘

笃公刘⁽¹⁾，匪居匪康⁽²⁾。乃埸乃疆⁽³⁾，乃积乃仓⁽⁴⁾；乃裹糇粮⁽⁵⁾，于橐于囊⁽⁶⁾，思辑用光⁽⁷⁾。弓矢斯张⁽⁸⁾，干戈戚扬⁽⁹⁾，爰方启行⁽¹⁰⁾。

笃公刘，于胥斯原⁽¹¹⁾。既庶既繁⁽¹²⁾，既顺乃宣⁽¹³⁾，而无永叹⁽¹⁴⁾。陟则在巘⁽¹⁵⁾，复降在原。何以舟之⁽¹⁶⁾？维玉及瑶⁽¹⁷⁾，鞞琫容刀⁽¹⁸⁾。

笃公刘，逝彼百泉⁽¹⁹⁾，瞻彼溥原⁽²⁰⁾；乃陟南冈，乃觏于京⁽²¹⁾。京师之野⁽²²⁾，于时处处⁽²³⁾，于时庐旅⁽²⁴⁾，于时言言⁽²⁵⁾，于时语语。

笃公刘，于京斯依⁽²⁶⁾。跄跄济济⁽²⁷⁾，俾筵俾几⁽²⁸⁾。既登乃依⁽²⁹⁾，乃造其曹⁽³⁰⁾："执豕于牢⁽³¹⁾，酌之用匏⁽³²⁾。"食之饮之⁽³³⁾，君之宗之⁽³⁴⁾。

笃公刘，既溥既长⁽³⁵⁾。既景乃冈⁽³⁶⁾，相其阴阳⁽³⁷⁾，观其流泉，其军三单⁽³⁸⁾。度其隰原⁽³⁹⁾，彻田为粮⁽⁴⁰⁾。度其夕阳⁽⁴¹⁾，豳居允荒⁽⁴²⁾。

笃公刘，于豳斯馆⁽⁴³⁾。涉渭为乱⁽⁴⁴⁾，取厉取锻⁽⁴⁵⁾。止基乃理⁽⁴⁶⁾，爰众爰有⁽⁴⁷⁾。夹其皇涧⁽⁴⁸⁾，溯其过涧。止旅乃密⁽⁴⁹⁾，芮鞫之即⁽⁵⁰⁾。

【毛泽东圈评等情况】

毛泽东在 1913 年 10 月至 12 月的课堂笔记《讲堂录》中记载："国语　经　干戈戚扬　戚，斧。扬，钺也。"

［参考］：《毛泽东早期文稿》，湖南出版社 1990 年版，第 602 页。

【注释】

（1）笃，踏实厚道。公刘，后稷的后裔，周部族的首领。公是称号，刘是名字。

（2）匪，非。居，安。康，宁。这句说公刘在邰受戎狄侵扰不能安宁。

（3）场（yì），田界，疆界。清方玉润《诗经原始》："场，田小界也。疆，田大界也。"这句说公刘于是整治田地。

（4）积，积存粮谷。仓，把粮谷装进仓里。

（5）裹，包起来。餱（hóu）粮，干粮。

（6）橐（tuó）、囊，都是袋子。小的叫作橐，大的叫作囊。一说，橐是无底的口袋，盛物时扎住两头。囊是有底的口袋。

（7）思，想。辑，和睦。用，因而。光，光大。南宋朱熹《诗集传》："思以辑和其民人而光显其国家。"

（8）斯，于是。

（9）干，盾。戈，平头戟。戚，斧子。扬，举起。

（10）爰（yuán），于是。主，始，才。启行，出发。这句说于是从邰地迁往豳地。

（11）胥，观察。斯原，指豳地（今陕西彬州市）的原野。

（12）庶、繁，众多之意。指公刘迁豳的人很多。

（13）顺，和顺，顺心。宣，舒畅。清马瑞辰《毛诗传笺通释》："言民心既顺，其情乃宣畅也。"

（14）永叹，长叹。豳地都好，没有使公刘长叹的地方。

（15）陟，登。巘（yǎn），孤立的小山。

（16）舟，佩带。清马瑞辰《毛诗传笺通释》："舟者……字通作周，带周于身，故舟得训为带。"这句说他身上佩带了什么。

（17）瑶，似玉的美石。

（18）鞞（bǐng），刀鞘。琫（běng），刀鞘口部的饰物。容刀，装着刀。

（19）逝，往。百泉，地名，因有众多的泉流而得名，在古泾州西三十里，今宁夏固原东南。

（20）溥（pǔ），广阔的原野。

（21）觏（gòu），见到。京，高大的山丘。

（22）京师，豳城建筑在大丘上面，很长时期是周人的国都，所以作者称它作京师。京师连称始见于此，后来才成为天子所居城邑的名称。

（23）于时，于是。处处，安居。

（24）庐旅，借为"旅旅"，寄居之意。清马瑞辰《毛诗传笺通释》："庐、旅，古同声通用。……旅，寄也。"

（25）言言，与下句中"语语"均指欢声笑语之态。《广雅》："言言，语语，喜也。"

（26）依，安居。南宋朱熹《诗集传》："依，安也。"这句说公刘定居京师。

（27）跄跄（qiāng），指步履从容有节之状。济济，指仪容庄重之态。汉郑玄《毛诗笺》："跄跄、济济，士大夫之威仪也。"

（28）俾，使。筵，竹席。古人以席铺地，席地而坐。几，一种小案桌。这句说公刘的随从把席和几摆上。

（29）既登乃依，登帝后依几而坐。

（30）造，借为"告"。曹，伴侣，伙伴。

（31）执，捉。豕，猪。牢，猪圈。这句说去圈里捉猪杀了做菜肴。

（32）酌，喝酒。匏（hù），葫芦。把葫芦一剖为二作酒器，称匏爵。

（33）食（sì）之饮之，请他们（众宾客）吃喝。

（34）君之，做他们的君主。宗之，做他们的宗族之长。这句说众人推公刘做他们的君主和族长。

（35）溥，广大。这句说开垦出的土地宽广辽阔。

（36）景，同"影"，日影。这里用作动词，意思是视日影测定方向。冈，山冈。

（37）相，观察。阴，山的北面。阳，山的南面。

（38）单，古代军队中的一种车子，用它载旗子。军队中若干人组成一个单位，有一辆单车，载一面旗帜，这就叫作一单。三单，指三支部队轮流服役。

（39）度（duó），丈量。隰（xí）原，低湿和高平之地。

（40）彻田，开垦土地。彻，治。为粮，生产粮食。

（41）夕阳，夕阳所照之处，即山的西面。《尔雅》："山西曰夕阳。"

（42）允，确实。荒，大。

（43）馆，房舍。这句说在豳地营建宫室。

（44）渭，渭水。为，而。乱，横流而渡。朱熹《诗集传》："乱，舟之截流横渡者也。"

（45）厉，同"砺"，磨刀石。锻，借为"碫"，质地坚硬的石头。此皆用以磨制工具。

（46）止，既。基，基地。理，整治田地。

（47）众，指人多。有，指物丰。

（48）皇涧，涧名。这句说人们居住在皇涧两岸。

（49）止，指定居的人。旅，指暂居的人。密，安。这句说众人才安然定居。

（50）芮（ruì），通"汭"，水边向内弯曲处。鞫（jū），水边向外弯曲处，这里泛指水边。即，就，靠近。这句说公刘率众在芮水边定居。

【赏析】

《公刘》是叙述周族祖先开国历史的诗篇之一。诗中反映了周人为了躲避西方戎狄的骚扰和进一步谋求发展，在首领公刘的率领下所进行的由邰（今陕西武功西南）至豳（今陕西彬州市附近）一次大迁移前后的情况。诗句凝练，文意贯注，感情充沛。

全诗六章，每章十句。首章写起程之前的准备。第二章写初到豳地，相土安民。第三章写营建都邑。第四章写宴饮群臣。第五章写拓垦土田。第六章写继续营建。全诗体现了周人筚路蓝缕、以启山林的开拓精神，洋溢着开创新纪元的豪迈气概。

《史记·周本纪》记载说："公刘虽在戎狄之间，复修后稷之业，务耕种，行地宜，自漆、沮渡渭，取材用，行者有资，居者有畜积，民赖其庆，百姓怀之，多徙而保归焉。"周道之兴自此始，故诗人歌乐思其德。公刘，传为后稷的曾孙，古代周族的领袖。后稷曾在尧舜时期做农官，教民耕种。周族认为他是开始种稷和麦的人。夏代末年公刘率领周族由邰迁豳，观察地利水利，开垦荒地，安定居处，周族的强盛由此开始，所以周人写诗纪念他，歌颂他。

这首诗的特点之一是成功塑造了公刘的英雄形象。全诗每章以"笃公刘"发端，笃即忠厚诚实之意，诗歌一开始便以一种无比崇敬的爱戴的口吻赞叹公刘，造成一种先声夺人的艺术效果。然后诗人进一步具体生动地刻画公刘的形象：公刘在邰地并非不可苟且偷安，但他不肯怀安偷乐。他率族人从治理田土、收获贮藏、加工包扎干粮，直到装满大袋小筐，为主动迁移做充分准备；到了豳地之后，公刘十分繁忙，"陟则在巘，复降在原"，我们似乎看到了他身佩美玉琼瑶、腰挎宝刀指挥、巡视的身影。公刘于是率部暂居。他察看水源，以解饮水之急，他瞻原陟冈，发现了一片可以安居的山地——京，于是，有人久住，有人暂居，并且就定居大计展开讨论，发表意见，欢声笑语热闹非凡，一派生机；定居之后，公刘宴劳臣下，他执豕宰烹，斟酒相劝，赢得了周人的拥护，"君之宗之"，大家公推他做部族领袖；为了定居之处的确定勘测，公刘踏遍山脊高冈，荒野隰原，相土宅民，率军治田；经过周密的勘察布局，农田被开垦出来了，迁豳后第一次丰收在望，人们又把主要精力用去修筑馆舍房屋，沿着皇涧两岸，房舍林立，穴畜兴旺，周人身心俱安。这是一次成功的大迁移，是远古一个农业民族的胜利大进军，是在新的农垦基地定居扎根。总之，通过公刘领导的这次大迁移的叙述，从行动和外貌等方面细致刻画，一位深受人敬仰和爱戴、勇于开拓进取的民族领袖形象被塑造出来了。

此诗的又一特点是宏观叙述与微观描写相结合。诗歌不仅从宏观方面把公刘率领周人由邰迁豳的前后经过有条不紊地表现出来，而且从微观方面对周人的劳动生活进行了具体而生动的勾画。宏观叙述，我们可从迁移之前的准备，迁都之后的相土安居，建造宫室以及摆设酒宴见其大概。微观描写也不少，例如第三章写周人初到豳地的几句："于时处处，于时庐旅，于时言言，于时语语。"

《广雅》云："言言，语语，喜也。"诗人连用"于时"排句，把周人迁居到豳地的兴奋心情和欢声笑语的场面，表现得有声有色，活灵活现。

清代方玉润在《诗经原始》中说："首尾六章，开国宏观，迁居琐务，无不备具，使非亲睹其事而胸有条理者，未见其如是之觇缕无遗。"方氏指出的正是这一特点。

总之，《公刘》一诗生动、具体地记叙了周人由邰迁豳的历史事件，塑造了公刘这位深受周人爱戴的民族英雄形象，因此，在我国古代叙事史诗中应占有较重要地位。

毛泽东在1913年写的《讲堂录》中记下了听语文老师讲授《公刘》这首诗的笔记："干戈戚扬　戚，斧。扬，钺也。"说明毛泽东对这首诗的重视与喜爱。（毕桂发）

【原文】

大雅·板

上帝板板⁽¹⁾，下民卒瘅⁽²⁾！出话不然，为犹不远⁽³⁾。靡圣管管⁽⁴⁾，不实于亶⁽⁵⁾。犹之未远，是用大谏！

天之方难，无然宪宪⁽⁶⁾。天之方蹶⁽⁷⁾，无然泄泄⁽⁸⁾。辞之辑矣⁽⁹⁾，民之洽矣⁽¹⁰⁾。辞之怿矣⁽¹¹⁾，民之莫矣⁽¹²⁾。

我虽异事⁽¹³⁾，及尔同寮⁽¹⁴⁾。我即尔谋，听我嚣嚣⁽¹⁵⁾。我言维服⁽¹⁶⁾，勿以为笑。先民有言：询于刍荛⁽¹⁷⁾。

天之方虐，无然谑谑⁽¹⁸⁾。老夫灌灌⁽¹⁹⁾，小子蹻蹻⁽²⁰⁾。匪我言耄⁽²¹⁾，尔用忧谑。多将熇熇⁽²²⁾，不可救药！

天之方懠⁽²³⁾，无为夸毗⁽²⁴⁾。威仪卒迷，善人载尸。民之方殿屎⁽²⁵⁾，则莫我敢葵⁽²⁶⁾？丧乱蔑资⁽²⁷⁾，曾莫惠我师⁽²⁸⁾。

天之牖民⁽²⁹⁾，如埙如篪⁽³⁰⁾，如璋如圭⁽³¹⁾，如取如携⁽³²⁾。携无曰益⁽³³⁾，牖民孔易。民之多辟⁽³⁴⁾，无自立辟。

价人维藩⁽³⁵⁾，大师维垣⁽³⁶⁾，大邦维屏⁽³⁷⁾，大宗维翰⁽³⁸⁾。怀德维宁，宗子维城⁽³⁹⁾。无俾城坏，无独斯畏⁽⁴⁰⁾！

敬天之怒，无敢戏豫⁽⁴¹⁾。敬天之渝⁽⁴²⁾，无敢驰驱⁽⁴³⁾。昊天曰明⁽⁴⁴⁾，及尔出王⁽⁴⁵⁾。昊天曰旦⁽⁴⁶⁾，及尔游衍⁽⁴⁷⁾！

【毛泽东圈评等情况】

1938年10月14日，毛泽东在《中国共产党在民族解放战争中的地位》一文中说："共产党对于在工作中犯过错的人们，除了不可救药者外，不是采取排斥态度，而是采取规劝态度，使之翻然改进，弃旧图新。"

[参考]：《毛泽东选集》第二卷，人民出版社1991年版，第522页。

【注释】

（1）上帝，高居于上的天子，喻指周厉王。板板，乖戾，不正常。

（2）卒，同"瘁"，忧病。瘅（dàn旦，又读dǎn），因劳致病。毛传："瘅，病也。"卒瘅，劳累痛苦。

（3）犹，同"猷"，谋。为犹，为政。

（4）靡圣，没有智慧。管，借为"谨"。东汉许慎《说文》："谨，诬也。"管管，大声嘈杂。

（5）实，充。亶（dǎn），诚，信。

（6）宪宪，欣欣，喜悦的样子。

（7）蹶（guì），感动。《诗经·大雅·绵》："文王蹶厥生。"清马瑞辰通释："谓文王有以感动其生性也。"

（8）泄泄（yì），弛缓。朱熹《诗集传》："泄泄，犹沓沓也；盖弛缓之意。"

（9）辞，指王朝政令之辞。辑，指缓和协调。

（10）洽，借为"协"（《左传·襄公·三十一年》引作"协"），和谐。

（11）怿（yì），借为"殬"。《说文》："殬，败也。"辞怿，指政令败坏。

（12）莫，通"瘼"，病。

（13）异事，指职务不同。

（14）同寮，同僚。

（15）嚣嚣（āo），借为"警警"，出言反对，拒绝批评。

（16）服，用。

（17）刍荛（chú ráo），割草打柴的人。

（18）谑谑（xuè），喜乐的样子。毛传："谑谑然喜也。"

（19）老夫，作者自称，灌灌，犹款款，情意恳切。

（20）跦跦（jué），骄傲之态。

（21）耄（mào），老，指糊涂。《礼记·曲礼上》："八十、九十曰耄。"

（22）熇熇（hè），火势炽盛之状。朱熹《诗集传》："苟侯其益多，则如火之盛，不可复救矣。"

（23）忯（qí），愤怒。

（24）夸毗（pí），过分柔顺取媚于人。毛传："夸毗，以体柔人也。"《尔雅·释训》："夸毗，体柔也。"郭璞注："屈己卑身以柔顺人也。"

（25）殿屎（xī），愁苦地呻吟。毛传："殿屎，呻吟也。"

（26）莫我敢葵，即我莫敢葵。葵，借为"揆"，度量，揣测。

（27）蔑，无。资，财物。

（28）师，民众。

（29）牖（yǒu），通"诱"，诱导。

（30）埙（xūn），古代一种陶制圆形吹奏乐器。篪（chí），古代一种竹制管乐器。两种乐器合奏，声音和谐。

（31）璋、圭，两种古代贵重玉制礼器。《礼记·礼篇》："圭璋特。"孔颖达疏："圭璋，玉中之贵也。……诸侯朝王以圭，朝后执璋。"《庄子·马蹄》："白玉不毁，孰为珪璋？"成玄英疏："上锐下方曰珪，半珪曰璋。"

（32）取，提。

（33）益，借为"搤"（同扼）。《说文》："搤，捉也。"此句指提携人们，不是捉住他，加以强迫。

（34）辟，邪。

（35）价（jiè）人，甲士，指军队。郑笺："价，甲也。"藩，篱笆。

（36）大师，汉郑玄笺："大师，三公也。"大，通"太"。后因以"维垣"作太师之代称。垣，墙。

（37）大邦，大国诸侯。屏，屏障。

（38）大宗，强族，有势力的家族。指王的同姓宗族。翰，借为"干"，

栋梁。《诗经·大雅·文王有声》:"四方攸同,王后维翰。"毛传:"翰,
干也。"汉郑玄笺:"王后为之干者,正其政教,定其法度。"后因以"维
翰"喻捍卫。亦指保卫国家的重臣。

(39)宗子,古代宗法制度规定,嫡长子为族人兄弟所共宗(尊),
故称宗子。此指太子。

(40)无独斯畏,即无独畏斯。斯,此指太子。

(41)豫,借为"娱",乐。

(42)渝,变,指灾异。

(43)驰驱,任意放纵。

(44)昊天,上天。曰,维。

(45)王,借为"往"。

(46)旦,明。

(47)衍,借为"延",东汉许慎《说文》:"延,长行也。"游衍,
指游逛。

【赏析】

这首诗的小序说是"凡伯刺厉王也",说明这是一首讽刺诗。凡伯是周
公的后代,厉王时在京城做官,其封地在今河南省辉县市西南的故凡城。
西周厉王时期,政治腐败,社会动乱,厉王压制臣民批评朝政,派遣巫人
进行监视,防民之口,甚于防川,人们不敢直接指斥时弊,只能假托劝诫
同僚来对厉王委婉曲折地进行谏诤,使其自悟。

全诗八章,共六十四句。首章写周厉王改变先王之道,政治无远见,
交代写作此诗的原因。诗人从天人关系入手,指出天道反常,下民尽病,
而统治者又非圣慢天,恣意妄行,酿成人祸,所以诗人起而谏诤,点出写
诗原因。宋人朱熹评这一章说:"世乱乃人所为,而曰上帝板板者,无所
归咎之辞也。"一语道破事情实质。第二章写国家动乱,由于政教不得人
心。诗人从苍天上帝转向人间世界,承上章前四句继续极言天灾之重:上
天正在降难,人间全无欢乐,上天正在动荡,人们没有笑容。表现了诗人
忧国忧民之情深,伤时感乱之意切。后四句笔锋一转,连用四个"×之

×矣"的整齐句式，说政令宽松，人民适应；政令温和，人民安定，政令好可以带来和平安定，正面阐明政令优劣与民生疾苦的辩证关系，发人深省。第三章责同僚不听善言。此章是说，我们虽然不同职事，和你们却是同僚。我将和你们商量，听了我的话你们却很傲慢。我说的都是事实，你们不要认为是儿戏，古人有一句话，向割草打柴的人请教。这是说厉王无道，凡伯不敢直谏，责备同僚，以便使厉王闻之。第四章责同僚拒绝善言，不可救药。这章是说，上天正在暴虐，不要如此嬉笑。老夫情意恳切，小子枉自骄傲。不是我老糊涂了，是你们把我的话当玩笑。坏事越做越多，真是不可救药。本章继续指责同僚不听谏劝，愈演愈烈，必将到不能用药物治疗的危险境地。清方玉润称"此二章（按：指三四章）乃进言之，故一言我言虽微，不可不听；一言尔病之深，将不可救。"两相对比，情辞恳切。后四章为诗人进谏的内容，又可分为两个层次。方玉润认为五、六章为"救民之方"七、八章为"自修之方"。"救民之方"是针对"非圣"时弊为"人心"而发。"自修之方"是针对"慢天"时弊为"主德"而立，都是极有现实意义的匡救方针。

第五章是说，上天正在发怒，不要做软骨头。有威仪的人都迷乱了，好人就像一具活尸。人民正在痛苦呻吟，没有人敢对我们提出怀疑？死亡祸乱，民穷财尽，怎么不爱抚我们群庶？诗人以赋的手法铺叙，从天界到人间，从朝廷到村野，一片混乱，一片呻吟，西周末年的混乱状态在这寥寥几笔中就被勾勒出来。第六章写人民原本善良，易于教导。此章是说，上天教导下民，好像陶埙、竹篪，乐声相和；好像玉版、半圭，圭璋相合；好像拿取、提携，不可要求过多，教民就很容易。人民邪僻自有来历，不要胡乱制定法律。诗人阐述诱导百姓走向安宁的道理，"如埙如篪"等三句运用了典型的"比"的手法，一气呵成，形象地描绘了导民之径的坦荡易行。在第七章中，诗人再次用赋的手法进行铺叙："价人维藩，大师维垣，大邦维屏，大宗维翰。怀德维宁，宗子维城。无俾城坏，无独斯畏！"意思是说，甲士就是藩篱，太师就是围墙，大邦诸侯就是屏障，同姓子弟就是栋梁。以德团结就是安宁，王的嫡子就是大城。不要使城破坏，不要陷入孤立之境，比赋兼用，正面明理，末二句提醒，讽刺厉王将要陷入众叛亲离的可怕境地。末章呼应起首，重提上天的威严明朗。前四句敬畏上苍，不敢嬉戏驰驱，后四句祈求上天保护下界臣民，落到劝诫本义。全诗神人共写，以神衬人，赋比兼用，气势贯注，形象鲜明，既不失雅诗的雍容大度，又保持了讽刺的尖锐精警。此诗和《荡》常被后世推为《大雅》中讽刺诗的代表作。

毛泽东在《中国共产党在民族战争中的地位》一文中说："共产党员对于在工作中犯过错误的人们，除了不可救药者外，不是采取排斥态度，而是采取规劝态度，使之翻然改进，弃旧图新。"（《毛泽东选集》第二卷第522页）毛泽东引用"不可救药"一语是指一些犯了错误又顽固到底不肯改悔的人；除此之外，都要采取教育挽救的方针，这成了我们对待犯错误的人的一项政策。（毕桂发）

【原文】

大雅·荡

荡荡上帝⁽¹⁾，下民之辟⁽²⁾。疾威上帝⁽³⁾，其命多辟⁽⁴⁾。天生烝民⁽⁵⁾，其命匪谌⁽⁶⁾，靡不有初，鲜克有终⁽⁷⁾。

文王曰：咨⁽⁸⁾！咨女殷商⁽⁹⁾？曾是彊御⁽¹⁰⁾？曾是掊克⁽¹¹⁾？曾是在位⁽¹²⁾？曾是在服⁽¹³⁾？天降滔德⁽¹⁴⁾，女兴是力⁽¹⁵⁾。

文王曰：咨！咨女殷商！而秉义类⁽¹⁶⁾，彊御多怼⁽¹⁷⁾。流言以对⁽¹⁸⁾，寇攘式内⁽¹⁹⁾。侯作侯祝⁽²⁰⁾，靡届靡究⁽²¹⁾。

文王曰：咨！咨女殷商！女炰烋于中国⁽²²⁾，敛怨以为德。不明尔德⁽²³⁾，时无背无侧⁽²⁴⁾。尔德不明，以无陪无卿⁽²⁵⁾。

文王曰：咨！咨女殷商！天不湎尔以酒⁽²⁶⁾，不义从式⁽²⁷⁾。既愆尔止⁽²⁸⁾，靡明靡晦⁽²⁹⁾。式号式呼⁽³⁰⁾，俾昼作夜⁽³¹⁾。

文王曰：咨！咨女殷商！如蜩如螗⁽³²⁾，如沸如羹⁽³³⁾。小大近丧⁽³⁴⁾，人尚乎由行⁽³⁵⁾。内奰于中国⁽³⁶⁾，覃及鬼方⁽³⁷⁾。

文王曰：咨！咨女殷商！匪上帝不时⁽³⁸⁾，殷不用旧⁽³⁹⁾。虽无老成人⁽⁴⁰⁾，尚有典刑⁽⁴¹⁾。曾是莫听，大命以倾。⁽⁴²⁾

文王曰：咨！咨女殷商！人亦有言：“颠沛之揭⁽⁴³⁾，枝叶未有害，本实先拨⁽⁴⁴⁾。”殷鉴不远⁽⁴⁵⁾，在夏后之世⁽⁴⁶⁾。

【毛泽东圈评等情况】

1947年1月25日，中共中央宣传部部长陆定一就20日国民党中央宣传部之声明加以驳斥，所谓和平方案全系欺骗。陆定一文稿经毛泽东、周恩来、刘少奇审阅修改过。……毛泽东修改时，加了八个字，即“‘殷鉴不远’，就在去年。”

[参考] 中共中央文献研究室、新华通讯社编：《毛泽东新闻工作文选》，

新华出版社1983年版，第362页。

【注释】

（1）荡荡，任意恣肆，不守法则。上帝，高居于天上的天帝，影射周厉王。

（2）辟（bì），国君。《尔雅·释诂》：“辟，君也。”

（3）疾威，暴虐。

（4）辟，通“僻”，邪僻。

（5）烝，众多，众。烝民，民众，百姓。《书·益稷》：“烝民乃粒，万邦作乂。”

（6）匪，通“非”。谌（chén），相信。

（7）靡，无。鲜，少。克，能够。二句意谓，事情有个开头，却很少能有个结果。指不能善始善终。

（8）咨，嗟叹声。

（9）女，通“汝”，你。殷商，朝代名。商王盘庚从奄（今山东曲阜）迁到殷（今河南安阳），因而商也被称为殷。从盘庚迁殷，共八代，十二王，二百七十三年，一般即称为殷代。整个商代，亦或称为殷商、商殷。

（10）曾，乃。是，这样。彊御，强横暴虐。彊，同“强”。

（11）掊（póu）克，聚敛贪狠。克，通“剋”（kè），严格限定。

（12）在位，指居于君主之位。

（13）在服，做官。

（14）慆德，倨慢的德行。慆，倨慢。德，习性。

（15）兴，悦。是，此。力，权力。

（16）而，通"尔"，你。义类，正直而和善。

（17）怼（duì），怨恨。《谷梁传·庄公三十一年》："财尽则怨，力尽则怼。"

（18）流言，谣言。对，遂，逞。

（19）攘，盗。式，乃。内，通"纳"。

（20）侯，发语词，惟、维。作，借为"诅"，请求神加祸于旁人。祝（zhòu），通"咒"。

（21）届，极。究，穷。

（22）炰烋（páo xiāo），清纪昀《说文系传》引作"咆哮"。中国，古指中原地区。

（23）不，通"丕"，大。

（24）时，是。背，反叛。侧，倾斜。

（25）陪，辅佐。卿，卿大夫。

（26）湎，沉迷于酒。

（27）义，宜。从，即"纵"。式，近代学者林义光《诗经通解》："式，读为慝。"慝（tèn），奸，邪恶。

（28）愆，过失。止，行为，举止。

（29）明，白天。晦，黑夜。

（30）式，乃。

（31）俾昼作夜，把白天当作黑夜。俾，使。

（32）蜩（tiáo），蝉。螗，一种大蝉。

（33）羹，汤。汉郑玄笺："饮酒号呼之声，如蜩螗之鸣，其笑语沓沓，又如汤之沸，羹之方孰（熟）。"清马瑞辰通释："按：该诗意谓时人悲叹之声如蜩螗之鸣，忧乱之心如沸羹之熟。"后因用"蜩螗"为纷扰不宁之意。

（34）小大，指小大官员。

（35）尚，借为"堂"（chēng）。东汉许慎《说文》："堂，拒也，从止，尚，声。"由，从。行，道，指礼法。

（36）曑（bì），东汉许慎《说文》："曑，迫也。"即压迫。一说作怒。

（37）覃，延。鬼方，殷周时称北方猃狁为鬼方。方，邦。

（38）匪，通"彼"。时，善。

（39）旧，指殷朝先王的法规和政治。

（40）老成人，阅历多而练达世事的人。

（41）典刑，旧法常规。刑，通"型"，后用为模范之意。

（42）大命以倾，指亡国。

（43）颠沛，颠仆，倒下。揭，举。

（44）本，树根或主干。拨，清马瑞辰《毛诗传笺通释》："拨即败之假借。"

（45）鉴，儆戒，教训。殷鉴，殷人灭夏，殷的子孙应以夏的灭亡作为鉴戒。后泛称可作借鉴的往事。

（46）夏后，周人称夏朝为夏后氏。夏朝是我国历史上第一个朝代。相传为夏后氏部落领袖禹之子启所建的奴隶制国家。建都安邑（今山西夏县北）、阳翟（今河南禹州）等地，共传十三代十六王，约当公元前21世纪到前16世纪左右。传到桀，为商汤所灭。

【赏析】

《毛诗序》说："《荡》，召穆公伤周室大坏也。厉王无道，天下荡荡，无纲纪文章，故作是诗也。"以后历代注家皆认同此说，认为这首诗是召穆公劝谏周厉王不要像夏桀、商纣那样暴虐无道断送周朝天下。

周厉王是西周王朝第十世国王，名胡。据史书记载，厉王是一个有名的暴君，他贪婪暴虐，宠信荣夷公等奸佞小人，不听芮良夫等正直大臣的劝诫，横征暴敛，贪得无厌，弄得天怒人怨，民不聊生，种种社会矛盾，日趋尖锐，大有一触即发之势。为了消除反抗的呼声，他派出奸细，四处打探，残酷地杀戮那些敢于批评他的人，以至于"国人莫敢言，道路以目"。召穆公，召公奭之后，名虎，周厉王卿士，是统治阶级中头脑比较清醒的一位大臣。他看到当时存在的社会危机，担心高压政策会酿成不可控制的恶果，因而上书规谏，他说："防民之口，甚于防川。水壅而溃，伤人必多。民亦如之。"然而厉王根本不采纳他的忠言，反而变本加厉，更加疏远和排斥那些敢于批评他的正直之士。大约是在这种背景下，召穆公写下了《荡》这首诗，对周厉王进行了委婉的讽刺、批评，发出了含蓄的忠告。

全诗共八章，每章八句，可分为前、后两个部分。第一部即第一章，是全诗的总纲，对周厉王的横征暴敛，贪利暴虐，无视人民的怨恨，刚愎自用、倒行逆施提出了尖锐的批评。开头四句仅说上帝"荡荡""疾盛""多辟"，但读者可以把它与周厉王的暴虐忌刻、多行不义的形象联系起来，妙在欲吐还吞之间。五、六句略作转笔，不再对周厉王含沙射影，而转入对无诚信可言的小人进行讥刺。结末二句更把历史与现实，昏君与忠臣，刁民与良民一笔挑起，从社会的历史演进之迹，从芸芸众民作鸟瞰：人的本性是善良的，但很少有能保持其本性到晚节的人。清方玉润《诗经原始》评论道："贪暴二字是厉王病根，故先揭出，作全诗眼目。"所论极是。

第二部分包括第二章至第八章，假借周文王的口，感叹商季昏庸之君残暴骄淫，重蹈夏桀身死国灭的教训，对周厉王的昏暴以及周王室的衰败提出批评，表现了作者忧国伤时之情。这是本诗的重心所在。

第二章用"曾是强御"等四个反问句，历数厉王之强梁、贪暴。这四句呼应上章前四句，而直斥殷王。"天降滔德"二语，则照应"天生烝民"二句，而措意的角度互异。从两个角度，阐明一条规律：物以类聚，人以群分；上之所好，下必甚焉。此章只用"而秉义类"一语提示，下盛言邪恶势力的猖獗横行，正直善良之人无以施其谋；倘若贤人在位，必然受到小人群起而攻之，下结党诘政，上频进流言，昏君佞臣沆瀣一气，制造祸端。

诗的四、五两章，呼应申足第二章的四个诘句，而暗承第三章之刺小人得道。第四章侧重指斥殷纣之"强御"，"女炰烋于中国，敛怨以为德"二语，为其"强御"作了形象的注脚。此其咆哮逞凶敛怨为德，故不悟强暴之非，积怨之危；此其昏聩为明，故奸邪莫辨，良材不用。此小人所以日进，贤良所以罹难之故也。

第五章暗扣"掊克"一语，深入指陈，并直接上章之意。上天不让他沉湎于酒有什么用？忠言告诫他不宜放纵又有什么用？他一味自恃强御，纵情享乐，"俾昼作夜"，号呼狂乱。《史记·殷本纪》："帝纣……大聚乐戏于沙丘，以酒为池，县肉为林，使男女倮，相逐其间，为长夜之饮。"这揭示了殷纣自恃强梁，贪暴忌刻与放纵享乐之间的关系。

第六章则明应第三章，暗承第四章，勾勒出殷纣时期的朝政喧嚣，社会动荡，内外交困，濒于灭亡的危险景象：朝政已"如蜩如螗"，社会已"如沸如汤"，更加之邪僻之人釜底抽薪，激怒了国内生民，并树怨于四方。

第七章，作者总结了殷纣亡国之因，在于自恃和自是，上不遵循先王典则，吸取历史经验，下不亲贤良，远小人。作者认为，即使当世没有练达世事的"老成人"，但只要按先王的旧章陈典治理国家，也不至于"大命以倾"。

末章进一步探究殷纣亡国的历史教训。作者用刚刚扑倒的一棵大树为喻，尽管其枝叶并未伤害，但树根实已坏死。一个国家也是这样。当殷纣王无道之时，国家并未立即覆亡，但其"强御""掊克"到天怒人怨，树敌四方之时，也就不可救药了。"殷鉴不远，在夏后之世。""卒章是其志"，作者的良苦用心用这句流传千古的警言一语道破：殷纣之视夏桀、与周厉王之视殷纣何其相似乃耳！夏桀无道，殷得以取而代之；殷纣无道，周得以取而代之。周厉王之无道，安得不重蹈覆辙？前车之覆，不可不鉴。所以，周文王之哀叹夏桀殷纣，正如召穆公哀叹周厉王不知借鉴夏殷灭亡的教训，表现了诗人的良苦用心。清陆奎勋《诗学》说："文王曰：咨，咨汝殷纣，初无一语显斥厉王，结撰之奇，在雅诗而不多见。"

此诗在写法上也颇具特色。首先，命意构想甚奇。首章总起之后，二章以下，皆以"文王曰：咨！咨女殷商"领起，排比整饬，一气呵成。各章之间，或上下相承，或前后照应，或层层深入，或重言改意，变化多端，灵活自如，使结构的整饬之中极富变化，变化交错而不破坏其总体上一气呵成的雄辩效果。其次，在艺术表现上主要用赋法，"敷陈其事而直言之者也"（朱熹语），殷纣的横暴乖戾，恶政的种种弊端，揭露无遗。有些地方又巧为设喻，用"比"法，"比者，比方于物也"（朱熹语）。如诗人把混乱的政治形势比作"如蜩如螗，如沸如羹"，把周王室比作一棵即将倾倒的大树，都极生动、形象。再次，语言精辟。本诗语言精练，极富表现力，时有名言警语。如"靡不有初，鲜克有终"，本指人生之初无不具有善性，但是很少能保持始终。后人便用以概指事情有开头，却很少能有个结果，泛指不能善始善终。又如"殷鉴不远，在夏后之世"，原来是说殷商借鉴不用远求，近在夏桀这代昏王。后来泛指可以引为教训的往事并不太远。都成了人们喜用的成语，流传至今。

1947年1月25日，毛泽东在修改中共中央宣传部部长陆定一驳斥20日国民党中央宣传部之声明的文稿时，增加了"'殷鉴不远'，就是在去年"八个字，就是这种用法。它揭穿了蒋介石提出的所谓"和平方案"，和去年一样，目的在于欺骗，以便有了喘息机会，得以卷土重来，扼杀革命。毛泽东告诫全党，要记取这个教训。（毕桂发）

【原文】

大雅·桑柔

菀彼桑柔⁽¹⁾，其下侯旬⁽²⁾。捋采其刘⁽³⁾，瘼此下民⁽⁴⁾。不殄心忧⁽⁵⁾，仓兄填兮⁽⁶⁾。倬彼昊天⁽⁷⁾，宁不我矜⁽⁸⁾。

四牡骙骙⁽⁹⁾，旟旐有翩⁽¹⁰⁾。乱生不夷⁽¹¹⁾，靡国不泯⁽¹²⁾。民靡有黎⁽¹³⁾，具祸以烬⁽¹⁴⁾。於乎有哀⁽¹⁵⁾，国步斯频⁽¹⁶⁾。

国步蔑资⁽¹⁷⁾，天不我将⁽¹⁸⁾。靡所止疑⁽¹⁹⁾，云徂何往⁽²⁰⁾？君子实维⁽²¹⁾，秉心无竞⁽²²⁾。谁生厉阶⁽²³⁾，至今为梗⁽²⁴⁾。

忧心慇慇⁽²⁵⁾，念我土宇⁽²⁶⁾。我生不辰⁽²⁷⁾，逢天僤怒⁽²⁸⁾。自西徂东⁽²⁹⁾，靡所定处⁽³⁰⁾。多我觏痻⁽³¹⁾，孔棘我圉⁽³²⁾。

为谋为毖⁽³³⁾，乱况斯削⁽³⁴⁾。告尔忧恤⁽³⁵⁾，诲尔序爵⁽³⁶⁾。谁能执热⁽³⁷⁾，逝不以濯⁽³⁸⁾？其何能淑⁽³⁹⁾，载胥及溺⁽⁴⁰⁾。

如彼遡风⁽⁴¹⁾，亦孔之僾⁽⁴²⁾。民有肃心⁽⁴³⁾，荓云不逮⁽⁴⁴⁾。好是稼穑⁽⁴⁵⁾，力民代食⁽⁴⁶⁾。稼穑维宝，代食维好。

天降丧乱，灭我立王⁽⁴⁷⁾。降此蟊贼⁽⁴⁸⁾，稼穑卒痒⁽⁴⁹⁾。哀恫中国⁽⁵⁰⁾，具赘卒荒⁽⁵¹⁾。靡有旅力⁽⁵²⁾，以念穹苍⁽⁵³⁾。

维此惠君⁽⁵⁴⁾，民人所瞻⁽⁵⁵⁾。秉心宣犹⁽⁵⁶⁾，考慎其相⁽⁵⁷⁾。维彼不顺⁽⁵⁸⁾，自独俾臧⁽⁵⁹⁾。自有肺肠⁽⁶⁰⁾，俾民卒狂⁽⁶¹⁾。

瞻彼中林⁽⁶²⁾，牲牲其鹿⁽⁶³⁾。朋友已谮⁽⁶⁴⁾，不胥以穀⁽⁶⁵⁾。人亦有言："进退维谷⁽⁶⁶⁾。"

维此圣人⁽⁶⁷⁾，瞻言百里。维彼愚人⁽⁶⁸⁾，覆狂以喜。匪言不能⁽⁶⁹⁾，胡斯畏忌⁽⁷⁰⁾！

维此良人⁽⁷¹⁾，弗求弗迪。维彼忍心⁽⁷²⁾，是顾是复。民之贪乱⁽⁷³⁾，宁为荼毒⁽⁷⁴⁾。

大风有隧⁽⁷⁵⁾，有空大谷。维此良人，作为式穀⁽⁷⁶⁾。维彼不顺，征以中垢⁽⁷⁷⁾。大风有隧，贪人败类⁽⁷⁸⁾。听言则对⁽⁷⁹⁾，诵言如醉⁽⁸⁰⁾。匪用其良⁽⁸¹⁾，覆俾我悖⁽⁸²⁾。

嗟尔朋友⁽⁸³⁾，予岂不知而作⁽⁸⁴⁾。如彼飞虫⁽⁸⁵⁾，时亦弋获。既之阴女⁽⁸⁶⁾，反予来赫⁽⁸⁷⁾。

民之罔极⁽⁸⁸⁾，职凉善背⁽⁸⁹⁾。为民不利⁽⁹⁰⁾，如云不克⁽⁹¹⁾。民之回遹⁽⁹²⁾，职竞用力⁽⁹³⁾。

民之未戾⁽⁹⁴⁾，职盗为寇⁽⁹⁵⁾。凉曰不可⁽⁹⁶⁾，覆背善詈⁽⁹⁷⁾。虽曰匪予⁽⁹⁸⁾，既作尔歌⁽⁹⁹⁾。

【毛泽东圈评等情况】

谁生厉阶，至今为梗。

[参考] 中共中央文献研究室编：《毛泽东读文史古籍批语集》，中央文献出版社 1993 年版，第 194 页。

【注释】

（1）菀（wǎn），枝叶茂盛之状。桑柔，桑树枝条柔嫩。

（2）侯，维，是。旬，树荫均布。汉毛亨《毛诗故训传》："旬，阴均也。"此比喻周王朝盛时，荫庇众民。

（3）捋（luō），用手采取。刘，残，指桑树被采得光秃无叶了。

（4）瘼（mò），病。诗以桑树被采得净尽，使人民得不到庇荫，比喻周王朝衰败，使众民失去庇护。

（5）不殄（tiǎn），不断。殄，断绝。南宋朱熹《诗集传》："殄，绝也。"

（6）仓兄，通怆怳，凄凉冷落，怅恨失意之态。填，通瘨，憔悴困苦。

（7）倬（zhuō），光明。

（8）宁，乃。矜（jīn），哀怜。这句是"宁不矜我"的倒文，乃不怜悯我。

（9）四牡，驾车的四匹公马。骙骙（kuí），马强壮的样子。

（10）旟（yú），画有鹰鸟的旗。旐（zhào），画有龟蛇的旗。翩，指旗帜在空中翻飞飘动之状。

（11）不夷，不平定，不太平。

（12）靡，无，没有。泯，借为慇，乱。

（13）民靡有黎，即靡有黎民之意。

（14）具，俱，全部。烬（jìn），灰烬。

（15）於乎，即呜呼，叹声。哀，哀伤。

（16）国步，国家的脚步，国家的前途命运。斯，语助词。频，告急。

（17）蔑，无，没有。资，帮助，依靠。

（18）我将，即"将我"。将，扶助。

（19）靡所，无处。疑，通"碍"，停息。此句说无处可以安身。

（20）云，语助词。徂（cú），去。此句说走又往哪里去呢？

（21）君子，作者自称。实，是。维，借为"惟"，思。此句言作者自己在想。

（22）秉心，持心，存心。无竞，无争。

（23）厉阶，祸患之阶，即祸端。

（24）梗，为害作梗。

（25）慇慇，忧伤之态。

（26）土宇，土地房屋，指家园。

（27）辰，时。

（28）傫（dàn）怒，大怒，盛怒。

（29）自西徂东，从西到东。

（30）定处，安定之所。

（31）多我，即"我多"的倒文。觏（gòu），同"遘"，遭受。痻（mín），病苦，患难。此句言作者遇到很多灾难。

（32）孔，很。棘，通"急"，危急。圉（yǔ），边疆。《左传·隐公十一年》："亦聊以固吾圉也。"此句言边疆也非常危急。

（33）谋，谋虑。毖（bì），戒慎。

（34）乱况，祸乱的情况。斯，则。削，削平。

（35）告，告诉，劝说。尔，指周王和当权者。忧恤，忧虑国事，体恤下民。

（36）诲，教诲，教导。序，借为"予"，给予。《墨子·尚贤中》引作"予"。爵，禄位，官爵。

（37）执，救治。热，炎热。汉郑玄《毛诗传笺》："执热，即治热，亦即救热。"

（38）逝，发语词。濯（zhuó），洗涤，引申为水浇。

（39）其，指朝内君臣。何能淑，怎能变好。淑，善。

（40）载，则。胥，皆。及溺，至于沉溺。

（41）如彼，像那。遹，通"矞"，矞风，北风。

（42）孔，很，非常。僾（ài），昏暗不清。

（43）肃心，向善之心。汉郑玄《毛诗传笺》："进于善道之心。"

（44）拼（pīng），使。汉毛亨《毛诗故训传》："拼，使也。"去，语助词。不逮，不及。

（45）好（hào），喜爱，重视。稼穑，指春种秋收的农事。

（46）力民，勤民。代，借为贷，施与。贷食，施粮食给他人。

（47）灭我立王，要灭掉我们所立之王。指周厉王被人民赶跑而言。

（48）蟊（máo）贼，吃谷物的害虫。蟊，食苗根的虫。贼，吃苗节的虫。

（49）卒，尽。瘏（yáng），病。

（50）哀恫（tōng），哀痛。中国，指西周王畿之地。

（51）具，通"俱"，都。赘（zhuì），连属，相连接。荒，饥荒。此句言京畿与连属之地尽遭饥荒。

（52）旅，通"膂"（lǚ），膂力，体力。

（53）念，感念，祈求。穹苍，青天。

（54）惠君，爱民之君。惠，仁爱。

（55）瞻，仰慕。

（56）秉心，持心，存心。宣，明。犹，借为怮（yóu），东汉许慎《说文解字》："怮，朗也。"宣怮即明哲。

（57）考慎，审慎考察。相，辅佐大臣。

（58）不顺，不顺从民意者。

（59）自独俾臧，似当作"自俾独臧"。俾，使。臧，善。此句言不顺之君使自己独自过着好生活。

（60）自有肺肠，别具心肝。

（61）卒狂，都贫病了。狂，近人林义光《诗经通解》："狂，读为尪。尪，瘠病也。"

（62）瞻，望。中林，即林中。

（63）甡甡（shēn），同"莘莘"，众多之状。

（64）已，用"以"，用。谮（jiàn），谗言。

（65）胥，助。穀，善。此二句言朋友间用谗相害，而不以善相助。

（66）进退维谷，进退两难。维，语助词，无义。谷，山间夹道或水道，比喻困境。

（67）"维此圣人"二句，言圣人明见百里之远。言，通"焉"，句中助词。

（68）"维彼愚人"二句，言愚人反而狂妄戏乐。覆，反。以，与。喜，疑借为嬉，戏乐。

（69）匪言不能，"匪不能言"的倒文，即不是不能说话。匪，非。

（70）胡斯，为何如此。畏忌，害怕顾忌。指圣贤者因畏忌而不敢讲话。

（71）"弗求弗迪"二句指掌权者对于贤人，既不寻求，也不任用。迪，进用，指做官。

（72）忍人，指内心残忍的人。

（73）顾，顾惜，眷恋。复，借为"覆"，盖，即包庇。此二句指掌权者对内心残忍的人既顾惜，又包庇。

（73）民，指平民百姓。

（74）宁，乃。荼（tú）毒，毒害，残害。《书·汤诰》："愍其凶害，弗忍荼毒。"孔颖达疏："《释草》去：'荼，苦菜。'此菜味苦，故假之以言人苦；毒，谓螫人之虫，蛇虺之类，实是人之所苦；故并言荼毒，以喻苦也。"

（75）有，语助词。遂，清王引之《经传释词》："遂，迅疾也，有遂，形容其迅疾也。"

（76）作为，所作所为。式，句中助词。谷，善。此二句言贤人做好事。

（77）征，行。中垢（gòu），清马瑞辰《毛诗传笺通释》："中垢犹言内垢。"征以中垢，指掌权者内室行污秽之事。

（78）贪人，贪赃枉法者。败类，残害同类。一说：类，善也。

（79）听言，听到谏劝的话。对，借为怼，怨恨。

（80）诵言，指诵读古书或阅览谏书。此句言掌权者则像吃醉了酒，昏昏睡去。

（81）匪用其良，指掌权者不用良言。

（82）覆，反。悖（bèi），违理。此句言反以我是违理之人。

（83）嗟，叹息声。朋友，指同列的众臣、同僚。

（84）而，同"尔"。作，作为。此句说我难道不知你等的所作所为吗？

（85）飞虫，此指飞鸟。弋（yì）获，指被射获。弋，指带丝绳的箭。此二句是说，纵使像会飞的鸟，也必有被射中的时候。

（86）既，已经。之，句中助词。阴，庇护。汉郑玄《毛诗传笺》："阴，覆荫也。"女，汝，你们。此句是说，我曾经庇护过你们。

（87）反予来赫，即"反来赫予"，反过来威胁我。赫，吓。唐陆德明《经典释文》："赫，本亦作吓，《庄子》去'以梁国吓我'是也。"

（88）罔极，没有准则。此句说人民不守统治者的礼法。

（89）职，主，专门。凉，通"谅"，语助词。善背，反复无常。南宋朱熹《诗集传》："善背，工为反覆也。"此言是说当权者一贯反复无常。

（90）为，作。此句说专做对人民不利的事。

（91）云，语助词。克，胜。此句是说，唯恐不胜，好像还怕做不够。

（92）回遹（yù），邪僻。

（93）职，专。竞，竞逐，追逐。汉郑玄《毛诗传笺》："竞，逐也。"用力，用暴力。此句是说，是统治者竞用暴力相逼的结果。

（94）民之未戾，民之未善。戾，清马瑞辰《毛诗传笺通释》："戾，善也。"

（95）职盗为寇，即"职为盗寇"，此句是说，当权者专门逼他们为盗贼。

（96）凉，借为"惊"，惊与亮同。《尔雅·释诂》："亮，导也。"此句是作者的话，言我教导你（指掌权者）说：你这样做是不可的。

（97）覆，反而。背，背后。善詈（lì），大骂。此句说你反而在背地里大骂我。

（98）匪予，以我言为非。匪，通"非"。

（99）尔歌，这首诗歌。指本诗《桑柔》。

【赏析】

《桑柔》是一首讽喻诗。全诗十六章，是《诗经》中章数最多的诗。《左传》文公元年，引此诗作之十三章，以为周芮良夫所作。汉初经师多采此说。

《毛诗序》云："《桑柔》，芮伯刺厉王也。"汉郑玄《笺》："芮伯，畿内诸侯，王卿士也，字良夫。"东汉王符《潜夫论·遏利》说："昔周厉王好专利，芮良夫谏而不入，退赋《桑柔》之诗以讽。"

关于芮良夫谏厉王的事，史有明载。《史记·周本纪》说："厉王即位三十年，好利，近荣夷公。芮良夫谏厉王……不听。卒以荣公为卿士，用事。王行暴虐侈傲。……三十四年，王益严。国人莫敢言，道路以目三年乃相与畔，袭厉王。厉王出奔于彘。"

芮良夫谏厉王，当时是著名的政治事件，《逸周书·芮良夫》篇有专文记其辞：

惟民父母，致厥道，无远不服；无道，左右臣妾乃违。民归于德，德则民戴，否则民仇。兹言允效，与前不远。商纣不道，夏桀之虐，肆我有家。

······　······

后（君）除民害，不惟民害。害民乃非后，惟其仇。后作类（善）。后弗类，民不知后，惟其怨。民至亿兆，后一而已，寡不敌众，后其危哉！

······　······

以予小臣良夫，观天下有土之君，厥德不远，罔有代德。时（是）为王之患，其惟国人！

惟尔执政小子同先王之臣，昏行□顾，道（导）王不若（顺），专利作威，佐乱进祸，民将弗堪。治乱信乎其行，惟王及尔执政小子攸闻。古人求多闻以监（鉴）戒。不闻，是惟弗知。

今尔执政小子，惟以贪谀为事，不懋德以备难。下民胥怨，财力单（殚）竭，手中靡措，弗堪上，不其乱而！

呜呼！惟尔执政朋友小子，其惟洗尔心，改尔行，克忱往愆（过），以保尔居。尔乃聩祸玩灾，遂弗悛。余未知王之所定，矧（况）乃□□。

尔执政小子不图善，偷生苟安，爵以贿成；贤智箝口，小人鼓舌；逃害要（邀）利，并得厥求。唯曰哀哉！

我闻曰："以言取人，人饰其言；以行取人，人竭其行。饰言无庸（用），竭行有成。"惟尔小子，饰言事王，寔（实）蕃（繁）有徒。王貌受之，终弗获用。面相诬蒙，及尔疑覆！

尔自谓有余，予谓尔弗足。敬思以德，备乃祸难。难而至悔，悔将安及？无曰予为，惟尔之祸也。

芮良夫这篇谏辞，可分为前、后两部分，前三章是针对周厉王，后六章则是针对执政诸臣。情辞恳切，说理委婉，大意与《桑柔》相近，故录之与本篇对看，有助于对本篇的理解。芮良夫的这些话确不失为远见卓识，无奈厉王病入膏肓，其行不改，不久果然被人民起义赶走，流亡到彘（今山西霍州市北），西周灭亡。此诗再现了这一段历史。

《桑柔》十六章，可分为三部分，前四章为第一部分，总叙祸乱初起。首章用桑叶被捋光为喻，说明祸乱对人民危害甚重。"瘼此下民"是本章渲染重心。第二章，指出祸乱之剧，国运已到了尽头。"民靡有黎"二句，紧承"瘼此下民"一句而来，紧紧围绕一个"民"字，说明诗人深谙"民惟邦本"的道理。第三章，祸乱既危乎国，又危乎己，因而把"谁先厉阶，至今为梗"作为一个大问题提出。第四章，写乱上加乱，内乱方兴，外患又至，抒写诗人忧患忧难之情。

从第五章至第十四章为第二部分，诗人以十章篇幅反复检讨祸乱之由，并对足以造成祸乱的恶行进行无情的揭露、批评和遣责。第五章，以救热救溺为喻，说明人民已处于危难之中。"告尔忧恤"二句，是救乱总纲，是从总结祸乱产生的原因提出来的。不顾恤百姓和任用匪人，是产生祸乱的总根子，故救乱须从此着手。所以下面几章，都是围绕这个中心来写的。第六、七两章，写救乱要首先重视民众耕耘之事。七章，从正面写农耕的重要，因为"民以食为天"，食是民生所本，百姓最关心，所以执政者应懂得"稼穑维宝"的道理。八章指出合乎道理的君主是人民拥戴的，君主不善，人民就会惑乱。前四句虚写，后四句实写，是虚实映衬法。第九章写诗人已陷入"进退维谷"的处境，朋友已经反目，没有人和他共赴国难。第十章至第十三章，通过圣良与愚贪的反复对比，揭示两种人的本质不同，从而指责君王或执政者斥贤用佞的行为。这四章用交错写法，第十、第十二两章，写两种人对比；第十一、第十三两章，写君王或执政者对两种人的不同态度。第十四章，写同僚友人背离正道，反而威胁诗人。这章直承第九章而来，中间四章（十至十三）当是诗人针对时弊，对僚友的进言。总之，上边十章都是紧扣"告尔忧恤，诲尔序爵"两句主旨所发的议论。体恤民众和选贤任能，确是一切为政与救乱之本。

第十五章、第十六章为第三部分，诗人指出，民乱的根本原因是执政者的压迫所致。诗以此作结，表现出诗人政治观察力的敏锐和胆识的卓越。

这首诗并没有直接指斥厉王的暴政，而是通过对人民苦难的描述，从而揭示社会动乱的原因，含蓄委婉地提出了诗人的批评。诗人认为，无休止的劳役，横征暴敛，信用小人，贬斥贤士，都是造成社会不安的原因。诗人慨叹朝臣们，结党营私，谋取权力，而正直之士进退维谷，无力回天。诗中充满了对丑恶现实的批判精神，表现了诗人的进步思想。因此，这首诗和《板》《荡》《抑》等篇，一直被后人视为《大雅》中的代表作。

这首诗在艺术表现上也颇有特色。首先，诗人主体用赋法，而辅以比兴，叙事清晰，形象生动。诗人叙事缓急相间，毫不板滞。诗人时而责天怨地，悲愤难抑，时而淳淳劝谏，情深意挚，时而怒斥奸佞祸国殃民，时而感叹身世，进退维谷，析理抒情，感人至深。在叙事之中又辅以比兴；茂盛的桑树，遍地的绿荫，更使人对严酷的现实不满；呼啸的狂风，艰难的劳作，又让人对人民生活的艰辛充满同情。其他如用人民逃避水火之难，比喻暴政的难以忍受，以鸟虫难逃猎人之手，比喻贤者难免恶人诽谤，比喻贴切，形象生动，增强了诗歌的艺术感染力。其次，语言精辟，警句妙语，联翩而出，令人目不暇接。"谁生厉阶，至今为梗""谁能执热，逝不以濯""人亦有言，进退维谷""听言则对，诵言如醉"，等等，这些言简意赅的诗句，意蕴丰富，为后来的人们所喜爱和引用。

唐李延寿撰《南史·刘湛传》写道：南朝宋文帝十二年（435），刘湛与殷景仁平时关系融洽，刘湛又是在殷景仁的推荐下被征用的，所以他十分感激殷景仁。到了两人都被文帝信用，"猜隙渐生"。刘湛认为殷景仁专内任，是离间自己。当时彭城王刘义康专执朝政，而刘湛过去是刘义康的重要助手，于是利用旧关系，结好刘义康，想借宰相刘义康的力量让文帝转变看法，倾倒废黜殷景仁，而"独当时务"。"义康屡言之于文帝，其事不行"。毛泽东读到这里，大笔一挥批注道："谁先厉阶，至今为梗。"二句出自《诗经·大雅·桑柔》，意思是说，是谁兴起祸端，至今还在为害作梗。毛泽东在这里是借用《诗经》诗句，指刘湛陷害殷景仁。然而殷景仁并没有被参倒，倒是刘湛自己后来欲作忤逆，图谋不轨，被收伏诛。（毕桂发）

大雅·瞻卬

瞻卬昊天⁽¹⁾，则不我惠⁽²⁾。孔填不宁⁽³⁾，降此大厉⁽⁴⁾。邦靡有定⁽⁵⁾，士民其瘵⁽⁶⁾。蟊贼蟊疾⁽⁷⁾，靡有夷届⁽⁸⁾。罪罟不收⁽⁹⁾，靡有夷瘳⁽¹⁰⁾。

人有土田，女反有之⁽¹¹⁾。人有民人，女覆夺之⁽¹²⁾。此宜无罪⁽¹³⁾，女反收之⁽¹⁴⁾。彼宜有罪，女覆说之⁽¹⁵⁾。哲夫成城⁽¹⁶⁾，哲妇倾城⁽¹⁷⁾。

懿厥哲妇⁽¹⁸⁾，为枭为鸱⁽¹⁹⁾。妇有长舌⁽²⁰⁾，维厉之阶⁽²¹⁾。乱匪降自天⁽²²⁾，生自妇人。匪教匪诲⁽²³⁾，时维妇寺⁽²⁴⁾。

鞫人忮忒⁽²⁵⁾，谮始竟背⁽²⁶⁾。岂曰不极⁽²⁷⁾，伊胡为慝⁽²⁸⁾？如贾三倍⁽²⁹⁾，君子是识⁽³⁰⁾。妇无公事⁽³¹⁾，休其蚕织⁽³²⁾。

天何以刺⁽³³⁾？何神不富⁽³⁴⁾？舍尔介狄⁽³⁵⁾，维予胥忌⁽³⁶⁾。不吊不详⁽³⁷⁾，威仪不类⁽³⁸⁾。人之云亡⁽³⁹⁾，邦国殄瘁⁽⁴⁰⁾。

天之降罔⁽⁴¹⁾，维其优矣⁽⁴²⁾。人之云亡，心之忧矣。天之降罔，维其几矣⁽⁴³⁾。人之云亡，心之悲矣。

觱沸槛泉⁽⁴⁴⁾，维其深矣⁽⁴⁵⁾。心之忧矣，宁自今矣⁽⁴⁶⁾？不自我先⁽⁴⁷⁾，不自我后⁽⁴⁸⁾。藐藐昊天⁽⁴⁹⁾，无不克巩⁽⁵⁰⁾。无忝皇祖⁽⁵¹⁾，式救尔后⁽⁵²⁾。

【毛泽东圈评等情况】

……佳人却可倾国；祸兮福所倚，福兮祸所伏；都是互相渗透、互相转变的对立。一切对立都是这样的。

[参考] 中共中央文献研究室编：《毛泽东哲学批注录》，

中央文献出版社 1998 年版，第 78 页。

【注释】

（1）瞻卬，仰望。卬，通"仰"。昊（hào）天，上天。《书·尧典》："乃命羲和，钦若昊天，历象、日、月、星辰，敬授人时。"

（2）则不我惠，即"则不惠我"的倒文。这是呼告语，说老天无情，不惠爱我。

（3）孔，很。填（chén），通"尘"，长久。不宁，不安宁。

（4）大厉，大的祸患。

（5）邦，邦国，国家。靡，无。定，安定。

（6）士民，士子和庶民。瘵（zhài），病，引申为忧患。

（7）蟊贼，原指吃庄稼的害虫，这里喻祸国殃民的恶人。蟊，吃庄稼的害虫。贼，残害。蟊疾，蟊虫为害。

（8）夷，平。届，终极。这句说奸邪作恶，没有平息，没有完了。

（9）罟（gǔ），网，指罗织法网来陷害臣民。不收，不收敛。

（10）瘳（chōu），病愈。这句说士民之病终无愈时。

（11）女，通"汝"，你。反，反而。有，指占有。

（12）民人，指奴隶、奴仆。覆，反。

（13）此宜无罪，这人本该无罪。

（14）收，收捕。

（15）说，通"脱"，赦免。

（16）哲夫，足智多谋的人。汉郑玄《毛诗传笺》："哲，谓多谋虑也。"成城，立国为王。汉郑玄《毛诗传笺》："城，犹国也。"

（17）哲妇，多谋虑的妇人。唐孔颖达《毛诗注疏》："若为智多谋虑之妇人，则倾败人之城国。妇言是用，国必灭亡。"后用以指乱国的妇人。这里指幽王的宠妃褒姒。

（18）懿，通"噫"，叹词。厥，其，那个。

（19）枭（xiāo），相传长大后食母的恶鸟。鸱（chī），猫头鹰。

（20）长舌，指多言，搬弄是非。

（21）维，是。厉，恶，祸乱。阶，阶梯。这里指致乱的根源。

（22）匪，非。

（23）匪教匪诲，不听教诲，即不纳言从善。

（24）时，是。维，为。妇，指褒姒。寺，寺人，宦官。

（25）鞫（jū），鞫问，穷诘。鞫人，指摸人的底。忮（zhì），害。忒（tè），变换。这句说，他们穷究他人，变换手法害人。

（26）谮（zèn）始，即始谮，先说别人的坏话。竟，终。背，背弃。

这句说终使君王改变态度，与你反目。

（27）岂，难道。曰，语助词。极，甚。不极，犹言无所不用其极，即不择手段，坏到极点。

（28）伊，维。慝（tè），邪恶。这句说为什么做邪恶之事呢？

（29）如，彼。贾（gǔ），坐商为贾，这里指做买卖。三倍，指获利多。这句说，他们就像经商一样，贪心不足。

（30）君子，指贵族。识，知。这句说，王公贵族只知道做买卖。

（31）妇，指褒姒。公事，内宫之事。清马瑞辰《毛诗传笺通释》："此诗公事，当即'宫事'之假借。宫事即蚕事也。"周代有公桑之事，为后宫嫔妃的任务，无公事，指不从事桑蚕织绩一类的女工。

（32）休，停止。蚕织，养蚕纺织。这句说她不安于职守，干预朝政。

（33）刺，指责。这句说上天为什么责罚我呢？

（34）富，借为"福"，福祐。清马瑞辰《毛诗传笺通释》："富、福，古同部通用。"这句说神为什么不赐福于我呢？

（35）舍，放弃。尔，你们。介，甲。狄，夷狄，周人称西方民族为狄。

（36）维，唯，只是。予，我，诗人自称。胥，相。忌，忌恨。这句说，你放开武装的狄国不管，只是忌恨我。

（37）吊（dì），善。详，借为"祥"，吉祥。这句说，国王行为不喜，招致国家出现多种不吉祥的事。

（38）威仪，礼节。类，善。

（39）人，指朝中的贤人，旧臣。云，句中助词。亡，失去，奔亡。指出走或死去。

（40）邦国，国家。殄（tiǎn）瘁，病困。

（41）罔，网罗。此指普降灾祸。

（42）优，厚，引申为严重。

（43）几，危，危险。

（44）觱（bì）沸，泉水翻涌之状。槛，借为"滥"，泛滥。泉水泛滥，流为温泉。

（45）维其深矣，它是那么深啊。

（46）宁自今矣，难道是今天才有的吗？

（47）不自我先，不在我先之先。

（48）不自我后，不在我先之后。

（49）蘷蘷，高远之状。

（50）克，能。巩，东汉许慎《说文解字》："巩，以韦束也。"用韦捆物叫作巩，有约束、控制之意。这句是说，天帝虽远，然而对下土的人没有不能约束控制的。

（51）忝，有愧于。皇祖，祖先。指周文王、周武王。

（52）式，发语词。救，挽救。尔后，你的子孙后代。

【赏析】

这是一首讽刺周幽王乱政亡国的诗。幽王宠幸褒姒，信用奸邪，斥逐忠良，种种倒行逆施，弄得天怒人怨，终致亡国。作者也是个受迫害者，因作此诗，讽刺幽王等人，并悲叹自己的不幸。言辞激愤凄楚，表现了诗人的悲愤之情和忧国伤时的苦衷。

全诗共七章，第一章写天降灾祸，国不安宁；第二章写下层贵族的土地、奴隶被当权者夺走；第三章写国家的祸乱是由于褒姒干预朝政造成的；第四章承上申述妇人应从事蚕织，不应当过问朝政；第五章指责幽王作为不善，贤才受害，国家濒于危亡；第六章承上说天降灾祸，贤人逃亡，自己忧愁万分；第七章自伤恰逢此乱，并希望幽王改弦更张，挽救国势。综观全诗，诗人历数幽王宠幸褒姒，败坏朝纲，倒行逆施，祸国殃民的罪恶。清方玉润《诗经原始》论定"此刺幽王嬖褒姒致乱之诗"，比较恰当。

这首诗在艺术表现上有两个特色：第一，强烈的抒情。这种感情是通过作者数次呼天表现的。诗人一开头就仰天大呼，指责老天对他没有感情，指责老天降下了大祸，国家很久不得安宁。汉代著名史学家司马迁说："夫天者，人之始也……人穷则反本，故劳苦倦极，未尝不呼天也。"（《史记·屈原列传》）诗人满腔悲愤，无处发泄，仰天大呼，这样一个石破天惊的开头，一上来就给读者造成强大的情感震颤，又为后文要写的内容涂上了强烈的感情色彩，奠定了全诗悲愤欲绝的情感基调。第二次呼天，"乱匪降自天，生自妇人。"诗人让天脱了干系，把矛头转而指向妇人（褒姒）。撇开天，正是为了集中力量来鞭挞那妇人，这才有第三章那么激烈的指斥，简直是指着鼻子痛骂褒姒。而第四章，诗人又冷静地去摆事实，讲道理，说她陷害人（"鞫人忮忒"），终于使幽王改变态度（"潛始竟背"），说她不该管国事（"妇无公事"）。到了第五、第六两章，再次彻天大呼，上天何以罚我苦哇（"天何以刺"），上天又把刑罚降啊，祸根虽然明白了，事理虽达，但情气难平，故又呼天。在这接二连三的呼天抢地，发抒愤懑之中，把感情推向了高潮。到末章最后一次呼天，天又成了赞颂的对象，赞天的约束万物，那是为了激励幽王以天为法，改弦更张。这样，天在全诗各处出现，每一次起的作用皆不同，它紧紧地联系着诗人的情感波澜，形成了本诗强烈的抒情色彩。

此诗在艺术表现上的又一特点是尖锐的讽刺。儒家提倡温柔敦厚的诗教，但此诗却反其道而行之，诗人气愤起来，简直在破口大骂。他骂周幽王是"威仪不类"，骂褒姒是长舌妇，是恶枭，是猫头鹰，说她是致"厉之阶"，会毁掉国家社稷（"倾城"），还把周幽王的苛政比成"蟊贼蟊疾"，还埋怨"天何以刺"，埋怨"何神不富"。清张谦宜说《诗经》"骂人极狠"，亦有说《诗经》"骂人""骂夫""骂父""骂国""骂皇后""骂天"，乃至"朋友相骂""兄弟九族相骂"（《絸斋亨山居次韵诗序》）。《瞻卬》一诗亦属此类，冷嘲热讽，形成了它辛辣的讽刺的艺术特色。

毛泽东在读西洛可夫、爱森堡等合著《辩证唯物论教程》（中译本第三版）第三章《辩证法的根本法则——由质到量及由量到质的转变的法则》《对立的相互渗透》一节讲到"对立的相互渗透，一个对立向他一对立的转变，存在于一切过程之中"时批注说：

> 游击战争与正规战争，保存游击性与克服游击性；分配土地的土地私有与准备转变的社会主义；共产党的民族性与国际性；民主主义革命与社会主义革命；爱国主义与国际主义；战争与和平，和平与战争；同资产阶级联盟与克服资产阶级的动摇叛变；共产党同国民党妥

协，正是加强共产党的独立性；军队的休息训练，同时即是加强战斗力；退却与防御，同时即是准备进攻；良药苦口，同时却利于病；忠言逆耳，同时却利于行；羊肉好吃，无奈烫的（得）慌；玫瑰花儿可爱，刺多扎手；佳人却可倾国；祸兮福所倚，福兮祸所伏；都是互相渗透，互相转变的对立。一切对立都是这样的。

毛泽东显然赞成西洛可夫等人"对应的相互渗透，一个对立向他一对立的转变"的观点，在批注中举出大量例证来加以论证，其中"佳人却可倾国"一例，原句见于班固《汉书·孝武夫人传》："北方有佳人，绝世而独立。一顾倾人城，再顾倾人国。"倾城，倾国，指倾覆国家，"倾城"即典出《瞻卬》："哲夫成城，哲妇倾城。""倾国"则典出汉王充《论衡·非韩》："民无礼义，倾国危主。""倾城""倾国"是中国历史上女人祸水的最早说法。毛泽东在这里指旧谓绝美的女子可以误国、亡国，沿袭旧说，只是用以说明对立统一的道理，并不意味着毛泽东赞同此说。倾城、倾国，也可以用来形容女子的绝美，如唐白居易《长恨歌》："汉皇重色思倾国。"（毕桂发）

【原文】

大雅·召旻

旻天疾威[1]，天笃降丧[2]。瘨我饥馑[3]，民卒流亡[4]。我居圉卒荒[5]！
天降罪罟[6]，蟊贼内讧[7]，昏椓靡共[8]，溃溃回遹[9]，实靖夷我邦[10]。
皋皋訿訿[11]，曾不知其玷[12]。兢兢业业，孔填不宁[13]，我位孔贬[14]。
如彼岁旱，草不溃茂[15]，如彼栖苴[16]。我相此邦[17]，无不溃止[18]。
维昔之富不如时[19]，维今之疚不如兹[20]。彼疏斯粺[21]，胡不自替[22]！
职兄斯引[23]。

池之竭矣，不云自频[24]？泉之竭矣，不云自中[25]？溥斯害矣[26]，
职兄斯弘[27]，不烖我躬[28]？

昔先王受命⁽²⁹⁾，有如召公⁽³⁰⁾。日辟国百里⁽³¹⁾，今也日蹙国百里⁽³²⁾。於乎哀哉⁽³³⁾！维今之人⁽³⁴⁾，不尚有旧⁽³⁵⁾。

【毛泽东圈评等情况】

毛泽东在 1936 年 12 月 5 日写信给著名爱国将领冯玉祥的信中说：目前急务似无急于停止内战。诚得先生登高一呼，众山齐应，今日停战，明日红军与西北"剿共"各军立可开进于绥远战场。否则，长城淞沪诸役前车可鉴，日蹙国百里，虽噬脐而无及矣！泽东与先生处虽异地，心实无间，倘得不吝教诲锡以圭针，敢不拜赐！

［参考］：《毛泽东文集》第一卷，人民出版社 1993 年版，第 446 页。

【注释】

（1）旻（mín）天，苍天。疾威，暴厉。

（2）笃，厚，严重之意。丧，丧乱，死丧祸乱。

（3）瘨（diān），灾害，此用作助词，降灾。饥馑，灾荒。庄稼颗粒无收或收成很差。

（4）卒，尽。

（5）居，国中。圉（yǔ），边疆。卒荒，尽遭灾荒。

（6）罟（gǔ），网。这句说上天降下这刑罪之网。

（7）蟊（máo）贼，吃庄稼的害虫，比喻害民的昏君佞臣。内讧（hòng），内部争斗。

（8）昏，昏乱。㼖，通"诼"，谗毁。靡共，不能正常供职。

（9）溃溃，昏乱之状。溃，借作"愦"，昏乱。回遹（yù），邪僻。这句说，朝中一片混乱，邪僻横行。

（10）实，实在。靖，图谋。夷，诛灭。这句话说实在是阴谋覆灭我们的国家。

（11）皋皋，通謞謞，欺诈诳骗。訿訿（zī），诽谤。訿，通"訾"。

（12）玷（diàn），玉上的斑点。此处用来比喻人的污点。

（13）孔，很，甚。填（chén），久。南宋朱熹《诗集传》："填，久也。"

（14）我位，我的职位。孔贬，大遭贬黜。

（15）溃，遂，长成。

（16）栖，指僵伏在地面。苴（chá），枯草。

（17）相，视，看。

（18）溃，崩溃。止，语气词。

（19）"维昔"句，这句说往日是那么富裕，从不像现在这样贫困。

（20）疚（jiù），贫病，贫困。这句说如今贫病之甚是从来没有过。

（21）彼，指人民。疏，借为"蔬"，菜。斯，指统治集团。粺（bài），粳米。这句说民众吃菜，而统治集团吃粳米。

（22）胡，何，为何。替，废退。

（23）职，尚，还在。兄（kuàng），同"况"，更加。斯，语助词。引，延长。这句说这种情况还在延长。

（23）云，句中助词。频，通"濒"，水边。这二句说，池水干涸，不是从水边开始吗？比喻国家灭亡自人民贫困开始。

（25）中，指井泉中。这二句说，泉水干涸，不是从泉中开始的吗？比喻国家灭亡又自王朝政权腐败开始。

（26）溥，通"普"，普通。这句说，这是遍及内外的灾害啊。

（27）弘，大。

（28）不，通"丕"，大。烖，"灾"的本字。

（29）先王，指武王、成王。受命，承受天命。

（30）如，彼。召公，召公奭，武王、成王的辅臣。

（31）辟，开辟。这句说，一天开辟国土百里。

（32）蹙（cù），缩小。这句说，如今却每天缩小国土百里。

（33）於（wū）乎，同"呜呼"，叹词。哀，悲痛。哉，语气词。此为表示哀痛的感叹词，常用于哀悼死者的祭文中，或指事情的终结，含讽刺或诙谐意味。

（34）维，语助词。今之人，指昏君佞臣。

（35）不尚，不尊崇。旧，指有贤德的老臣。

【赏析】

这首诗是周幽王时的一个官吏所作。诗中指责幽王昏暴，信用奸邪，政治黑暗，以致弄得民病国危，犬戎犯边，灾祸连年。诗人认为这是上天示警，都是由于幽王无道造成的。但对国之将倾，诗人又觉无力挽回，于是今昔对比，哀痛国无盛世时召公那样的贤臣，故以"召旻"为题，意思是哀伤天下没有召公那样的贤臣。

全诗共七章，第一章写天降死丧饥馑流亡之祸；第二章写奸邪内讧，昏乱邪僻，将致亡国；第三章承上继续指责奸邪，并自伤职位低微；第四章写国家崩溃征兆已见；第五章写深为国忧，并言奸邪得势，日见其盛；第六章写内忧外患日亟，并恐惧自及于祸；第七章写国土日被侵削，思得如昔日召公之贤臣，以图挽救。七章之中包括了忧国、斥奸邪、自伤身世三部分内容，但以忧国为核心，忧国为主，其他二者是从。朱熹在《诗集传》中说："此刺幽王任用小人，以致饥馑侵削之诗也。"可以说抓住了诗人的意旨。

这首诗在艺术表现上值得注意的是，诗中的三部分内容，并不是写完一部分再写另一部分，而是交错分散在各章中。相对说来，忧国主要表现在第一、第四、第七章，而第二、第五章又是忧国与斥奸邪的结合，第二章的自伤身世结合着斥奸邪，而第六章的自伤身世又结合着忧国。读着全诗，我们好像看见诗人一会儿在忧国，一会儿在斥奸邪，一会儿又在自伤身世。粗一看，简直有点语无伦次，即把话说得前后重复颠倒，实则正好充分表现了诗人的心中难以言状的复杂情感。这种艺术表现，从整体上看，它是重复颠倒，错落复沓；但从各部分来看，每一次的重复或错落又是从不同的角度来揭示事物的某些本质方面，表现情感的某种特定状态，各部分又是井然有序，不可淆乱的。这样诗人便巧妙地把内容相同的部分分散安排在全诗各处，把内容不同的部分又紧密地捏在一起，这就使全诗浑然一体。这样的艺术结构，有力地表现了缠绵悱恻、郁愤深沉的情感。

全诗风格质朴含蓄，情真意挚，笔力雄浑，忧国忧民之情毕现于毫端。句式错落有致，未拘泥于整齐的四字句常见形式，在《诗经》中也比较特殊。

毛泽东在1936年12月5写给著名爱国将领冯玉祥的信中引用了本诗中"日蹙国百里"原句。写此信时，冯玉祥任国民党政府军事委员会副委员长，而蒋介石仍奉行对外（日）妥协对内反共的政策。毛泽东引用"日蹙国百里"诗句，借用周幽王亡国的史实，说明国民党的对日妥协、投降政策将造成严重后果。这与当时大片国土沦丧的情况，也十分吻合，可谓恰到好处，妙不可言。（毕桂发　袁湜）

【原文】

周颂·载芟

载芟载柞⁽¹⁾，其耕泽泽⁽²⁾。千耦其耘⁽³⁾，徂隰徂畛⁽⁴⁾。侯主侯伯⁽⁵⁾，侯亚侯旅⁽⁶⁾，侯疆侯以⁽⁷⁾。有嗿其馌⁽⁸⁾，思媚其妇⁽⁹⁾，有依其士⁽¹⁰⁾。有略其耜⁽¹¹⁾，俶载南亩⁽¹²⁾，播厥百谷⁽¹³⁾。实函斯活⁽¹⁴⁾，驿驿其达⁽¹⁵⁾，有厌其杰⁽¹⁶⁾，厌厌其苗⁽¹⁷⁾，绵绵其麃⁽¹⁸⁾。载获济济⁽¹⁹⁾，有实其积⁽²⁰⁾，万亿及秭⁽²¹⁾。为酒为醴⁽²²⁾，烝畀祖妣⁽²³⁾，以洽百礼⁽²⁴⁾。有飶其香⁽²⁵⁾，邦家之光⁽²⁶⁾。有椒其馨⁽²⁷⁾，胡考之宁⁽²⁸⁾。匪且有且⁽²⁹⁾，匪今斯今⁽³⁰⁾，振古如兹⁽³¹⁾。

【毛泽东圈评等情况】

振古如斯。

[参考]：《毛泽东读文史古籍批语集》，中央文献出版社
1993年版，第160页。

【注释】

（1）载，开始。芟（shān），除草。柞（zé），砍伐树木。

（2）泽泽，通"释释"，泥土松软之状。

（3）耦，二人并耕。耘，锄去田间杂草。

（4）徂（cú），往。隰（xí），低湿之地。畛（zhěn），田间小路。

（5）侯，发语词。主，家长。伯，长子。

（6）亚，次，指长子以下的兄弟们。旅，众，指晚辈。

（7）疆，同"强"，强有力。以，指老弱的人。郭沫若说："以与强为对文，应读为骎或骀，即是不强的人。"（《由周代农事论到周代社会》）

（8）有喧，语助词。喧（tǎn），众人吃饭发出的声音。朱熹《诗集传》："众饮食声也。"馌（yè），送到田间的饮食。

（9）思，发语词。媚，美好。妇，指送饭的农妇。

（10）依，爱。汉郑玄《毛诗传笺》："依，之言爱也。"士，在田间耕作的男子。此句说依恋在男子身旁。

（11）略，古作"墼"，锋利。汉毛亨《毛诗故训传》："略，利也。"耜（sì），古代一种翻土的工具，类似今天的犁铧，其柄为耒。

（12）俶（chù），始。载，从事。南亩，向阳的田亩。

（13）百谷，各种各样的谷物。

（14）实，指种子。含，谷种埋在土里。斯，乃。活，生。此句说种子在土中萌生发芽。

（15）驿驿，《尔雅》作"绎绎"，接连不断。达，幼苗冒出地面之状。

（16）厌，美好之状。杰，特出的禾苗。

（17）厌厌，禾苗整齐茂盛之状。

（18）绵绵，连续不断之状。麃（biāo），通"穮"，除草。清陈奂《毛诗传疏》："除草谓之耘，亦谓之穮，《诗》作麃，古文假借字。"

（19）获，收获。济济，众多之状。

（20）实，满。积，堆积。

（21）亿，周代十万为亿。及，古厥字，其。秭（zǐ），万亿。汉郑玄《毛诗传笺》："万亿及秭，以言谷数多。"

（22）醴，甜酒。

（23）烝，献。畀（bì），给予。祖妣，男女祖先。

（24）洽，合。百礼，各种祭礼。

（25）馝（bì），同"苾"，食物的香气。

（26）邦家，邦国家族。

（27）椒，一种芳香植物，这里指用椒泡制的酒散发的香气。馨，香气远闻。

（28）胡考，长寿老人。胡，寿。汉毛亨《毛诗故训传》："胡，寿出。"考，老。之，是。宁，安宁。

（29）匪，非，不仅。且（jū），此，指获此丰收。此句说不敢期望这样的丰收而竟有这样的丰收。

（30）今，今时。此句说不敢期望现在就能实现的而竟然现在实现了。

（31）振古，自古以来。兹，此。此句说自古以来就是这样做的。

【赏析】

我国是个农业古国，西周时就已经有了较为发达的农业。周天子对农业十分重视，每年春初，率领百官司举行藉田典礼，祭祀天帝，祈祷丰收，谓之"春祈"；秋收之后，周王又率领百官祭祀祖宗和天地百神，答谢保佑，谓之"秋报"。《载芟》就是周王秋报祭祖祀神的乐歌。

全诗一章三十一句，按照内容可分为层次清晰的三个部分，先叙耕种收获，次写酿酒设祭，三谢神灵保佑。主要内容和篇幅集中在第一部分。而通篇上下，劳动伴随着欢乐，祝福寄寓着追求，在乐观、愉快的欢乐中，表达出对祖宗神明的赞颂和敬仰，也生动地展现了周民族早期的生产、生活风貌，有相当高的认识价值和史料价值。

从开头到"万亿及秭"为第一部分，按顺序分别由各自独立而又紧密承接的三幅画图构成。第一幅，千夫并耕图，共七句，写垦荒、种地和家奴全家劳动的情况。"载芟载柞，其耕泽泽"，开头直写劳动场景，叠字重句，音节短促，渲染出劳动节奏的明快，在杂草丛木中开拓，在新垦的土地上耕耘，展现出劳动背景。接下来写大规模的劳动场面："千耦其耘"，在那平原旷野之上，在那沃土新田之中，一对对农夫，并肩拉犁，辛勤耕耘，着墨不多，造境壮阔，生意盎然。"侯主侯伯"等三句，紧承上句，补写劳动者的身份：家主、长男、次男及其他子弟都出动了，总束上文出耕之事。

第二幅，田间就餐图，共三句。日已过午，农妇送饭来到田间，人们纷纷拥向地头吃饭。"有嗿其馌"，反映了人多声杂；"思媚其妇"，抽笔闲写送饭少妇的娇艳美好；"有依其士"则描写出身强力壮的男子饱餐饭菜之后干劲十足的情态。如果上面写众人劳动的宏大场面是鸟瞰的话，那么，田间就餐便是一幅特写，洋溢着浓郁的生活情趣和乡土气息。

第三幅，苗壮丰收图，共十一句，写播种、耘草和收获，"有略其耜，俶载南亩"三句写播种。田地有高低肥瘠，相土之宜，撒布多种谷物，谷种散布在土里，"春气苏之，甘霖渍之，喧风鼓之，和日蒸之"（《诗集传·卷五·十九》）。"实函斯活"二句，写种子萌发，很有活力，具有动态感。"有厌其杰，厌厌其苗"三句，既写出青苗的齐整、绿油油一片，也写出了农夫锄草的细密，禾苗与劳动兼写，也为下面描写丰收做好了铺垫。"载获济济"三句，写收获了大量庄稼，堆积满场，然后脱谷纳入粮仓。在这种较为抽象的渲染中，透露出人们对丰收的渴望和向往，喜悦之情洋溢于字里行间。

第二部分，共七句，写酿酒设祭，祈求神灵赐福。"为酒为醴"等三句，写周王用新谷酿成酒醴，先到宗庙进献给祖宗，以报答祖宗养育之恩，接着又到郊外祭祀天地百神，以报答神明殖百谷、兴丰年之功。其中"有椒其馨，胡考之宁"，所光扬和颂赞的，正是我们中华民族尊老敬祖的光荣传统。

末三句为第三部分，感谢神的神佑。"匪且有且，匪今斯今"，没料想到这么多的谷物，竟然有了，没料想到今年的大丰收，竟然有了，这都是神明的保佑啊！"振古如兹"，由于神明的保佑而获得丰收，是自古以来就如此的啊！此三句点明致祭的缘由，表现出对神明无限感激的心情。

这首诗通篇用赋法。前面大半篇幅叙述一年农事，由辟草莱到种庄稼，从春耕、夏耘至秋收，层次井然，但并非平铺直叙，既有大规模劳动场景的鸟瞰，也有农夫田间就餐的特写，更有谷物发芽到禾苗生长再到喜获收获的流动画面，表现出很高的艺术水准。

此首是《周颂》中最长的一篇，全诗不分章而句数最多，句法变化，多彩多姿，有"侯……侯……"句，有"有……有……"句，有叠字加"其"字句，有"有俶"二句和"有椒"二句为对偶，又为互文见义，"匪且"句和"匪今"句则用排比。形容词用得巧妙，"喷""媚""依""略"

等单字，"泽泽""驿驿""厌厌""绵绵""济济"等叠字，或摹声，或描状，写人叙事，写景状物都生动逼真。

毛泽东曾用这首诗中"振古如兹"（毛泽东引作"斯"）一语批注《三国志集解·骆统传》。由于战争频仍，兵役和徭役繁剧，民众苦不堪言。有势者逃避，有钱者买壮丁，有的甚至铤而走险，严重影响了吴国安定，骆统因而上书孙权，建议任用办事干练的官员，取消苛政，体恤民情，减轻百姓负担，使百姓财富增加，这样吴国才能长治久安。毛泽东读到这里批注了"振古如斯"四个字。"振"，自也。"斯""兹"，皆作如此解，意谓自古以来就是这样的。这不仅肯定了骆统意见的正确，而且认为具有普遍意义，是客观规律，提醒我们注意吸取历史的经验教训。（毕桂发）

屈　原

　　屈原（约前 339—约前 278），名平，字原；又自云名正则，字灵均，丹阳（今湖北秭归）人。战国时期楚国伟大浪漫主义诗人、政治家。

　　屈原初辅楚怀王，做过左徒、三闾大夫。他主张彰明法度，举贤授能，改革政治，东联齐国，西抗强秦。起初屈原很受怀王重用，怀王让他"造为宪令"，即主持国家政令的起草、宣布等事项，并先后两次出使齐国。在同旧贵族子兰、靳尚等人的斗争中，遭谗去职。顷襄王时被放逐，长期流浪沅、湘流域，比较接近人民生活，对黑暗现实愈益不满，但他始终把振兴楚国、统一天下的政治理想寄托在楚王身上。后因楚国的政治更加腐败，首都郢（今湖北江陵西北）亦被秦兵攻破，他既无力挽救楚的灭亡，又深感政治理想无法实现，遂投汨罗江而死。

　　屈原的作品，根据刘向、刘歆父子的校定和王逸的注本，有 25 篇，即《离骚》1 篇，《天问》1 篇、《九歌》11 篇，《九章》9 篇，《远游》《卜居》《渔父》各 1 篇。大体说来，《离骚》《天问》《九歌》可以作为屈原作品三种类型的代表。《九章》《远游》《卜居》《渔父》《招魂》《大招》，其内容与风格可与《离骚》列为一组，大都是有事可据，有义可陈，重在表现作者内心的情愫。《离骚》是屈原以自己的理想、遭遇、痛苦、热情乃至整个生命熔铸而成的宏伟诗篇。《天问》是屈原根据神话、传说材料创作的诗篇，着重表现作者的学术造诣及其历史观和自然观。《九歌》是楚国祀神乐曲，经屈原加工、润色而成，充满浓郁的生活气息。

　　屈原的作品色彩艳丽，情思馥郁，气势奔放，表现出与以《诗经》为代表的北方文学不同的特色。"屈原诸骚皆书楚语、作楚声、纪楚地、名楚物，故可谓之楚辞。"（黄伯恩《翼骚序》）从体制上看，屈原以前的诗歌，大多篇幅短小，而屈原发展了长篇巨制。《离骚》一篇就有 2400 多字。在表现手法上，屈原把赋、比、兴巧妙地糅合成一体，大量运用"香草美人"的比兴手法，把抽象的品德、意识和复杂的现实生活生动形象地表现出来。在语言形式上，屈原作品突破了《诗经》以四字句为主的格局，每句五、六、七、八、九不等，也有三字、十字句的，句法参差错落，灵活多变；句中句尾多用"兮"字，以及"之""于""乎""夫""而"等虚字，造成起伏跌宕、一唱三叹的韵致。总之，屈原的作品从内容到形式都极富创造性。

屈原对后世影响很大。汉赋作家无不受"楚辞"的影响，汉以后"绍骚"之作，历代都有。新兴的五、七言诗都和楚骚有关。这是屈原文学的直接影响。此外，以屈原生平事迹为题材的诗、词、曲、戏曲、琴辞、话本、绘画等，也难以数计。所以鲁迅称屈原作品"逸响伟辞，卓绝一世"，"其影响于后来之文章，乃甚或在'三百篇'以上"（《汉文学史纲要》）。

《汉书·艺文志》著录《屈原赋》25 篇，其书久佚，后代所见屈原作品，皆出自刘向辑集的《楚辞》。

（费德林）"据中国文学史上说，在《诗经》的无名作者之后，首屈一指的该是屈原了，他是第一位有创作个性的诗人。"

（毛泽东）"哦，这是你喜欢的题目啦。不过这个问题谈起来就不那么简单啰。对，屈原生活过的地方我相当熟悉，也是我的家乡么。所以我们对屈原，对他的遭遇和悲剧特别有感受。我们就生活在他流放过的那片土地上，我们是这位天才诗人的后代，我们对他的感情特别深切。不过现在的人就未必啰，他们不一定理解屈原的伟大功绩。"

……　……

（毛泽东）"可是家乡人对屈原的纪念是微不足道的。何况诗人的时代距今已经两千多年了。对于他的命运，每一代人都有自己的看法。"

……　……

（毛泽东）"连年战乱使国家凋敝、民不聊生，楚国灭亡了，这是事情的一个方面。接着开始了另一个历史过程，就是把那些分散的、互相争权夺利、争战不休的诸侯王国统一起来的过程，这个过程是不以人的意志为转移的。最后，它以秦始皇统一中国而告终，从而形成第一个集中统一的帝国。这对中国后来的命运产生了重要作用。这是事情的另一个方面。

这个问题以后我们还会专门谈。"

……"是的，这些都发生在我的故乡湖南，发生在屈原殉难的地方——长沙。因为这缘故，屈原的名字对我们更为神圣。他不仅是古代的天才歌手，而且是一位伟大的爱国者，多么无畏，勇敢高尚。他的形象保留在每个中国人的脑海里。无论在国内国外，屈原都是一个不朽的形象。我们就是他生命长存的见证人。"

［参考］［俄］尼·费德林：《我所接触的中苏领导人》，

新华出版社 1995 年版，第 15—25 页。

【原文】

天　问

　　曰：遂古之初，谁传道之[(1)]？上下未形，何由考之[(2)]？冥昭瞢暗，谁能极之[(3)]？冯翼惟像，何以识之[(4)]？明明暗暗，惟时何为[(5)]？阴阳三合，何本何化[(6)]？圜则九重，孰营度之[(7)]？惟兹何功，孰初作之[(8)]？斡维焉系？天极焉加[(9)]？八柱何当？东南何亏[(10)]？九天之际，安放安属[(11)]？隅隈多有，谁知其数[(12)]？天何所沓？十二焉分[(13)]？日月安属？列星安陈？出自汤谷，次于蒙汜，自明及晦，所行几里[(14)]？夜光何德，死而又育[(15)]？厥利维何，而顾菟在腹[(16)]？女歧无合，夫焉取九子[(17)]？伯强何处？惠气安在[(18)]？何阖而晦？何开而明[(19)]？角宿未旦，曜灵安藏[(20)]？

　　不任汩鸿，师何以尚之？佥曰何忧，何不课而行之？鸱龟曳衔，鲧何听焉？顺欲成功，帝何刑焉？永遏在羽山，夫何三年不施[(21)]？伯禹愎鲧，夫何以变化？纂就前绪，遂成考功。何续初继业，而厥谋不同？洪泉极深，何以填之？地方九则，何以坟之？应龙何画？河海何历？鲧何所营？禹何所成？康回冯怒，地何故以东南倾[(22)]？九州安错？川谷何洿[(23)]？东流不溢，孰知其故[(24)]？东西南北，其修孰多？南北顺椭，其衍几何[(25)]？昆仑县圃，其尻安在[(26)]？增城九重，其高几里[(27)]？四方之门，其谁从焉[(28)]？西北辟启，何气通焉[(29)]？日安不到，烛龙何照⁽³⁰⁾？羲和之未扬，若华何光⁽³¹⁾？何所冬暖？何所夏寒？焉有石林？何兽能言⁽³²⁾？焉有虬龙，负熊以游⁽³³⁾？雄虺九首，儵忽焉在⁽³⁴⁾？何所不死，长人何守⁽³⁵⁾？靡蓱九衢，枲华安居⁽³⁶⁾？一蛇吞象，厥大何如⁽³⁷⁾？黑水玄趾，三危安在⁽³⁸⁾？延年不死，寿何所止？鲮鱼何所？鬿堆焉处⁽³⁹⁾？羿焉彃日？乌焉解羽⁽⁴⁰⁾？

禹之力献功，降省下土四方⁽⁴¹⁾。焉得彼嵞山女，而通之于台桑⁽⁴²⁾？闵妃匹合，厥身是继⁽⁴³⁾。胡为嗜不同味，而快鼌饱⁽⁴⁴⁾？启代益作后，卒然离蠥⁽⁴⁵⁾。何启惟忧，而能拘是达⁽⁴⁶⁾？皆归躲鞠，而无害厥躬⁽⁴⁷⁾。何后益作革，而禹播降⁽⁴⁸⁾？启棘宾商，九辩九歌⁽⁴⁹⁾。何勤子屠母，而死分竟地⁽⁵⁰⁾？帝降夷羿，革孽夏民⁽⁵¹⁾。胡躲夫河伯，而妻彼雒嫔⁽⁵²⁾？冯珧利决，封豨是射⁽⁵³⁾。何献蒸肉之膏，而后帝不若⁽⁵⁴⁾？浞娶纯狐，眩妻爰谋⁽⁵⁵⁾。何羿之躲革，而交吞揆之⁽⁵⁶⁾？阻穷西征，岩何越焉⁽⁵⁷⁾？化为黄熊，巫何活焉⁽⁵⁸⁾？咸播秬黍，莆藋是营，何由并投，而鲧疾修盈⁽⁵⁹⁾？白蜺婴茀，胡为此堂⁽⁶⁰⁾？安得夫良药，不能固臧⁽⁶¹⁾？天式纵横，阳离爰死⁽⁶²⁾。大鸟何鸣，夫焉丧厥体⁽⁶³⁾？蓱号起雨，何以兴之⁽⁶⁴⁾？撰体协胁，鹿何膺之⁽⁶⁵⁾？鳌戴山抃，何以安之⁽⁶⁶⁾？释舟陵行，何以迁之⁽⁶⁷⁾？

惟浇在户，何求于嫂⁽⁶⁸⁾？何少康逐犬，而颠陨厥首⁽⁶⁹⁾？女歧缝裳，而馆同爰止⁽⁷⁰⁾。何颠易厥首，而亲以逢殆⁽⁷¹⁾？汤谋易旅，何以厚之⁽⁷²⁾？覆舟斟寻，何道取之⁽⁷³⁾？桀伐蒙山，何所得焉⁽⁷⁴⁾？妹嬉何肆，汤何殛焉⁽⁷⁵⁾？舜闵在家，父何以鳏⁽⁷⁶⁾？尧不姚告，二女何亲⁽⁷⁷⁾？厥萌在初，何所亿焉⁽⁷⁸⁾？璜台十成，谁所极焉⁽⁷⁹⁾？登立为帝，孰道尚之⁽⁸⁰⁾？女娲有体，孰制匠之⁽⁸¹⁾？舜服厥弟，终然为害。何肆犬体，而厥身不危败⁽⁸²⁾？吴获迄古，南岳是止⁽⁸³⁾。孰期去斯，得两男子⁽⁸⁴⁾？缘鹄饰玉，后帝是飨⁽⁸⁵⁾。何承谋夏桀，终以灭丧⁽⁸⁶⁾？帝乃降观，下逢伊挚⁽⁸⁷⁾。何条放致罚，而黎服大说⁽⁸⁸⁾？简狄在台，喾何宜⁽⁸⁹⁾？玄鸟致贻，女何嘉⁽⁹⁰⁾？该秉季德，厥父是臧⁽⁹¹⁾。胡终弊于有扈，牧夫牛羊⁽⁹²⁾？干协时舞，何以怀之⁽⁹³⁾？平胁曼肤，何以肥之⁽⁹⁴⁾？有扈牧竖，云何而逢⁽⁹⁵⁾？击床先出，其命何从⁽⁹⁶⁾？恒秉季德，焉得夫朴牛⁽⁹⁷⁾？何往营班禄，不但还来⁽⁹⁸⁾？昏微遵迹，有狄不宁⁽⁹⁹⁾。何繁鸟萃棘，负子肆情⁽¹⁰⁰⁾？眩弟并淫，危害厥兄⁽¹⁰¹⁾。何变化以作诈，后嗣而逢长⁽¹⁰²⁾？成汤东巡，有莘爰极⁽¹⁰³⁾。何乞彼小臣，而吉妃是得⁽¹⁰⁴⁾？水滨之木，得彼小子⁽¹⁰⁵⁾。夫何恶之，媵有莘之妇⁽¹⁰⁶⁾？汤出重泉，夫何罪尤⁽¹⁰⁷⁾？不胜心伐帝，夫谁使挑之⁽¹⁰⁸⁾？会鼌争盟，何践吾期⁽¹⁰⁹⁾？苍鸟群飞，孰使萃之⁽¹¹⁰⁾？列击纣躬，叔旦不嘉⁽¹¹¹⁾。何亲揆发，足周之命以咨嗟⁽¹¹²⁾？授殷天下，其德安施⁽¹¹³⁾？及成乃亡，其罪伊何⁽¹¹⁴⁾？争遣伐器，何以行之⁽¹¹⁵⁾？并驱击翼，何以将之⁽¹¹⁶⁾？昭后成游，南土爰底，厥利惟何？逢彼白雉⁽¹¹⁷⁾。穆王巧梅，夫何为周流⁽¹¹⁸⁾？环理天下，夫何索求⁽¹¹⁹⁾？妖夫曳衒，何号于市？周幽谁诛？焉得夫褒姒⁽¹²⁰⁾？天命反侧，何罚何佑？齐桓九会，卒然身杀⁽¹²¹⁾。彼王纣之躬，孰使乱惑⁽¹²²⁾？何恶辅弼，谗谄是服⁽¹²³⁾？比干何逆，而抑沈之⁽¹²⁴⁾？雷开何顺，而赐封之⁽¹²⁵⁾？何圣人之一德，卒其异方⁽¹²⁶⁾？梅伯受醢，箕子佯狂⁽¹²⁷⁾？稷维元子，帝何竺之⁽¹²⁸⁾？投之于冰上，鸟何燠之⁽¹²⁹⁾？何冯弓挟矢，殊能将之⁽¹³⁰⁾？既惊帝切激，何逢长之⁽¹³¹⁾？伯昌号衰，秉鞭作牧⁽¹³²⁾。何令彻彼岐社，命有殷国⁽¹³³⁾？迁藏就岐，何能依⁽¹³⁴⁾？殷有惑妇，何所讥⁽¹³⁵⁾？受赐兹醢，西伯上告⁽¹³⁶⁾。何亲就上帝罚，殷之命以不救？师望在肆，昌何识⁽¹³⁷⁾？鼓刀扬声，后何喜⁽¹³⁸⁾？武发杀殷，何所悒⁽¹³⁹⁾？载尸集战，何所急⁽¹⁴⁰⁾？伯林雉经，维其何故⁽¹⁴¹⁾？何感天抑墬，夫谁畏惧⁽¹⁴²⁾？皇天集命，惟何戒之⁽¹⁴³⁾？受礼天下，又使至代之⁽¹⁴⁴⁾？初汤臣挚，后兹承辅，何卒官汤，尊食宗绪⁽¹⁴⁵⁾？勋阖梦生，少离散亡⁽¹⁴⁶⁾。何壮武厉，能流厥严⁽¹⁴⁷⁾？彭铿斟雉，帝何飨⁽¹⁴⁸⁾？受寿永多，夫何久长？中央共牧，后何怒⁽¹⁴⁹⁾？蜂蛾微命，力何固⁽¹⁵⁰⁾？惊女采薇，鹿何佑⁽¹⁵¹⁾？北至回水，萃何喜⁽¹⁵²⁾？兄有噬犬，弟何欲⁽¹⁵³⁾？易之以百两，卒无禄⁽¹⁵⁴⁾。

　　薄暮雷电，归何忧⁽¹⁵⁵⁾？厥严不奉，帝何求⁽¹⁵⁶⁾？伏匿穴处，爰何云⁽¹⁵⁷⁾？荆勋作师，夫何长⁽¹⁵⁸⁾？悟过改更，我又何言⁽¹⁵⁹⁾。吴光争国，久余是胜⁽¹⁶⁰⁾。何环闾穿社，以及丘陵，是淫是荡，爰出子文⁽¹⁶¹⁾？吾告堵敖以不长，何试上自予，而忠名弥彰⁽¹⁶²⁾？

【毛泽东圈评等情况】

1964 年 8 月 18 日，在北戴河与几位哲学工作者谈话时，毛泽东说：从屈原的《天问》以来，几千年只有这么一个人做了这么一篇（按：指柳宗元的《天对》）。《天问》了不起，几千年以前，提出了各种问题，关于宇宙，关于自然，关于历史。到现在，《天问》《天对》讲些什么？没有解释清楚，读不懂，只知其大意。

[参考] 中央党史和文献研究室与中央档案馆编：
《党的文献》，1994 年第 5 期。

【注释】

（1）遂，通"邃"。遂古，远古。传道，传说。

（2）上下，天地。何由，根据什么。

（3）冥，幽暗。昭，当是"昒（hū）"的错字，不明。瞢（méng）暗，暗昧，混沌。极，穷究。

（4）冯（píng）翼，大气弥漫之状。《淮南子·天文训》："天地未形，冯冯翼翼。"《广雅·示训》："冯冯翼翼，元气也。"惟，"未"之误。象，形。惟象，无形。

（5）明明暗暗，日夜交替。惟，彼。时，是。

（6）阴阳，阴气和阳气。三合，参错相合。王逸认为是天、地、人的结合，柳宗元以为是阴、阳、天的结合。三，古代三、参通用。本，根源。化，变化。

（7）圜，同"圆"，指天，古人认为天是圆的。九重，九层。《淮南子·天文训》："天有九重。"营，古与"环"通。度（duó），度量。

（8）兹，此。功，工，工程。

（9）斡，北斗七星之柄，即天地运转的枢纽。维，北斗星柄三星，随斗而转。天极，天的中央，是天的最高点。

（10）八柱，撑天的八座山。何当，何在。亏，亏损，指东南方地势低洼。

（11）九天，指天的中央和八方。属，连接。

（12）隅（yú），角落。隈，弯曲。《淮南子·天文训》："天有九野，九千九百九十九隅。"

（13）沓（tà），合。古代传说天是盖在地上的，故天地有相合之处。十二，指十二辰，即子、丑、寅、卯、辰、巳、午、未、申、酉、戌、亥。岁星（木星）运行大约十二岁一周天，一岁一辰，共十二辰。

（14）汤（yáng）谷，古代神话中太阳升起的地方。次，住宿。蒙，水名。汜（sì），水边。古代神话中说太阳止在蒙水边。

（15）夜光，月的别名。德，古通"得"，本领。育，生。古代传说月亮每月生一次，死一次。

（16）厥，同"其"，指夜光。菟，即"兔"。顾兔，月中的兔名，即蟾蜍。腹，指月亮的肚腹。

（17）女歧，本为尾星名。《史记·天官书》："尾有九子。"后衍为神女九子母，传说她无夫而生九子。合，匹配。

（18）伯强，即禺强，风神。惠气，和顺之风。气，指风。《庄子·齐物论》："夫大块噫气，其名为风。"

（19）阖，关门，指关上天门。

（20）角宿（xiù），二十八宿之一，有两颗星。传说这两星之间便是天门。旦，天明。曜灵，太阳。

（21）汩（gǔ），治理。鸿，通"洪"，洪水。师，众人。尚，推荐。佥（qiān），皆。课，考察。鸱，猫头鹰之类的鸟。鸱龟，可能是形状像猫头鹰的龟。曳衔，曳尾衔物引导治水。遏，禁闭。羽山，神话传说中的山名，鲧被幽禁终被杀之地。施（chí），释放。

（22）伯禹，即禹，禹称帝前曾封为夏伯，故称伯禹。愎（bì），一本作"腹"，传说禹是鲧死后尸腹生的。篡，继续。就，跟从。绪，事业。考，对亡父的敬称。厥，其，代禹。洪泉，指洪水。填，传说禹用息壤（自己能生长，永不耗减的土）填塞洪水。九则，九等。《尚书·禹贡》记载，禹分九州的土地为上上、上中、上下、中上、中中、中下、下上、下中、下下九等。坟，划分。应龙，有翼的龙。康回，即共工。冯（píng），大。

（23）九州，指中国。错，置。川，水注海叫川，注溪叫谷。洿（wū），深。

（24）溢，满。《列子》记载，渤海之东有大壑，是个无底溪谷，名叫归墟，百川注入永不满溢。

（25）椭（tuǒ），狭而长。衍，余，余数。这里指差距。清洪兴祖《楚辞补注》引《淮南子》《轩辕本纪》《灵宪》所记，大多以东西长，南北短。《博物志》引《河图》称天地南北三亿三万七千五百里，东西二亿三万三千里，是南北长，东西短。

（26）昆仑，山名。县圃，在昆仑之巅，神话传说中神仙所居之处。县，通"悬"。尻（kāo），尾。一作"厞"，古"居"字，指居处。

（27）增城，《淮南子》载：昆仑山上有增城九重，其高一万一千里余。汉王逸注引《淮南子》作一万五千里。

（28）门，指昆仑的门。《山海经·海内西经》说"面有九门"。从，进出。

（29）辟，开。气，风，指"惠气"，一说指不周风。

（30）烛龙，神话传说中的神龙，嘴内衔烛，照耀幽暗之处。

（31）羲和，神话传说中为太阳驾车的神。扬，扬鞭。若华，神话传说中的若木花。若木长于西方日入处，太阳落山、尚未升起之时，若木的花就放射光芒照耀大地。

（32）石林，神话传说，西南有石树成林。兽能言，王逸《楚辞章句》引《礼记》："猩猩能言，不离禽兽。"

（33）虬（qiú），传说中没有角的龙。虬龙负熊之事不可考。

（34）雄虺（huǐ），传说中的毒蛇。儵（shū）忽，往来飘忽。《招魂》：南方之害，"雄虺九首，往来儵忽，吞人以益其心些。"

（35）不死，指人长生不死。长人，传说中的防风氏，身长三丈。《国语·鲁语》载：夏禹会诸侯，防风氏后至，被杀。防风氏守卫封、嵎二山。

（36）靡萍（píng），一种奇异的萍草。衢，叉。枲（xǐ），麻的别名。华，花。

（37）蛇吞象，清洪兴祖《楚辞补注》引《山海经》说："南海内有巴蛇，身长百寻……食象。三岁而出其骨。"

（38）黑水，水名。玄趾，山名。三危，山名。《尚书·禹贡》载：

"导黑水，至于三危，入于南海。"

（39）鲮（líng），即陵鱼。《山海经·海内北经》说："有陵鱼人面、人手、鱼身，见则风涛起。"魌（qí）堆，即魁雀，一种食人怪鸟。洪兴祖《楚辞补注》引《山海经·东山经》："北号山有鸟，状如鸡，而白首鼠足，名曰魌雀，食人。"

（40）羿，尧时善射的人。弹（bì），射。解羽，羽毛脱落。乌，神话传说日中有踆乌，即三足乌。传说尧时十日并出，草木焦枯，尧命羿射日，射落九日。日中九乌皆死，坠其羽翼。

（41）力献功，勤力进献功能。降，下。省，察。下土四方，应作"下土方"。《诗经·商颂·长发》："禹敷下土方。"指天下。

（42）崙山，古国名。崙，同涂。通，通婚。台桑，地名。

（43）闵，爱怜。妃，配偶。匹合，结婚。继，继嗣。

（44）胡，为何。嗜，爱好。鼌（zhāo），即朝。鼌饱，隐喻性欲的满足。指禹与一般人不同，并不贪一时的欢快，而以治水事业为重。

（45）启，禹的儿子。益，禹的大臣。后，国君。禹让位给益，启手下的人帮助他杀益并夺取天下。卒然，终于。离蘖（niè），遭忧。传说启欲夺益之帝位，被益拘禁。

（46）惟，通"罹"，遭。拘，拘囚。达，同"佚"，脱。《竹书纪年》载益代禹立，拘启禁之，启反起杀益以承禹祀。

（47）躬，当作"躬"。躬篪，即"躬鞠"，谨敬。篪，作"鞠"。皆归躬，指益和禹都以谨敬为指归。无害厥躬，他们本身没有恶劣的行为。

（48）作，应作"祚"。祚革，政权变更。播降，播下。

（49）棘，急。宾，通"嫔"，美女。商，"帝"之误。《九辩》《九歌》，夏朝乐曲名。《山海经·大荒西经》："开（启）上三嫔于天，得《九辩》《九歌》以下。"

（50）勤子，贤子，指启。勤子屠母，指启破母腹而降生的事。死，通"屍"。竟，委弃。

（51）帝，指天帝。夷羿，舜时诸侯，东方夷族首领，因其善射，故称夷羿。革，改变。蘖，忧患。

（52）躲，古"射"字。雒嫔，有雒氏之女，河伯的妻子，即洛水女神，名宓（fú）妃。雒，同"洛"。

（53）冯（píng），依靠。珧（yáo），用贝壳装饰两头的弓。决，同"玦"，用象骨做的套在右手大拇指上钩弦发箭的扳指。封豨（xī），大野猪。

（54）蒸肉，祭祀之肉。膏，肥美的肉。后帝，指天帝。不若，不以为然。

（55）浞（zhuó），寒浞，羿的臣，杀羿而强占其妻，生浇。纯狐，指纯狐氏之女。眩妻，即玄妻，纯狐氏女的名字，羿之妻。

（56）躲革，相传羿能射穿七层皮革。交，合力。吞揆（kuí），吞灭。

（57）阻，艰险。穷，困顿。指尧放逐鲧到羽山的事。

（58）黄熊，指鲧死后化作黄熊的事。事见《左传·昭公七年》。

（59）秬（jù），黑黍。莆，同"蒲"，水生植物。蘿（guàn），又名萝摩，芦苇一类植物。营，耕作。并投，投弃。疾，恶。修盈，指鲧罪恶之多。

（60）蜺（ní），同霓，虹的一种，色较淡。婴，缠绕。茀（fú），逶迤曲折的云。堂，屈原所见楚国公卿的祠堂。

（61）良药，指不死之药。臧，即藏。二句指嫦娥窃后羿不死之药而奔月的事。

（62）天式，自然的法则。纵横，指阴阳消长之道。阳离，阳气离开躯体。

（63）"大鸟"二句，指鼓、钦鹎杀葆江于昆仑之阳，帝乃戮鼓、钦鹎，鼓化为鹇鸟、钦鹎化为大鹗的事（见《山海经·西山经》）。

（64）荓（píng），即屏翳，雨神。清洪兴祖《楚辞补注》引《山海经》："屏翳在海东，时人谓之雨师。"

（65）撰，具。胁，腋下肋骨所在部分。协胁，两胁骈合。鹿，即飞廉，风神。《三辅黄图》："飞廉鹿身雀头有角，蛇尾豹文。"膺（yīng），承受。

（66）鳌，海中大龟。抃（biàn），拍手。此指大海龟四肢舞动。

（67）释，舍去。陵行，在陆地行走。《列子·汤问》记载，龙伯国有一巨人，一下子钓起六鳌，把它们全部背了回去，烧灼其骨。

（68）浇，寒浞之子。户，门。嫂，浇的嫂子，即女歧。相传浇与其嫂淫乱。

（69）少康，夏朝君王相之子。相被浇所杀，后来少康趁打猎之机杀死浇，恢复夏朝。

（70）馆同，即同房。爱，于是。止，宿。

（71）殆，危。传说浇与女歧私通，少康夜袭浇，误杀女歧。

（72）汤，应是"康"之误，指少康。易，诒。旅，众。厚，壮大。

（73）斟寻，夏之同姓诸侯。夏君相失国，逃亡斟寻，浇发兵灭之，杀相。据《左传》记载，灭斟寻的是浇，不是少康。

（74）桀，夏代最末一个国君。蒙山，古国名。传说夏桀伐蒙山国而得妹嬉。

（75）妹嬉（mò xǐ），夏桀元妃。肆，放荡。殛（jí），惩罚，诛灭。传说成汤在鸣条打败夏桀，桀与妹嬉浮海奔南巢之山而被杀。

（76）闵，忧愁。父，"夫"的误字。鰥（guān），即"鳏"字，成年男子久未娶妻的叫鳏。

（77）姚，舜的姓，指舜父瞽叟。不姚告，不告诉舜的父亲。二女，指尧的两个女儿娥皇、女英。

（78）何，谁。亿，通"臆"，预料，测度。

（79）璜，玉石。十成，十重（层）。极，至。

（80）道，导引。尚，尊崇。指女娲登位。

（81）女娲（wā），神话传说中上古的女帝王，人首蛇身，一天中能变化七十种样子，用泥土创造了人类。制匠，制作。

（82）服，顺从。舜父瞽叟顽，母嚚，弟象傲，舜却不失兄子之道。肆，放肆。犬体，指舜弟象有狗的心术。厥身，指象身。

（83）吴，古代南方诸侯国。迄古，终古。南岳，即会稽山，代吴地的山。止，居留。

（84）去，当作"夫"，于。斯，指吴地。两男子，指古公亶父的长子太伯和次子仲雍。吴人先后拥戴为国君。

（85）缘，借助。鹄（hú），天鹅，指鹄肉做的羹。饰玉，指用美玉装饰的鼎。后帝，指商汤；飨，食。指伊尹以善于烹调而被汤信用，后辅佐汤而灭夏桀。

（86）承，承受，接受。指伊尹灭夏桀的计划。

（87）帝，指商汤。降观，下来观察民俗民情。伊挚，伊尹名。

（88）条，鸣条，地名。放，放逐。黎服，黎民百姓。"服"，民的误字。说（yuè），同"悦"。

（89）简狄，有娀氏女，帝喾（kù）妃。台，坛。喾，古代的帝王，号高辛氏。宜，祭天求福。

（90）玄鸟，燕子。女，指简狄。嘉，一作"喜"，生子。

（91）该，即亥，殷人的祖先，契的六世孙。秉，承。季，即冥，亥的父亲。臧，善良。

（92）弊，败，指杀害。有扈，"有易"之误，古国名。牧夫牛羊，指亥寄居有易国放牧的事。

（93）干，大。协，合。干协时舞，大合舞，一种武舞。当即万舞武舞。《公羊传·宣公八年》："万者何，干舞也。"

（94）平胁，丰满的胸部。曼肤，细腻的皮肤。肥，通"妃"，匹配。

（95）有扈，即上文的"有易"。牧竖，牧人。竖，蔑称，小人，指王亥。

（96）击床，指有易之君绵臣派人袭击王亥于床笫之间。先出，指王亥先出，得免于死。

（97）恒，王恒，王亥之弟。朴牛，大牛。

（98）营，经营。班禄，君主所颁布的爵禄。但，当是"能"之误。

（99）昏微，即上甲微，亥的儿子。遵迹，遵循他的先人的足迹，即继承祖业。有狄，即有易。传说上甲微借河伯之兵讨伐有易，杀其国君绵臣。

（100）萃，集。棘，荆棘。负，可能是"顿"的滥文，即"妇"。负子，即妇女。肆情，纵欲。二句可能指上甲微有淫乱的丑行。

（101）眩弟，昏乱的弟弟。指上甲微晚年昏乱，其弟淫嫂，并为了争夺君位而互相残杀。

（102）变化以作诈，指上甲微弟得君位便传己子，而不传上甲微的儿子。此后便子承父位，子孙相继不绝，即"后嗣逢长"。逢，兴旺。

（103）成汤，即商汤。有莘（shēn），古国君，在今山东曹县西北。爰，乃。

（104）小臣，指伊尹，他本是有莘国的小臣。吉妃，指有莘氏之女，嫁成汤而为妃。

（105）木，指桑树。小子，指伊尹。传说伊尹母化为空心桑树，生伊尹为有莘国人所得。

（106）媵（yìng），陪嫁。古代奴隶主或封建主嫁女，常用男女奴隶陪嫁。

（107）重泉，地名。桀囚禁汤的地方。罪尤，罪过。

（108）不胜心，心中不能忍耐。帝，指夏桀。

（109）会，合。亳，同"朝"。会朝，朝会的倒装。争盟，盟誓。吾，"武"之错字。相传武王伐纣，诸侯都在甲子日早上会师牧野。事见《史记·周本纪》。

（110）苍鸟，鹰，比喻武王的将帅勇猛像鹰。萃，集合。

（111）列，通"裂"。躬，身体。列击纣躬，指武王到纣王自焚之处用轻剑砍击纣王，用黄钺断其首级，挂在大白旗上。叔旦，即周公，武王之弟，名旦。嘉，赞许。

（112）揆，掌握。发，启行，兴师。指武王兴师伐纣之事。一说"发"，指姬发，即武王。周之命，周之膺受天命。咨嗟，叹息，赞美。

（113）德，德政。一本作"其位"。

（114）及成，一本作"反成"。伊，是。

（115）伐器，攻伐之器，即武器。行之，动员他们。指武王动员诸侯们拿起武器。

（116）并驱，并驾齐驱。击翼，击其两翼的部队，将，率领。

（117）昭后，周昭王。成游，即出游。南土，指楚地。底，到。雉，野鸡。昭王末年，楚人献白雉，昭王南巡渡河，船破而死。

（118）穆王，周穆王。梅，王夫之认为是"枚"的错字，马鞭。周流，周游。《左传·昭公七年》："穆王欲肆其心，周行天下。"

（119）环理，还履。理，通"履"，行。《竹书纪年》十七年沈约注："西征还履，天下亿有九万里。"

（120）曳，牵引。衒（xuàn），炫耀。这里指沿街叫卖。周幽，周幽王。褒姒（bāo sì），周幽王的后。据《史记·周本纪》，周厉王时，有一七岁宫女碰到龙的唾沫所化的玄鼋（yuán）而怀孕。在周宣王时生一女孩，丢弃后，被一对在市上叫卖木弓、箭服的怪夫妇收养，逃往褒国。这女孩就是后来褒人献给周幽王的褒姒。

（121）反侧，反复无常。齐桓，齐桓公，春秋五霸之一。齐桓公任用管仲，国力强大，曾"兵车之会三，乘车之会六"，九合诸侯，一匡天下（《史记·齐世家》）。身杀，指桓公晚年任用奸臣竖刁、易牙等人，造成内乱，自己被困而死。

（122）王纣，殷纣王。乱惑，昏乱迷惑，指政治上的倒行逆施。

（123）服，用。

（124）比干，纣的忠臣，因谏纣王而被剖心。逆，指拂逆纣的心意。抑，压制。沈，淹没，指被杀。

（125）雷开，纣的奸臣。《吕氏春秋》："雷开进谀言，纣赐金玉而封之。"

（126）圣人，指下文的梅伯、箕子。一德，品德相同。方，方法，途径。

（127）梅伯，纣的诸侯，因直言敢谏而被杀。醢（hǎi），肉酱。箕子，纣王的叔父，封于箕，故称箕子。佯狂，装疯。

（128）稷，后稷，名弃，是帝喾的大儿子。维，是。元子，嫡妻生的大儿子。帝，指帝喾。竺，当作"毒"，憎恶。

（129）燠（yù），温暖。《诗经·生民》《史记·周本纪》记载，帝喾元妃姜嫄踏巨人足迹而生稷，弃置冰上，后有鸟用翅膀为他保暖。

（130）冯（píng），挟。将，率领。指后稷做司马时的事。

（131）帝，指帝喾。切激，激烈。惊帝切激，指后稷降生，"上帝不宁"（《诗经·生民》）的事。

（132）伯昌，周文王，姓姬，名昌。纣时封为西方诸侯之长，所以称西伯。号衰，发号施令于殷朝衰落之时。秉鞭，指执政。牧，地方治民之官。

（133）彻，彻法，周朝的一种赋税法。岐，今陕西省岐山县。社，祭祀土地神的庙。立国必立社。周社原在岐山，后迁丰，建丰社。

（134）藏，宝藏，财宝。依，依附。指古公亶父避戎狄之害，自豳迁岐。

（135）惑妇，指殷纣王的爱妃妲（dá）己。讥，谏。《史记·殷本纪》记载：纣"爱妲己，妲己之言是从"。

（136）受，纣的字。兹，子的假借字。上告，上诉天帝，指纣王将西伯的儿子伯邑考做成肉酱赐给西伯的事。

（137）师望，吕望，即姜太公。吕望做过太师的官，故称师望。肆，店铺。昌，周文王的名。

（138）鼓刀，挥刀。后，指周文王。

（139）武发，周武王，名发。殷，指殷纣王。指纣王自焚后武王斩其头事。愍（yì），忧郁不安。

（140）尸，木主，即灵牌，写有死者禄位名字的木头牌位。集战，会战。指文王死后，武王用车载着文王的木主出兵伐纣，表示秉承文王的遗志。

（141）伯林，王逸认为是指晋太子申生被谗自杀事。郭沫若认为应是申述上文纣自焚的事。伯，当为"燔"。林，即薪火。燔林，即《史记·周本纪》所谓"纣自燔于火而死"。雉经，上吊自杀。

（142）抑，塞。感天抑墬，指上文载尸集战的事。墬，即"地"。抑，推动。

（143）集命，指皇天降赐天命，让某人统治天下，指殷朝。戒，警惕。

（144）受，纣王的名。礼，同"理"，治理。至，借为"周"。

（145）挚，伊尹的名。臣挚，指做汤的媵臣，即有莘国嫁女给汤时的陪嫁奴隶。兹，此，指伊尹。承辅，做辅佐大臣。传说伊挚五次在成汤那里做官，五次在夏桀那里做官。尊食，即庙食，死后受人供奉，在庙中享受祭飨。宗绪，宗族，指汤的祠庙。

（146）阖（hé），春秋时吴王阖庐（又称"阖闾"）。梦，阖庐的祖父，吴王寿梦。生，同"姓"，子孙之意。离，罹，遭受。指阖庐少年流亡事。

（147）武厉，厉武的倒文，奋发勇武。流，行。严，威严。指吴王阖庐任用伍子胥等打败楚国的事。

（148）彭铿，即彭祖，名铿，传说他活了八百岁。斟雉，用野鸡做羹。帝，指尧。飨，享。相传彭祖曾进雉羹给尧。

（149）中央，指周朝一统天下的政权。共，即共伯和。中央共牧，闻一多认为指周厉王逃到彘，共伯和代天子职位的事。后，指周厉王。后何怒，指周厉王降灾作祟的事。

（150）蠭，同"蜂"。蛾，古"蚁"字。微命，微小的生命。此句以蜂、蛾为喻，形容下民百姓力量之大。

（151）惊女，女惊之倒文。惊，通"警"，诫。采薇，指伯夷、叔齐不食周粟，在首阳山采薇的事。惊女采薇，指女子劝诫伯夷、叔齐不要采薇。侑，一本作"佑"。鹿何侑，《列女传》："二人遂不食薇，经七日，天遣白鹿乳之。"

（152）回水，河水弯曲处，指首阳山所在。首阳山在河东的蒲坂，华山以东，河曲之中。萃，聚集，栖止，指伯夷兄弟相聚。

（153）兄，指春秋时秦国国君秦景公。弟，指秦景公弟。噬犬，善于咬嚼的猛犬。

（154）两，即辆。禄，爵禄。指欲用百辆车换取噬犬，秦景公不许，铖逃晋国，失其爵禄。

（155）归何忧，王逸《楚辞章句》："屈原书壁所问略讫，日暮欲去，时天大雨雷电，思念复至，自解曰归何忧乎？"

（156）严，威严。奉，保持。帝，指天帝。帝何求，求帝有什么用。《汉书·郊祭祀志》载：楚怀王曾"隆祭祀，事鬼神，欲以获福助，却秦师"。

（157）穴处，住山洞。爰，发语词。何云，说什么。

（158）荆，楚国。勋，"动"的错字。作师，起兵。荆动作师，楚国动辄兴兵打仗。指楚怀王受张仪欺骗之后，屡次兴兵伐秦，先后大败于丹阳、兰田。

（159）悟过改更，指楚怀王在兰田战败之后，八九年间和别的国家没有战争。

（160）吴光，吴公子光，即吴王阖庐。争国，指吴与楚相攻伐的事。楚五战五败，吴兵攻破楚国都郢。余，我，指楚。

（161）闾，古代二十五家为一闾，也叫社。子文，即楚国令尹子文，楚成王的辅佐。此处指䢵（yún）国之女与斗伯私通而生令尹子文的事。

（162）吾，"悟"的错字，即"忤"。堵敖，即楚文王之子熊囏（jiān）。文王死后，堵敖继位。其弟熊恽杀堵敖自立，是为成王。悟堵敖，即指堵敖被成王所杀的事。试，当读作"弑"。上，指堵敖。予，"干"的错字。自干，自居君位。忠名弥彰，指成王弑堵敖而得忠名。

【赏析】

《天问》是屈原晚年创作的一篇奇诗，诚如清代夏大霖说的"其创格奇，设问奇，穷幽极渺奇，不伦不类奇，不经不典奇……奇气纵横，独步千古。"（《屈骚心印》）由于经过秦火，图书焚毁；时代变迁，文字转化，诗中不少内容很难理解，所以王逸、朱熹多缺而不注。但长期以来，研究者从秦汉人所著的《吕氏春秋》《淮南子》以及神话书《山海经》等古籍和出土文物中，考索印证，逐渐揭开本诗的奥秘，露出它晶莹珠玉的宝光。

本诗由一百六十多个提问组成，几乎每问都包含着一个神话传说或历史故事。它的结构是很严谨的。全诗共分三章和结尾四个部分。

第一章：第一自然段，所问全是关于天地的问题。其中至"曜灵安藏"为第一层，是对天体神话的发问：从天地开张，到阴阳二气，到天有九重、四维、八柱、九野、九千九百九十九隅，到天何所覆、星何所系，到日出日入、月盈月亏，到暴雨惠风，直问到天门开合。再至"地何故以东南倾"为第二层，是对有关洪水传说的发问：从命鲧治水，到鲧偷息壤，到鲧死化禹；到禹塞九渊，布土九州；到应龙画地，助禹成功；直问到共工氏头触不周之山，致地陷东南，河水东流。再至"若华何光"为第三层，是对地形神话传说的发问：从江河不枯、海水不溢，到东西南北的宽长，到昆仑山之高、门之多，直问到巨龙之眼、若木之华，光照大地。再至"乌焉解羽"为第四层，是对各地风土、物产神话传说的发问：从代表四方的特征，到东南的虬龙、雄虺，西南的枭麻、巨蛇，西北的黑水、三危，直问到东北的陵鱼、鲯堆和神乌。

第二章：第二自然段，所问由天事转入人事，为过渡章。其中至"而鲧疾修盈"为第五层，是对天上派下来的鲧、禹、益、启、羿五个半神半人事迹的发问：从禹得涂山女，启益争位，启三嫔于天，古裂生启，羿射河伯，妻彼雒嫔，帝赐羿玉块以残其身，寒浞娶纯狐，共谋杀羿，直问到羿求不死之药，鲧化黄熊。再至"何以迁之"为第六层，是对地上的人或物能否成神成仙的发问：从嫦娥奔月，大鸟飞鸣，萍号起雨，飞廉生风，直问到巨鳌载山。

第三章：第三自然段，所问重在人事，并集中在尧舜特别是夏、商、周三代兴亡问题，为全诗的核心部分。其中至"而厥身不危败"为第七层，是对少康、汤、舜史实的发问：从少康命子诱瘄、舍女杀浇，汤诛妹喜，直问到最为人敬仰的大舜娶二妃、受禅让、封弟于有庳。再至"后嗣而逢长"为第八层：是以"太伯奔吴"、贤者得国，"伊尹相汤"、能者建功为领起，从而引起对商王朝祖先发迹的发问：从简狄吞燕卵生契，该牧于有扈，作服牛，绵臣杀该，恒得朴牛，直问到上甲微灭有扈。再至"其罪伊何"为第九层，是对汤、武改朝换代的发问：从汤娶有莘，伊尹为媵，空桑生伊尹，武王会师孟津、周公咨嗟，直问到汤、武承命。再至"卒然身杀"为第十层，是对周之子孙的发问：从昭王南征不返，穆王周游天下，幽王淫乱失国，直问到齐桓公饿死。再至"箕子佯狂"为第十一层，是对商之子孙的发问：从纣之好恶，比干遭抑、雷开赐金，直问到梅伯受醢、箕子佯狂。再至"又使至代之"为第十二层，是对周王朝祖先发迹的发问：从后稷出生，公刘迁豳，西伯就任牧师，古公迁岐，西伯表忠，文王遇吕望，武王载灵伐纣，纣缢柏林，直问到商、周所谓受天命。再至"卒无禄"为第十三层，是对历史和神话中人事变化的综合发问：从伊尹配享、阖庐称霸（地位变化），尧赐寿彭祖、上帝怒共和（权力变化），直问到夷、齐饿死、秦铖奔晋（财产变化），表明盛衰、贵贱、贫富，无不在变化。

尾声：最末的自然段。所问是关于楚国的前途问题，加强了抒情成分。其中至"我又何言"几句，是表示与楚国统治者的决绝。再至"爰出子文"几句，是表示对楚国统治者的唾弃。再至"忠名弥彰"几句，则是宣告楚王朝必然短命，慨叹自己被误解太深。

王夫之《楚辞通释》认为本诗："篇内事虽杂举，而自天地山川，次及人事；追述往古，终以楚先，未尝无次序存焉。"这见解极是。诗有开端，有过渡，有重点，有尾声；有详有略，详略得当。在发问的次序上，诗人不仅采取顺序法，显得有条不紊；而且采取兼叙法和错综叙述法。例如，第八层叙汤之先祖，第九层兼叙汤武，第十层叙周之子孙，第十一层叙商之子孙，第十二层叙周之先祖，这样显得错落有致。此外，又采取归纳叙述法，如第十三层所问，不受时空所限，而以类相属，显得跳跃多姿。又采取比喻叙述法，如第七层中的"登立为帝，孰道尚之？女娲有体，孰制匠之？"意思是说，如果舜被尧推荐而践帝位，那么就像女娲造人而她自身又是谁造的呢？这样叙写，显得生动活泼。

就内容说，本诗真可谓上穷千古，下罗万象。所有的发问，不仅是诗人迷惑不解的问题，而且也是诗人"信而见疑，忠而被谤"，遭受流放，内心抑郁愤懑的宣泄。如对至高无上的天帝就产生怀疑：既命羿为民除害，何以又赐玉玦以残其身？这不是自相矛盾吗？既不把"息壤"给鲧，何以又把"息壤"给禹？这不是对待不公吗？再如，对古代的圣君贤王也产生了怀疑：舜囚尧，可见不是禅让；启杀益，可见由于争夺。少康令女儿淫浇，方法何其卑劣；汤使伊尹勾搭妹喜，手段也不正当。文王向纣表忠，说明表里不一；武王载灵伐纣，岂非夺权太急。再如，对善恶报应之说也产生了怀疑：商之祖先如该、恒兄弟，并淫于有扈君主绵臣之妻，该被杀而恒盗走朴牛；恒之子上甲微杀绵臣而灭有扈。这样的发迹，可谓丑恶了吧，而竟然建立了长久的王朝。周之祖先如公刘挟弓矢，以武力征服豳地，太王好色，艰难迁岐，还带着姜氏夫人。这样的创业，也不算多光彩，而竟然子孙昌盛。若说这是由于他们的后代积德累功，那么，翻开商周两代的帝王家谱查看，商之纣，周之昭、穆、幽诸王，不是荒淫残暴，就是逸游享乐，有何功德可言。再如对吉凶祸福之说也产生了怀疑：如比干以直谏被杀，箕子以怀忠佯狂，梅伯受醢，雷开得金，孰吉孰凶，何去何从？基于上述种种，诗人对于"天道无亲，常与善人"的教条，不能不持疑问态度。于是问天地、问鬼神、问人事……以求弄清真正的是非曲直、成败荣辱、正邪忠奸。诗人以崇高的人格、饱满的激情、渊博的学识、独具的才华，写下这一不朽的诗篇。不仅给我们保存了许多神话传说的宝贵资料，而且给我们遗留下来一种难得的文学艺术的精神财富。

本诗以发问形式组成全篇，最易流于板滞，枯燥乏味，而诗人却匠心独运，使之灵活多变，妙趣横生。在造句方面，有长短不齐的单行（三、四、五、六、七言），也有整齐的对句，疏密相间，交织成篇。在用韵方面，基本上四句一换韵，但适应内容的需要、感情的变化，也不局限这种法则，而以自然谐和为主。值得注意的是，本诗虽"有问无答"，但字里行间却渗透着诗人的思想情感：有讽刺，有嘲笑，有奚落，有打趣，有揭发，有赞扬，或痛快淋漓，或深刻含蓄，因而本诗充满事理的启迪性和艺术的感染力。（宋景昌）

汉诗

项　羽

项羽（前232—前202），名籍，羽是他的字。下相（今江苏宿迁西）人，秦末农民起义领袖之一。楚国贵族出身。秦二世胡亥元年（前209）从叔父项梁在吴（今江苏苏州）起义。他在巨鹿击溃秦军主力。公元前206年灭秦后，他站在六国旧贵族和奴隶主复辟势力的立场上，自立为西楚霸王，恢复分封制度，实行分裂割据。他与刘邦争天下达五年之久，最后在垓下全军覆没，自刎于乌江（今安徽和县东北乌江镇）。

【原文】

垓下歌

力拔山兮气盖世⁽¹⁾，时不利兮骓不逝⁽²⁾。骓不逝兮可奈何！虞兮虞兮奈若何⁽³⁾！

【毛泽东圈评等情况】

1962年1月，在扩大的中央工作会议上，毛泽东讲到民主集中制时告诫全党，不要像西楚霸王项羽那样"一人称霸"。他说："从前有个项羽，叫做西楚霸王，他就不爱听别人的不同意见。他那里有个范增，给他出过些主意，可是项羽不听范增的话。……我们现在有些第一书记，连封建时代的刘邦都不如，倒有点像项羽。这些同志如果不改，最后要垮台的。不是有一出戏叫《霸王别姬》吗？这些同志如果总是不改，难免有一天要'别姬'就是了。"（笑声）

[参考]：《毛泽东文集》第八卷，人民出版社1999年版，第295—296页。

毛泽东手书过《垓下歌》这首诗。

[参考] 中央文献研究室整理：《毛泽东手书选集·古诗词（上）》，
北京出版社 1996 年版，第 23 页。

【注释】

（1）拔山，把山拔起来，形容力大。气，气概。盖世，一世无可匹敌。盖，压倒。

（2）时，天时，时势。骓（zhuī），青白毛间杂的马。逝，往，去。

（3）虞，项羽的爱妾虞姬。若，你。奈若何，把你怎么安排呢。

【赏析】

《垓下歌》见于《史记·项羽本纪》和《汉书·项籍传》，《乐府诗集》收入《琴曲歌辞》，题为《力拔山操》。

《史记·项羽本纪》载："项王军壁垓下（今安徽灵璧南沱河北岸），兵少食尽，汉军及诸侯兵围之数重。夜闻汉军四面皆楚歌，项王乃大惊曰：'汉皆已得楚乎？是何楚人之多也？'项王则夜起，饮帐中。有美人名虞，常幸从；骏马名骓，常骑之。于是项王悲歌慷慨，自为诗曰：'力拔山兮气盖世，时不利兮骓不逝。骓不逝兮可奈何！虞兮虞兮奈若何！'歌数阕，美人和之。项王泣下数行。左右皆泣，莫能仰视。"这便是这首诗的本事。此事发生在公元前 202 年 12 月，项羽被刘邦围于垓下，夜晚听到四面汉军所唱楚歌，预感到大势已去，饮酒帐中，慷慨悲歌，作了这首诗。诗中表现了项羽英雄末路、无可奈何的悲凉之情。

诗歌的第一句，是项羽对自己的高度赞扬。其力是可以把一座山连根拔起，其气概更是天下无双，一个举世无匹的英雄形象便矗立在读者面前。所谓"气盖世"，是说他在人品、气质、气概方面压倒世间任何一个人，尽管这是一种极其概括的叙述，但"力拔山"三字却给读者一种具体、生动的感受，所以，作者通过虚实结合的手法，把自己叱咤风云的英雄气概表现出来了。

然而，在第二、三句里却说，由于天时不利，他所骑的那匹骏马——

骓——不能驰骋奔跑了。这里的"时",指天时、时势。按照当时的一般理解,"时"是由天支配的。据《史记·项羽本纪》,项羽在失败后曾一再强调,这是"天亡我也,非战之罪也",可见他确实也把"时不利"归之于天。于是这位盖世英雄只是徒唤"奈何",除了接受灭亡的命运之外,别无他法。在神秘的"天"面前,人是多么渺小;即使是像项羽这位力能扛鼎的英雄,也不能逃脱"天"的支配。

项羽自知灭亡的命运无可避免,他的事业将要烟消云散,但他没有留恋、没有悔恨,甚至也没有叹息。他唯一忧虑的,是他所挚爱的、经常随侍他东征西讨的一位美人——虞——的前途,毫无疑问,他死之后,虞的命运必然是很悲惨的,但却没有一点拯救她的办法。因此,在这首歌的最后,他悲伤地唱道:"虞兮虞兮奈若何!"译成白话,就是:"虞啊,虞啊,我可把你怎么办呢!"一个盖世无双的英雄,在他行将遭到灭顶之灾时,他所依恋并为之无限怀念的,只是他所爱着的虞姬,表现出爱情的巨大力量。

虞姬不负项羽所望,听罢项羽的歌后,便和了一首歌:"汉兵已略地,四方楚歌声。大王意气尽,贱妾何聊生。"虞姬面对汉军围困,预料项羽必将全军覆没,无可奈何,遂拔剑自刎。不久,项羽"直夜溃围"南走,身边仅八百余人。平明,项王渡淮,"骑能属南者百余人耳"。"至东城,乃有二十八人"。东渡乌江时,自刎而死,年仅三十一岁。

我国自古不以成败论英雄,项羽虽然失败了,仍然不失为一个英雄。唐代诗人杜牧《题乌江亭》诗云:"胜败兵家事不期,包羞忍辱是男儿。江东子弟多才俊,卷土重来未可知。"便很为项羽惋惜。1939 年,毛泽东在一次讲话中说:"楚霸王项羽在中国是一个有名的英雄,他在没有办法的时候自杀,这比汪精卫、张国焘好得多。但项羽尚有一个缺点,从前有一个人在他自杀的地方做了一首诗,问他你为什么要自杀,可以到江东再召八千兵来打天下。我们不学汪精卫、张国焘,要学项羽的英雄气节,但不自杀,要干到底。"这里说的"从前有个人做了一首诗",就是指杜牧的《题乌江亭》。在毛泽东看来,项羽是"有名的英雄",号召人们学习他的"英雄气节",但又批评项羽"一人称霸""不爱听别人的不同意见",终于失败，所以"不可沽名学霸王"。这种评价是符合历史唯物主义的。总之，毛泽东对项羽这个人物是一分为二的，对他的仅传下来的这首诗也很喜爱，曾经手书过。（毕桂发）

刘　邦

刘邦（前256—前195），字季，沛县丰邑（今江苏丰县）人。原为秦末农民起义领袖。后来建立汉朝，史称汉高祖。公元前202—前195年在位。在位期间，继承秦制，实行中央集权制度，先后消灭韩信、彭越、英布等异姓诸侯王的叛乱；迁六国旧贵族和地方豪强到关中，以加强控制；实行重本抑末政策，发展农业生产，打击工商奴隶主；以秦律为根据，制定《汉律》九章，崇尚法治。这些措施，保护了新兴封建统治阶级的利益，为两汉王朝打下了基础。刘邦有诗歌《大风歌》《鸿鹄歌》流传。

【原文】

大风歌

大风起兮云飞扬，威加海内兮归故乡⁽¹⁾，安得猛士兮守四方⁽²⁾！

【毛泽东圈评等情况】

毛泽东在1964年与侄孙女王海容的谈话中，称赞说："这首诗写得很好，很有气魄。"并认为刘邦没有读过几天书，能写出这样的"好诗"，很不容易。1962年1月30日，在扩大的中央工作会议上，毛泽东讲到民主集中制时告诫全党不要像项羽那样一人称霸不爱听别人的不同意见，而要像汉高祖刘邦那样，因为"他比较能够采纳各种不同的意见"，还赞扬说："刘邦是在封建时代被历史家称为'豁达大度，从谏如流'的英雄人物。"

[参考]《毛泽东文集》第八卷，人民出版社1999年版，第295页。

毛泽东还手书过这首诗。

[参考]：中央文献研究室整理：《毛泽东手书选集·古诗词（上）》，
北京出版社1996年版，第22页。

（1）大风，强劲的风。《管子·七臣七主》："大水漂州流邑，大风漂屋折树。"加，凌驾。海内，四海之内，即天下。古人认为天下是一片陆地，四周大海环绕，因此把天下称海内。威加海内，威震天下，统一中国之意。

（2）安得，怎得。猛士，勇士。

【赏析】

《大风歌》是汉高祖刘邦所作。《大风歌》汉时称为《三侯之章》，唐人欧阳询等编纂《艺文类聚》时改称《大风歌》，宋郭茂倩《乐府诗集》编入《琴曲歌辞》，题作《大风起》。

公元前196年，刘邦打败了淮南王黥布的叛乱军队，在西归长安的途中，顺道回到他的故乡沛县，把昔日的朋友、尊长、晚辈都召来，共同欢饮十数日。当酒兴正浓时，刘邦一边击筑，一边歌唱了这首《大风歌》，并且还慷慨起舞，伤怀泣下。刘邦在战胜项羽后成了汉朝的开国皇帝，这当然使他志得意满，兴奋异常，但如何巩固他夺得的政权便成了他首先考虑的问题。这首《大风歌》就生动地表现了他创业思贤的心情。

"大风起兮云飞扬"，首句是比喻手法，写出了刘邦这位开国君主叱咤风云的气魄和威风。从诗意来看，这首句像在写作者自己由一个平民出身的亭长，起兵于沛县被群众拥为沛公，起兵伐秦，好像大风骤起。这使我们仿佛亲眼看到了秦末汉初风起云涌的政治局面和刘邦那种意气风发的形象。唐人李善说："风起云飞，喻群雄竞逐，天下乱也。"（《文选注》）李善认为这首诗的首句是用比喻来写的。

"威加海内兮归故乡"，第二句抒发了刘邦统一天下后充满胜利喜悦的心情，他为自己在这种威加四海的情况下荣归故里而感到无比的自豪。刘邦在这里坦率地承认：他之所以能够"威加海内"，首先要赖于"大风起兮云飞扬"的局面。但这种局面并不是刘邦造成的，他只不过是碰上了好运气。刘邦之所以能做皇帝，首先靠的是机遇，其次是他自己的才智与努力。这就是那句老话"时势造英雄"。他以当时的人对之根本无力的自然界的风云变化，来比喻把他推上皇帝宝座的客观条件，也就应了"时势造英雄"的古话。刘邦称帝后，政治上实行了重农轻商的政策，减轻赋税，在一定程度上改善了农民的生活。他希望国家能长治久安，故乡的人民世世代代不再有参与徭役的劳苦。这固然是刘邦对故乡的偏爱，也是他的爱国爱民之心的自然流露。

"安得猛士兮守四方"，第三句既是希冀，又是疑问，这里表现了一个创业者在夺取政权之后，对于进一步巩固政权的深谋远虑，也透露了他对于是否找得到捍卫四方的猛士，即自己的政权能否得到巩固的担心和不安，豪爽中略带感伤。

《大风歌》首句七言，二、三两句都是八言，字数与句法，与世传为孔子所作的《获麟歌》大致相同。这首诗气势雄伟，一气呵成，带有强烈的时代精神。

毛泽东对《大风歌》非常欣赏。一次与人谈话中，他称赞道："这首诗写得很好，很有气魄。"并称刘邦没有读过几书，却能写出如此的"好诗"，很不容易。他还手书过这首诗，说明他对这首诗的熟知和喜爱。

（东　民）

卓文君

卓文君，西汉临邛（今四川邛崃）人，卓王孙女，善鼓琴。丧夫后家居，与著名辞赋家司马相如相恋，一同逃往成都。不久，又回返临邛，自己当垆卖酒。她的故事流传民间，旧小说、戏曲曾取为题材。

【原文】

白头吟

皑如山上雪，皎若云间月⁽¹⁾。闻君有两意，故来相决绝⁽²⁾。今日斗酒会，明旦沟水头⁽³⁾。躞蹀御沟上⁽⁴⁾，沟水东西流。凄凄复凄凄，嫁娶不须啼⁽⁵⁾。愿得一心人，白头不相离。竹竿何袅袅，鱼尾何簁簁⁽⁶⁾。男儿重意气，何用钱刀为⁽⁷⁾！

【毛泽东圈评等情况】

毛泽东读清沈德潜选编《古诗源》卷二时曾圈阅此诗。

[参考] 张贻玖：《毛泽东评点、圈阅的中国古典诗词》，
中国工人出版社，1992 年版，第 221 页。

【注释】

（1）皑（ái），白的样子。皎，洁白光明。《诗经·陈风·月出》："月出皎兮。"

（2）两意，二心，指男子对爱情不专，对爱人负心。决，别。绝，断。

（3）斗，盛酒之器具。会，合。沟，御沟，指环绕宫墙的渠水。二句意思是，今日饮酒是我们最后的聚会，明日就要在沟边分手。

（4）躞蹀（xiè dié），小步踟行之状。

（5）凄凄，泪流之状。嫁娶，偏义复词，指嫁。

（6）竹竿，指钓竿。袅袅，摇曳之状，形容竹竿细长颤动的样子。簁簁（shāi），鱼尾潮湿之状，或鱼尾摆动之态。中国古代以钓鱼为男女求偶之隐语，此用以象征男女之情，即所谓鱼水之欢。也暗讽男子如无真心，无异于用钓竿诱鱼上钩，结果自然是不幸的。

（7）意气，情义。"何……为"，为何，倒装句法，表示感叹语气。钱刀，钱币。古代钱币有铸成刀形的，故名"钱刀"。

【赏析】

本诗为乐府古辞，属《相和歌辞·楚调曲》。宋郭茂倩《乐府诗集》兼载"本辞"及"晋乐所奏"。前者见《玉台新咏》，后者见《宋书·乐志》。从诗的内容看，"晋乐所奏"似经乐官配乐时增入字句，与诗的内容关系不大。此据《西京杂记》谓："相如将聘茂陵女子为妾，文君作《白头吟》以自绝，相如乃止。"但据学者考证，此诗非文君所作，应属民歌。不论作者是谁，这首诗确实是揭示封建社会中妇女悲剧的一篇佳作。

全诗十六句，每四句一解。共分四解。

第一解，写女子与负情男子决裂。"皑如"两句，以对句起兴，表白女主人公如雪似月般坚贞纯洁的爱情信念。"闻君"二句直叙其事，说明女子听说自己所钟爱的男子变心后，毅然与之决裂，展示出她自尊、倔强的性格。

第二解，写女子失恋后的沉痛心情。突如其来的情变击碎了她美好的爱情梦想。因此在以最后的饮宴表示决绝后，她痛苦迷惘，徘徊水边。眼中的流水如同往日情爱一样东流不返。这里以动作写心理，表现出女主人公在情去恩移后的痛苦悲伤。

第三解，写女子对爱情婚姻幸福的思索。她由自己的不幸联想到当时女子离家出嫁时的悲啼。在她看来，只要能嫁与一个专情的人就会得到幸福，所以不必忧伤。"愿得一心人，白头不相离"，这是女主人公由切身的痛苦而产生的爱情幸福、婚姻美满的愿望，也是封建社会中广大妇女谋求婚姻与家庭幸福的共同理想。

第四解，写女子对负心汉的斥责。"竹竿"两句是对往日情爱的回忆。"竹竿"指钓竿。"篨篨"状鱼尾濡湿。这里以钓鱼喻男女欢爱，是古诗常用的一种比喻方式。结尾两句由情意缠绵的回忆转回到无情的现实，以反问语气一针见血地指出贪图钱财是男子变心的根本原因，表现出女子对负心汉的鄙视、愤慨。

　　诗篇运用第一人称口吻，以心理刻画的手法塑造出一个爱情贞洁、个性倔强的女子形象。当爱情受挫后，她有痛苦，但并没有用眼泪来洗面，而是果断地与之决绝，并理智地对婚姻幸福进行深刻的反思；也有对往日欢情的回忆，由此则更加使她对负心汉的贪鄙有清醒而深邃的认识，敢怒敢言，从而使她身上闪烁出理性、刚强的个性光芒。此外，诗篇大量运用比兴手法，雪、月喻爱情贞洁，流水喻情断恩绝，钓鱼喻男女欢爱，贴切、形象，增强了诗歌的表现力。（马予静）

苏　武

　　苏武（？—前60），字子卿，西汉杜陵（今陕西西安东南）人。汉武帝天汉元年（前100），奉命赴匈奴被扣。匈奴奴隶主贵族多方威胁诱降，又把他迁到北海（今俄罗斯贝加尔湖）边牧羊。苏武坚持十九年毫不屈服，后因匈奴与汉和好，才被遣回朝。

　　在我国文学史上，托名西汉苏武、李陵赠答的若干首五言古诗，今存10多首，被称为"苏李诗"。其中李陵《与苏武三首》、苏武诗四首最早见于《昭明文选》"杂诗类"，列次于《古诗十九首》之后，是较完整的一组。此外散见于《古文苑》《艺文类聚》及《初学记》等书。

　　"苏李诗"与《古诗十九首》"同一风味"（王士祯《渔洋诗话》），大多为赠答留别，怀人思归，感伤人生，情调凄怨，是一些艺术相当成熟、形式较为完整的五言古诗，六朝隋唐以来广为传诵。钟嵘《诗品》评李陵诗为上品，《文选》择优选录，杜甫也说"李陵苏武是吾师"（《解闷十二首》）。但这些作品在六朝已被疑为拟作或赝品。自北宋苏轼至近代许多学者，从苏武、李陵的事迹、诗中地域、避讳以及诗的风格等不同方面论证其伪，几成定案。近代梁启超据刘勰、钟嵘的评论只提李陵而不及苏武，怀疑"李陵的几首是早已流行""拟苏武的那几首"是"魏晋间作品"（《中国之美文及其历史》）。这就是说，今存"苏李诗"中可能杂有六朝人的拟作，同时也反映出它在六朝拥有五言诗典范的地位，影响深广。

【原文】

诗四首之三

　　结发为夫妻⁽¹⁾，恩爱两不疑。欢娱在今夕⁽²⁾，嬿婉及良时⁽³⁾。征夫怀往路⁽⁴⁾，起视夜何其⁽⁵⁾。参辰皆已没⁽⁶⁾，去去从此辞⁽⁷⁾。行役在

战场⁽⁸⁾，相见未有期。握手一长叹，泪为生别滋⁽⁹⁾。努力爱春华⁽¹⁰⁾，莫忘欢乐时。生当复来归，死当长相思。

【毛泽东圈评等情况】

毛泽东1915年5月写的五古《挽易昌陶》一诗中"去去思君深，思君君不来"，语出汉代《别诗》四首（旧作苏武诗）其三："参辰皆已没，去去从此辞。"

[参考]：《毛泽东诗词集》，中央文献出版社1996年版，第155页。

【注释】

（1）结发，成婚。古礼，成婚之夕，男左女右共髻束发，故称。

（2）欢娱，欢乐。今夕，今晚，当晚。《诗经·唐风·绸缪》："今夕何夕，见此良人。"

（3）嬿婉，欢好，和美。《文选》六臣本吕向注："嬿婉，欢好貌。"语出《诗经·邶风·新台》"嬿惋之求"。嬿，《方言》："视也。齐东曰……凡以目相戏曰嬿。"婉，东汉许慎《说文》："婉，顺也。"

（4）征夫，远行的人。《诗经·小雅·皇皇者华》："骎骎征夫，每怀靡及。"毛："征夫，行人也。"往路，前去的道路。

（5）夜何其（jī），夜何时。其，助词。语本《诗经·小雅·庭燎》："夜如何其？夜未央。"

（6）参（shēn）辰，参星和辰星，分别在东方和西方，出没各不相见。此泛指星辰。

（7）去去，越走越远。辞，告别，辞别。

（8）行役，旧指因服兵役、劳役或公务而外出跋涉。语出《诗经·魏风·陟岵》："嗟！予子行役，夙夜无已。"

（9）生别，生生别离。滋，润泽，浸染。

（10）春华，春天的华，比喻青春年华，少壮之时。

【赏析】

这首诗最早见于《文选》，题作《诗四首》。南朝陈徐陵的《玉台新咏》收此诗，题作《留别妻》，旧传为苏武初出使时留别妻子之作。清王士祯《古诗笺》："此出使时别其妻诗。"据诗意，诗中的主人公显然是一个即将应征出战的青年男子，作品表现的是汉末常见的征夫别妻的主题。

全诗可分为三层。诗的前四句是第一层，写一对青年男女沉浸在新婚的欢愉之中。"结发为夫妻，恩爱两不疑。"起首二句说两人结婚之后，你恩我爱，感情弥笃。"结发"是一种古礼，是指男子二十束发加冠，女子十五束发插笄。此处是结婚之意。"欢愉在今夕，嫌婉及良时。"三、四句是说，由于出征，夫妻间美满幸福的新婚生活不能久长，欢娱只在今夜了。"嫌婉"，欢好的样子。这里用来形容夫妻的爱情生活非常融洽，亲密无间。此为第一层，总写夫妻平日恩爱。

"征夫"以下八句为第二层，写夫妻分离情景。"征夫怀往路，起视夜何其。"五、六两句，笔锋陡转，点出主人公的"征夫"身份，天一亮他就要踏上征程，时不时地起身探望窗外的天色，那漫无期限的离别将要取代宴尔新婚的欢愉。所以当他看到参星辰星都在天边隐去，意味着这对恩爱夫妻的诀别就降临了，心中顿时涌起一股难以言状的酸楚。"去去"两字相叠，生动地表现了主人公道别时那种痛苦不堪、语噎词塞的情态。人世间的一般别离，已使人黯然销魂，何况是新婚夫妇相见无期的生离死别，怎不叫这对恩爱夫妻五内俱裂，泪如泉涌？"握手一长别，泪为生别滋"，怎不撼人心扉呢！第二层写夫妻的情景，是该诗重点所在，费笔墨较多；写法上，采用顺叙法，按时间顺序来写，从当夜写到天明，从"起视"写到"从此辞"，反复渲染，又层次井然。

末四句为第二层，写临别时丈夫对妻子的叮咛。"努力爱春华，莫忘欢乐时。"二句是对妻子的良好祝愿：要珍惜自己的青春年华，同时又要牢记夫妻间的恩爱与欢乐，是对妻子的关心和体贴。"生当复来归，死当长相思。"结末二句是丈夫对妻子的保证和誓言：若能侥幸生还，一定回来与你团聚；如果战死沙场，一定在九泉之下，长相思念。这个誓言，表现了丈夫对爱情的忠贞不渝，展示了征夫朴实、美好的内心世界，给全诗增添了一种悲剧气氛。

我国文学史上有许多写离情别绪的佳作，此诗因其产生较早，对后代有广泛影响。唐代大诗人杜甫曾说："李陵苏武是吾师。"他的脍炙人口的《新婚别》，从选材、立意、风格上，当与此不无关系。

毛泽东1915年5月写的《挽易昌陶》一诗中"去去思君深，思君君不来"二句，就是由此诗中"参辰皆已没，去去从此辞"化出，可见他对这首诗十分喜爱。（毕桂发）

李延年

李延年，西汉中山（今河北定州市）人，曾坐法腐刑，给事狗监中。善歌，为变新声。所造声，谓之新声曲。女弟李夫人幸于汉武帝，延年因此贵为协律都尉。后因其弟与中人乱，及李夫人卒，于汉武帝征和三年（前90）被诛族。

【原文】

歌一首

北方有佳人，绝世而独立[(1)]。一顾倾人城，再顾倾人国[(2)]。宁不知倾城与倾国？佳人难再得！

【毛泽东圈评等情况】

……玫瑰花儿可爱，刺多扎手；佳人却可倾国；祸兮福所倚，福兮祸所伏；都是互相渗透、互相转变的对立。一切对立都是这样的。

[参考]：《毛泽东哲学批注集·读〈辩证唯物论教程〉（中译本第三版）一书的批注》，中央文献出版社1998年版，第78页。

【注释】

（1）佳人，美女。绝世，冠绝当世。

（2）顾，回首，回视。《诗经·桧风·匪风》："顾瞻周道，中心怛兮。"毛苌传："回首曰顾。"《论语·乡党》："车中不内顾，不疾言，不亲指。"邢昺疏："顾谓回视也。"倾城，《诗经·大雅·瞻卬》："哲夫成城，哲妇倾城。"汉郑玄笺："城，犹国也。"唐孔颖达疏："若为智多谋虑之妇人，则倾败人之城国。"后以"倾城"为女主擅权、倾覆邦国的典故。倾国，倾覆邦国。后因以"倾城倾国"形容女子极其美丽。

（3）宁，岂。

【赏析】

这首佳人歌出自《汉书·外戚传》：孝武李夫人，本以倡进。初，夫人兄延年性知音，善歌舞，武帝爱之。每为新声变曲，闻者莫不感动。延年侍上，起舞歌曰："北方有佳人，绝世而独立。一顾倾人城，再顾倾人国。宁不知倾城与倾国？佳人难再得！"上叹息曰："善！世岂有此人乎？"平阳主因言延年有女弟，上乃召见之，实妙丽善舞。由是得幸。

一首短歌，居然能使雄才大略的汉武帝闻之而动心，立时生出一见伊人之情，既见之后，便得宠幸，延年也得为协律都尉（掌校正乐律）。这不可谓不是一个奇迹！奇迹又是怎么产生的呢？这首歌的魅力何在呢？

这是一首歌颂美女之诗。一、二两句总写其美貌不凡，谓北方有一美女冠绝当世。此歌以"北方"二字领起，开笔就歌唱"佳人"，可谓开门见山。北方佳人何止万千，而此歌所属意的，则是万千佳人中"绝世而独立"的一位而已。"绝世"夸其姿容出众之美，简直并世无双；"独立"状其幽处娴雅之态，更显得超俗出众。不仅如此，"绝世而独立"更隐隐透出这位佳人超尘拔俗、顾影自怜的绰约风姿。这就是平中见奇，仅开篇二句，就使汉武帝生出心向神往之情了。

三、四两句则形容其美貌之动人。当这位佳人秋波顾盼时，人们无不为之心动倾倒。"一顾""再顾"是递进关系，起反复强调的作用。这两句诗一出，"倾国倾城"后来便成为美女的代称。这也是李延年吸取《诗经》《楚辞》的语言和描写手法发展而成的诗句。《诗经·大雅·瞻卬》曰："哲夫成城，哲妇倾城。"这是讽刺周幽王宠幸褒姒而导致乱国的诗句，谓有才干的男子能够立国，而貌美的女子却只能倾覆国家。宋玉《登徒子好色赋》曰："东家之子……眉如翠羽，肌如白雪，腰若束素，齿如含贝，嫣然一笑，惑阳城，迷下蔡。"《诗经》中所说的"倾城"之"倾"指"倾覆"，有女色祸国的意思，含有贬意，而宋玉赋中的"惑阳城，迷下蔡"则不同。《文选》李善注云："阳城，下蔡，二县名，楚之贵介公子所封，故取以喻焉。"指出是用衬托手法形容东家之子的美貌足以倾倒两城之贵族公子，含有褒意。李延年用其意来形容佳人的美貌，不用《诗经》中倾覆国家的意思，而用令人倾倒之意，是把具有贬意的诗句化为含有褒意的诗句。这两句诗表现佳人的顾盼之美，竟然发为令人生畏的"倾城""倾国"之语，真是匪夷所思。从艺术表现上，这种巨大的艺术魅力，得益于化对象为效果的手法的成功运用。德国美学家莱辛在《拉奥孔》中说：

> 荷马显然有意避免对物体美做细节的描绘，从他的诗里几乎没有一次听到说海伦胳膊白，头发美——但是荷马却知道怎样让人体会到海伦的美，在这方面他远远越过艺术所能做到的。我们试回忆一下荷马写海伦走进特洛亚国元老们的会议场的那一段诗，这些尊贵的老人看看了海伦就彼此私议道：没有人会责备特洛亚和希腊的人民，说他们为这个女人进行了长久的痛苦的战争，看起来她真像一位不朽的天神！

莱辛认为，荷马虽然没有具体描写海伦的胳膊、头发等外貌之美，但他写出了海伦之美征服了元老院那些"冷心肠的老年人"，使他们承认为海伦进行"花了许多血和泪的战争是值得的"。这种方法就是化对象为效果，也就是从美的效果来写美。莱辛说："诗人啊，替我把美所引起的热爱和欢欣描绘出来，那你就已经把美本身描绘出来了。"此诗中写佳人的"倾城""倾国"之貌，正是用的化对象为效果的写法，让读者从效果中想象出原因，也就完成了艺术描写的任务。

五、六两句语含暗示，耐人寻味。意谓：武帝啊，你难道不知道倾国倾城的绝代佳人举世无匹，失去机会就再难得到了！愈是强调佳人之难得，就愈能促人赶快去获取。作者的用意，是以深切的惋惜之词，牵动武帝那获取绝代佳人的失落之感，从而迅速做出抉择。这样收束，可谓一唱三叹，余音袅袅，令人闻之怅然不已。

这首诗的影响极为深远，诗中的语言常为后人所引用，如杜甫《佳人》中有"绝代有佳人，幽居在空谷"，白居易《长恨歌》中"汉皇重色思倾国"，等等，由此可见一斑。

毛泽东在读1935年6月笔耕堂出版的西洛可夫、爱森堡等合著的《辩证唯物论教程》（中译本第三版）一书的批注中，举例说："良药苦口，同时却利于病；忠言逆耳，同时却利于行；羊肉好吃，无奈烫的（得）慌；玫瑰花儿可爱，刺多扎手；佳人却可倾国；祸兮福所倚，福兮祸所伏，等等每一个事物的两个对立方面，都是互相渗透、互相转变"的，强调"一切对立都是这样的"。他用"佳人却可倾国"，是指旧谓绝美的女子可以误国、亡国。（毕桂发）

蔡 邕

蔡邕（132—192），字伯喈，陈留圉（今河南杞县西南圉镇）人，东汉文学家、书法家。博学多识，擅长辞章，并精通音律。桓帝时，宦官专权，听说他善于鼓琴，于是奏请天子令陈留太守督促他入京。蔡邕行至偃师，称疾而归。灵帝时诏拜郎中，校书东观，迁议郎。后因弹劾宦官，流放朔方。遇赦后，流亡于江浙一带达十二年之久。献帝时董卓强迫他出仕，董卓被诛，他亦被捕死于狱中。蔡邕曾著诗、赋、碑、诔、铭共104篇。原有集，已散佚。明张溥辑有《蔡中郎集》，收入《汉魏六朝百三名家集》。

【原文】

饮马长城窟行

青青河畔草⁽¹⁾，绵绵思远道⁽²⁾。远道不可思，宿昔梦见之⁽³⁾。梦见在我旁，忽觉在他乡⁽⁴⁾。他乡各异县，展转不可见⁽⁵⁾。枯桑知天风，海水知天寒⁽⁶⁾。入门各自媚⁽⁷⁾，谁肯相为言⁽⁸⁾！客从远方来，遗我双鲤鱼⁽⁹⁾。呼儿烹鲤鱼⁽¹⁰⁾，中有尺素书⁽¹¹⁾。长跪读素书⁽¹²⁾，书中竟何如？上有加餐食，下有长相忆⁽¹³⁾。

【毛泽东圈评等情况】

毛泽东读清沈德潜选编《古诗源》卷三时曾圈阅此诗。

[参考] 张贻玖：《毛泽东评点、圈阅的中国古典诗词》，
中国工人出版社，1992年版，第221页。

【注释】

（1）畔，一作"边"。

（2）绵绵，绵延不断，语义双关，既指春草绵延不绝，又指相思之情缠绵不断。远道，远方。

（3）不可思，无可奈何之语，意即此种相思徒然无益。宿昔，同"夙夕"。夙，早。夙夕有二解：一、即早晚，不分早晚，无时无刻之意；二、同"夙夜"，指日未出、夜未尽之时，即昨夜。之，指所思之人。

（4）觉（jiào），睡醒。《诗经·王风·兔爰》："尚寐无觉。"

（5）展转，又作"辗转"，翻来覆去，不能安眠。

（6）枯桑，落了叶的桑树。二句用桑、海为喻，写自己的相思之情，是民歌中常用的比兴手法。

（7）入门，回家。主语是从远方归来的其他人。媚，爱，悦。各自媚，各自爱自己的家人。

（8）言，慰问。

（9）遗（wèi），赠给。双鲤鱼，鱼形藏书之函。其物以两鱼形木板制造，一底一盖，分之则为二鱼，故称双鲤鱼。此以鱼代书。

（10）烹，煮。烹鲤鱼，指打开信函。

（11）尺素书，用一尺长的生绢写的信或文章。素，生绢。古人用绢写信。书，书信。

（12）长跪，伸直腰跪着。古人席地而坐，坐时两膝着地，臀部压在脚后跟上。跪时伸直了腰，就显得长些，故称"长跪"。

（13）上、下，指信的前部和后部。书信只说加餐与怀念而无归期，读后失望之情，可想而知。

【赏析】

《饮马长城窟行》是《相和歌辞·瑟调曲》之一。此诗最早见于南朝梁萧统编的《文选》，无作者，李善注云："此辞不知作者姓名。"南朝梁陈间徐陵编《玉台新咏》题为蔡邕作，不可信。《乐府诗集》卷三十八云："一曰《饮马行》。长城，秦筑以备胡者，其下有泉窟，可以饮马。古辞云：'青青河畔草，绵绵思远道。'言征戍之客，至于长城而饮其马，妇人思念其勤劳而作是曲也。"按：《水经注·河水》中，确有关于长城边土窟的记载，但从《水经注》文字看，与陈琳之作相近，而与此诗不甚相干。疑此诗是东汉时无名氏古诗，乐官配以《饮马长城窟行》曲调歌唱，其本意与长城无关，只是征夫思妇之辞。

诗篇从起首至"谁肯相为言"为第一层，写对远方亲人的思念。开头即以"青草"起兴，草色青青，望去没有尽头，引发出少妇对亲人的无尽思念。"远道不可思"六句，描写梦中情景。其刻骨相思之情未因现实的阻隔而断绝，积思成梦，使思归在梦中变为现实，让心境得到慰藉。而恍如相见的梦境中，双方还是悬隔千里，使得少妇心头平添一份无可奈何的失落感。"枯桑"二句看似来得突兀，实是运用拟人手法，借时令的迁逝抒发盼归不得之忧思。毫无感知的枯桑、寒水，似乎有人的灵知而感受到风劲天寒，如同相思之人那样体味无时不有的相思忧苦。在此基础上直意抒发少妇"谁肯相与言"的寂寞凄苦之情。

自"客从远方来"到结尾为第二层，写少妇得到书信的喜悦。"双鲤鱼"是一种信函形式，由两块鱼形木板相合而成。"呼儿烹鲤鱼"是让人打开信。这几句用"来""遗""呼儿烹""长跪读"一连串紧凑的动作，表现少妇欢喜激动的心情，是全诗感情基调的一个大转折。结尾用设问自答的方式复述来信内容，信中"加餐食""长相忆"所透露出的体贴思念之情使得少妇往日备受煎熬的心灵得到安慰与补偿，表现出夫妻和乐的欢愉。

诗篇上半部分言离愁之苦，下半部分叙同心之乐，层次清晰，而脉络舒展。前面两句一韵，一路换韵。"枯桑"二句，忽用排偶承接，节奏忽急忽缓，感情波澜起伏，把少妇深刻而复杂的情思淋漓尽致地抒发出来。另外，诗中比兴、拟人手法的运用，以及"远道""梦见"等顶真格的使用，皆使此诗流利上口、贴切逼真，读来意味深长。（马予静）

宋子侯

宋子侯，东汉人。生平事迹未详。

【原文】

董娇娆

洛阳城东路[1]，桃李生路傍。花花自相对，叶叶自相当[2]。春风东北起，花叶正低昂。不知谁家子[3]，提笼行采桑[4]。纤手折其枝[5]，花落何飘飏[6]。请谢彼姝子[7]："何为见损伤[8]？""高秋八九月，白露变为霜。终年会飘堕，安得久馨香[9]？""秋时自零落，春月复芬芳。何时盛年去，欢爱永相忘[10]！"吾欲竟此曲，此曲愁人肠。归来酌美酒，挟瑟上高堂[11]。

【毛泽东圈评等情况】

毛泽东读清沈德潜选编《古诗源》卷三时曾圈阅此诗。

[参考] 张贻玖：《毛泽东评点、圈阅的中国古典诗词》，
中国工人出版社，1992 年版，第 221 页。

【注释】

（1）洛阳，在今河南洛阳，东汉首都，当时全国最繁华的城市。

（2）对、当，对称，相映衬。

（8）子，指年轻的女郎，古代女子亦称"子"。

（4）笼，篮子。行，往。

（5）纤手，细长纤柔的手。

（6）飘飏，四散飞坠。

（7）请谢，请问，有致歉之意。彼姝子，那个年轻的女子。

（8）见，被，受到。此句是花向折花女发问。

（9）"高秋"四句，女子答辞。高秋，秋季天高气爽，故称"高秋"。终年，年终。会，即将，可能。馨香，芳香。

（10）"秋时"四句，花对女子说的话。何时，不知何时。《艺文类聚》卷八十八作"何如"。盛年，少壮之年。欢爱，指喜爱女子的人。

（11）"吾欲"末四句，歌者口吻。竟，终。瑟，乐器名，琴类。

【赏析】

此诗最早见于南朝梁陈间徐陵编的《玉台新咏》，收入《乐府诗集·杂曲歌辞》。董娇娆，女子名，疑是当时著名歌伎。在后来的唐诗中多作美女典故用，并且都是歌伎一类。本诗以"董娇娆"为题而不咏其事，盖由东汉文人宋子侯学习民歌，用乐府旧题而创作的诗篇。

全诗以桃李比方女子红颜，并从花与人的不同对比，揭示出封建社会中女子一旦红颜老去，便欢爱永绝的悲剧命运。

诗歌前六句是春日花开的景色描写。在和暖春风的吹拂下，洛阳城东的桃李花盛叶茂，低昂摆动，如同少女的青春光华。景物描写既是托物起兴，又是人物活动的环境描写。接着人物出现，一个采桑女子随意折枝损花，引出下面对话。作者以拟人化手法写出花与人的争辩。"姝"，年轻女子。"何为见损伤"是花对蚕姑的责问。"高秋"四句是蚕姑的辩解，意为花时虽盛，终须零落，何惜此时的损伤。"秋时"四句是花对蚕姑的责难：花在秋日凋零，但春天又会盛开。而女子年老色衰，便被人抛弃，恩绝爱弛。花开花落通常比喻女子年华盛衰有时，而这里作者的联想出人意表，着眼于人与花的差异。花能复开，而女子却盛颜难驻，人的命运还不如花，牵动了诗人红颜薄命、人生易逝的愁肠，只有借美酒、琴瑟消忧解愁，表现出作者对女子悲剧命运的深切同情。

此诗在艺术上别有独到之处。它对女子命运的感叹不是通过叙事或直接抒发情感来表达的，而是运用拟人化手法，拟物为人，赋予花以人的灵性，在花与蚕姑的对话中，蚕姑为陪衬，花为主角，富有灵知的花仙子对红颜薄命的认识，代表了作者人生短暂的感悟，借物传神，含蓄蕴藉。同时，人与花有声有色的对话，一方面避免了叙事的单调平淡，另一方面使得诗意步步推进，一波三折，层见迭出，显得"婀娜其姿，无穷摇曳"。（沈德潜《古诗源》）（马予静）

苏伯玉妻

苏伯玉妻，失名，一说为东汉人，一说为西晋人，生平事迹未详。

【原文】

盘中诗

  山树高，鸟鸣悲；泉水深，鲤鱼肥；空仓雀，常苦饥；吏人妇[1]，会夫稀。出门望，见白衣[2]，谓当是[3]，而更非。还入门，中心悲[4]。北上堂[5]，西入阶[6]，急机绞[7]，杼声催[8]。长叹息，当语谁[9]。君有行[10]，妾念之。出有日，还无期。结巾带[11]，长相思。君忘妾，天知之[12]；妾忘君，罪当治。妾有行[13]，宜知之。黄者金，白者玉，高者山，下者谷。姓者苏，字伯玉，人才多，智谋足[14]，家居长安身在蜀[15]，何惜马蹄归不数[16]。羊肉千斤酒百斛[17]，令君马肥麦与粟[18]。今时人，知四足[19]。与其书，不能读，当从中央周四角[20]。

【毛泽东圈评等情况】

  毛泽东在好几本《古诗源》中对这首诗多次圈点。在一本《古诗源》中，毛泽东在作者"苏伯玉妻"旁，用红、蓝两色铅笔画着重线，天头上画了一个大圈；全诗都用蓝铅笔画了曲线。"妾忘君"等四句旁，除蓝铅笔画的曲线外，又用红铅笔加了直线。诗末的编者注释："使伯玉感悔，全在柔婉，不在怨怒，此深于情"旁，也用红铅笔画了着重线。在中南海毛泽东故居卧室里的一本《古诗源》中，毛泽东对全诗加了圈点；诗末的编者注释除圈点外，对"使伯玉感悔"等四句处也画着曲线；在"用心忠厚，千古绝调"处画着曲线，句末连画三个圆圈。天头上批曰："熟读"，并推荐给别人看。

［参考］张贻玖：《毛泽东评点、圈阅的中国古典诗词》，
中国工人出版社，1992年版，第33—34页。

【注释】

（1）吏人妇，官吏的妻子。

（2）白衣，古代给官府当差的人。《汉书·龚胜传》："闻之白衣，
戒君勿言也。"

（3）谓当是，以为是自己的丈夫。谓，以为。

（4）中心，心中。《诗经·王风·黍离》："行迈靡靡，中心摇摇。"

（5）北上堂，指进到北面内堂向婆母禀告。堂，内堂。

（6）西入阶，回到自己住的西厢房。阶，台阶。

（7）急机绞，指加速织布。绞，扭转，挤压。指用机杼织布。

（8）杼（zhù），旧式织布机的理经线的器具。

（9）语，告诉，用作动词。

（10）君有行，指丈夫出公差。行，征行。

（11）结巾带，编织手巾和佩带。

（12）妾，旧时妇女自称的谦词。天，一作"未"。

（13）妾有行，妾的行为应是合适的，即不越礼法的。

（14）智，一作"知"，通假字。

（15）"家居"句，指苏伯玉离家役使四川。长安，今陕西西安。蜀，
今四川为古蜀地。

（16）不数，不可计算。

（17）斛（hú），量器名，也是容器单位。古代以十斗为一斛。

（18）粟（sù），谷子，去壳叫小米。

（19）知四足，一作"智不足"。四足，旧指神知、鬼知、你知、我
知，语出《后汉书·杨震传》："震曰：天知地知我知子知，何谓无知？"

（20）"当从"句，是讲此诗读法。因其写于方盘之中，应从盘的中
心读起，螺旋回环，及于四角。

【赏析】

此诗旧题"苏伯玉妻作"。作品时代未详，一说汉代，一说晋傅玄作。诗中叙述伯玉使蜀，其妻于长安作诗以寄，诉相思之情。旧说写于盘中，故称盘中诗。

起首八句，以自然界事物起兴，说明夫妇会面不易。开头接连叙述三个自然界物象，高树鸟鸣声悲，深泉鲤鱼自肥，空仓之雀时常饥饿，由此逼出一句人世间的苦况，便是官吏之妻与丈夫相会时少，分离更多。"吏人妇"的身份是造成"会夫稀"的直接原因，丈夫因公务远役，妻子则时常承受离别的悲苦。这与唐诗"悔教夫婿觅封侯"中的少妇自怨自艾的感受是相近的。而"会夫稀"又引发下面悲思情感的抒发。"出门望"二十四句用出门望、还入门、上堂入阶、织布结带等连续的动作描写，曲折而详尽地传达出闺妇念远的焦虑忧烦、悲伤空虚的心境。她出门望见白衣之人，误以为丈夫返家；回屋织布，札札机杼声似乎是她呼唤亲人回来的迫切心声；丈夫归期难待，只有编结巾带以寄相思之情，同时又有一丝猜疑和忧惧，担心丈夫用情不专，把思妇那种深于情、专于情、细腻复杂的心理表现得十足。"黄者金"等十一句介绍丈夫与想象丈夫回家后对她的承待。先以"黄者金"四句起兴，引出下面人物介绍，少妇带着自豪的口吻夸耀自己丈夫的人才。接着用夸张的手法叙写一旦亲人转回，要以千斤肉、百斛酒来款待他，还要精心喂养那匹载着丈夫归家的马儿，表现出闺妇对丈夫的深情厚意。结尾五句盖为自叙此诗的读法，当是写于方形盘中，诗在盘中螺旋回转，由中心及于四角。

该诗这种盘中体是我国诗歌史上绝无仅有的一篇，它以三字句为主，夹杂部分七字句，杂乱成文，把思妇那种忧思愁肠，委曲婉转、详尽周切地表现出来，被称为"千秋绝调"。毛泽东很喜欢这首诗，在好几本《古诗源》中对这首诗进行多次圈画，在其中一本天头上批注："熟读。"（毕桂发）

蔡　琰

蔡琰，字文姬，陈留圉（今河南杞县西南圉镇）人，汉末女诗人。蔡邕之女，博学有才辩，通音律。初嫁卫仲道，夫死归家。汉末大乱，为董卓部将所掳，归南匈奴左贤王，居匈奴十二年，生二子。后由曹操赎回，再嫁同郡董祀。有《悲愤诗》五言及骚体各一首，琴曲歌辞《胡笳十八拍》相传也是她作。《后汉书》卷八四《列女传》有董氏妻传。

【原文】

悲愤诗

汉季失权柄[1]，董卓乱天常[2]。志欲图篡弑[3]，先害诸贤良[4]。逼迫迁旧邦，拥王以自强[5]。海内兴义师[6]，欲共讨不祥[7]。卓众来东下[8]，金甲耀日光。平土人脆弱[9]，来兵皆胡羌[10]。猎野围城邑，所向悉破亡。斩截无孑遗[11]，尸骸相撑拒[12]。马边悬男头，马后载妇女。长驱西入关[13]，迥路险且阻[14]。还顾邈冥冥[15]，肝脾为烂腐。所略有万计[16]，不得令屯聚[17]。或有骨肉俱[18]，欲言不敢语。失意几微间[19]，辄言"毙降虏[20]，要当以亭刃[21]，我曹不活汝[22]"！岂敢惜性命，不堪其詈骂[23]。或便加棰杖[24]，毒痛参并下[25]。旦则号泣行，夜则悲吟坐[26]。欲死不能得，欲生无一可。彼苍者何辜[27]，乃遭此厄祸[28]！

边荒与华异[29]，人俗少义理[30]。处所多霜雪，胡风春夏起。翩翩吹我衣[31]，肃肃入我耳[32]。感时念父母，哀叹无穷已。有客从外来，闻之常欢喜。迎问其消息，辄复非乡里。邂逅徼时愿，骨肉来迎己[33]。己得自解免[34]，当复弃儿子。天属缀人心[35]，念别无会期。存亡永乖隔[36]，不忍与之辞。儿前抱我颈，问母"欲何之[37]？人言母当去，岂复有还时！阿母常仁恻⁽³⁸⁾，今何更不慈？我尚未成人，奈何不顾思"！见此崩五内⁽³⁹⁾，恍惚生狂痴⁽⁴⁰⁾。号呼手抚摩，当发复回疑⁽⁴¹⁾。兼有同时辈，相送告别离。⁽⁴²⁾慕我独得归，哀叫声摧裂。马为立踟蹰⁽⁴³⁾，车为不转辙⁽⁴⁴⁾。观者皆歔欷⁽⁴⁵⁾，行路亦呜咽⁽⁴⁶⁾。

去去割情恋，遄征日遐迈⁽⁴⁷⁾。悠悠三千里，何时复交会？念我出腹子，胸臆为摧败⁽⁴⁸⁾。既至家人尽，又复无中外⁽⁴⁹⁾。城郭为山林，庭宇生荆艾。白骨不知谁，纵横莫覆盖。出门无人声，豺狼嗥且吠。茕茕对孤景⁽⁵⁰⁾，怛咤糜肝肺⁽⁵¹⁾。登高远眺望，魂神忽飞逝。奄若寿命尽⁽⁵²⁾，旁人相宽大⁽⁵³⁾。为复强视息⁽⁵⁴⁾，虽生何聊赖⁽⁵⁵⁾。托命于新人⁽⁵⁶⁾，竭心自勖励⁽⁵⁷⁾。流离成鄙贱⁽⁵⁸⁾，常恐复捐废⁽⁵⁹⁾。人生几何时，怀忧终年岁。

【毛泽东圈评等情况】

在一本《古诗源》中，毛泽东在这首诗的标题前画着大圈套小圈，标题后连画三个小圈。对这首诗的"竭心自勖励"等末五句，每句都画着圈，句旁加着密圈；天头上也画着一个大圈套小圈的标记，推荐给别人阅读。对诗末的编者评语："……激昂酸楚，读去如惊蓬坐振，沙砾自飞，在东汉人中，力量最大。……由情真，亦由情深也"每句旁，毛泽东都画有曲线，似有同感。对另一本《古诗源》中这首诗，毛泽东也有圈点。

[参考]张贻玖：《毛泽东评点、圈阅的中国古典诗词》，中国工人出版社1992年版，第56页。

【注释】

（1）汉季，汉末。失权柄，皇帝失去统治权力，朝政被宦官和外戚把持。

（2）天常，天之常道。乱天常，悖天理。

（3）篡弑，指杀君篡位。董卓于公元189年以并州牧应袁绍召入京，废汉少帝（刘辩）为弘农王，次年杀之。

（4）诸贤良，指被董卓杀害的丁原、周珌、任琼等。

（5）旧邦，指长安。公元190年董卓焚烧洛阳，强迫君臣百官西迁长安。长安是西汉都城，故说"迁旧邦"。拥王，一本作"拥主"。

（6）兴义师，指起兵讨伐董卓。初平元年（190）关东州郡皆起兵讨卓，推袁绍为盟主。

（7）不祥，不祥之人，指董卓。祥，善。

（8）卓众，董卓的部众。初平三年（192），董卓派其部将李傕、郭汜等将步兵数万，大掠陈留、颍川等县，杀掳男女甚多。蔡琰约于此时为李傕部所掳。

（9）平土，平原，指陈留、颍川一带平原地区。

（10）胡羌，指董卓军中的胡羌。胡，古代汉族对北方少数民族的通称。羌，东汉时居住在甘肃东部一带的少数民族。董卓、李傕军中多胡羌，分见《后汉书·董卓传》《后汉书·献帝纪》。

（11）截，斩断。无孑（jié）遗，一个不剩。孑，独。遗，留。

（12）骸，骨。撑拒，互相支撑，形容尸多。

（13）关，指函谷关，古代陕西、河南交界处的重要隘口，在今河南灵宝市东北。李傕、郭汜军，本从关内东出，掠后又入关。

（14）迥（jiǒng）路，远路。阻，艰难。

（15）邈，远。冥冥，迷迷茫茫。

（16）略，同"掠"，掠夺。

（17）屯聚，聚集。

（18）骨肉，指父母兄弟等至亲。俱，同在一起。

（19）几微，细微。一作"机微"。

（20）辄言，就说。毙降虏，骂詈之辞，就是说死囚。

（21）要，会，正。亭，古通"停"。停刃，开刀。

（22）我曹，我辈，士兵自称。不活汝，不让你们活。

（23）堪，忍受。詈（lì），骂。

（24）棰，以杖击。

（25）毒，恨。参，兼。这句说毒恨与痛苦交并。

（26）吟，呻吟。

（27）彼苍者，指天。《诗经·秦风·黄鸟》："彼苍者天，歼我良人。"辜,罪。

（28）戹（è），灾难。

（29）边荒,边远之地,指南匈奴,其地在河东平阳（今山西临汾附近）。《后汉书》本传载,兴平二年（195）十一月,李傕、郭汜军为南匈奴左贤王军所破,蔡琰或此次转入左贤王军。

（30）少义理,指风俗野蛮。

（31）翩翩,飘动之状。

（32）肃肃,风声。

（33）邂逅（xiè hòu）,不期而遇。徼,侥幸。骨肉,本喻至亲,此指曹操派去的使者。曹操遣使假托亲属名义赎回蔡琰。

（34）己,一本作"已"。

（35）天属,天然的亲属,如父母、子女、兄弟、姐妹。缀,联系。

（36）乖隔,分隔。乖,背。

（37）何之,到哪里去。之,往。

（38）仁恻,仁慈。恻,恳切。

（39）五内,五脏。

（40）恍惚,神志迷糊不清。生狂痴,发狂。

（41）复回疑,又犹豫不决。

（42）同时辈,指一同被掳的人。别离,一本作"离别"。

（43）踟蹰（chí chú）,徘徊不前。

（44）辙,车迹。此指车轮。

（45）歔欷（xū xī）,悲泣抽噎。

（46）行路,指过路的人。呜咽,低声哭泣。

（47）遄（chuán）征,疾行。日遐迈,一天天走远了。

（48）胸臆,心胸,胸怀。败,坏。

（49）中外,中表。中,指舅父子女,为内兄弟;外,指姑母子女,为外兄弟。

（50）茕茕（qióng）,孤独之状。景,同"影"。

（51）怛咤（dá zhà）,因悲痛而惊呼。糜,烂。

（52）奄若，忽然好像。

（53）相宽大，劝其宽心。

（54）强（qiǎng），勉强。息，呼吸。强视息，勉强活下去。

（55）聊赖，依靠。

（56）新人，指蔡琰重嫁的丈夫董祀。

（57）勖（xù），勉励。

（58）流离，失其居所，流浪他方，指被掳入南匈奴。鄙，耻。

（59）捐废，弃置不顾。

【赏析】

汉末女诗人蔡琰的《悲愤诗》有两首，一为五言体，一为骚体。这首五言体尤著名，全诗一百零八句，是蔡琰自叙身世的叙事长诗，《后汉书·董祀妻传》谓此诗乃蔡琰归董祀后，"感伤乱离，追怀悲愤"而作。可知道这首诗写作年代较晚，是一首痛定思痛的作品。它真实地再现了汉末战乱中人民遭受苦难的历史，特别是描写了广大妇女在动乱年代的深切苦难，现实性极强。

第一段，描写汉末动乱和自己被掳的经过。诗篇开头从广阔的社会动乱背景写起，把自己的厄运与广大人民的不幸紧紧地联系在一起，展示出一个时代大悲剧。汉末宦官与外戚交相专权，大军阀董卓率部入京，篡权制乱。各地诸侯兴兵讨董，反被董卓率西凉胡兵击败，胡兵猖獗残忍，滥杀无辜。"马边悬男头，马后载妇女"，形象地揭露胡兵屠杀男子、掳掠妇女的暴行。女诗人也与广大妇女一起被掳往胡地。接下去描写妇女在被掳途中受到非人的虐待，动乱年代中的妇女命运更加悲惨，亲人被害，自身被掳，流落他乡，饱受詈骂毒打，身心痛苦交杂一起，只有抢地呼天，却无力反抗。

第二段，写胡地生活与归国别子的苦况。"边荒与华异"十二句，通过景物描写表现诗人在胡地的孤苦与思乡之情。异域环境，气候的恶劣与"少义理"的人情都使女诗人难以适应，她带着沉重的心理负荷在胡地苦度岁月，因此更加思念故乡亲人。"邂逅徼时愿"以下写归国之喜与弃子之悲。在"己得自解免，当复弃儿子"这种悲喜交加的矛盾心情下，诗人细腻真实地描写出别子之苦。如狂如痴的难以割舍、亲生骨肉的依慕相偎，绞碎了身为母亲的心。这种归汉与弃子痛苦的选择对于诗人来说确实难以承受。至此，诗人的情感达到高潮。接下来的难友送别，更衬托母子之别的悲苦，也写出广大妇女不得归乡的悲剧命运。

第三段，写归汉途中与还乡后的情形。在遥迈的征程中，永无休歇的恋子悲痛充溢女诗人的愁肠，归乡后家破人亡的悲惨情景更增添了她的痛苦。"白骨不知谁，纵横莫覆盖"的社会惨景与诗人"茕茕对孤景"的苦难结合在一起，深刻揭露了社会的黑暗动乱，感情沉郁悲凉。"托命与新人"六句更包含无限的隐痛，过去的经历使她担心因流离成鄙贱而遭遗弃，充分反映出妇女地位的可怜。

这是中国诗歌史上第一首长篇文人叙事诗。诗篇以女诗人的苦难经历为线索，细腻地描写出被掳的惊惧，异域的乡思，别子的悲伤和归乡后的孤独，段落分明而不露层次转换痕迹。心理刻画与细节描写，增强了诗篇的真实性与感染力，从而以自身的不幸反映出时代悲剧，揭露了社会的罪恶，具有普遍的现实意义。毛泽东在这首诗的标题前面画着大圈套小圈，标题后连画三个小圈，表示对这首诗的重视，并批注给别人阅读。（马予静）

【原文】

胡笳十八拍

我生之初尚无为，我生之后汉祚衰[1]。天不仁兮降离乱[2]，地不仁兮使我逢此时。干戈日寻兮道路危[3]，民卒流亡兮共哀悲[4]。烟尘蔽野兮胡虏盛[5]，志意乖兮节义亏[6]。对殊俗兮非我宜[7]，遭恶辱兮当告谁？笳一会兮琴一拍[8]，心愤怨兮无人知。

戎羯逼我兮为室家[9]，将我行兮向天涯[10]。云山万重兮归路遐[11]，疾风千里兮扬尘沙。人多暴猛兮如虺蛇[12]，控弦被甲兮为骄奢[13]。两拍张弦兮弦欲绝[14]，志摧心折兮自悲嗟。

越汉国兮入胡城，亡家失身兮不如无生⁽¹⁵⁾。毡裘为裳兮骨肉震惊⁽¹⁶⁾，羯膻为味兮枉遏我情⁽¹⁷⁾。鞞鼓喧兮从夜达明⁽¹⁸⁾，胡风浩浩兮暗塞营⁽¹⁹⁾。伤今感昔兮三拍成，衔悲畜恨兮何时平！

无日无夜兮不思我乡土，禀气含生兮莫过我最苦⁽²⁰⁾。天灾国乱兮人无主⁽²¹⁾，唯我薄命兮没戎虏。殊俗心异兮身难处，嗜欲不同兮谁可与语？寻思涉历兮多艰阻⁽²²⁾，四拍成兮益凄楚。

雁南征兮欲寄边心⁽²³⁾，雁北归兮为得汉音⁽²⁴⁾。雁飞高兮邈难寻⁽²⁵⁾，空肠断兮思愔愔⁽²⁶⁾。攒眉向月兮抚雅琴⁽²⁷⁾，五拍泠泠兮意弥深⁽²⁸⁾。

冰霜凛凛兮身苦寒，饥对肉酪兮不能餐⁽²⁹⁾。夜闻陇水兮声呜咽⁽³⁰⁾，朝见长城兮路杳漫⁽³¹⁾。追思往日兮行李难⁽³²⁾，六拍悲来兮欲罢弹。

日暮风悲兮边声四起⁽³³⁾，不知愁心兮说向谁是？原野萧条兮烽戍万里⁽³⁴⁾，俗贱老弱兮少壮为美⁽³⁵⁾。逐有水草兮安家葺垒⁽³⁶⁾，牛羊满野兮聚如蜂蚁。草尽水竭兮羊马皆徙，七拍流恨兮恶居于此⁽³⁷⁾？

为天有眼兮何不见我独漂流⁽³⁸⁾？为神有灵兮何事处我天南海北头⁽³⁹⁾？我不负天兮天何配我殊匹⁽⁴⁰⁾？我不负神兮神何殛我越荒州⁽⁴¹⁾？制兹八拍兮拟排忧，何知曲成兮心转愁！

天无涯兮地无边，我心愁兮亦复然⁽⁴²⁾。人生倏忽兮如白驹之过隙⁽⁴³⁾，然不得欢乐兮当我之盛年。怨兮欲问天，天苍苍兮上无缘⁽⁴⁴⁾。举头仰望兮空云烟，九拍怀情兮谁与传？

城头烽火不曾灭⁽⁴⁵⁾，疆场征战何时歇？杀气朝朝冲塞门，胡风夜夜吹边月⁽⁴⁶⁾。故乡隔兮音尘绝，哭无声兮气将咽。一生辛苦兮缘别离⁽⁴⁷⁾，十拍悲深兮泪成血。

我非贪生而恶死，不能捐身兮心有以⁽⁴⁸⁾。生仍冀得兮归桑梓⁽⁴⁹⁾，死当埋骨兮长已矣⁽⁵⁰⁾。日居月诸兮在戎垒⁽⁵¹⁾，胡人宠我兮有二子。鞠之育之兮不羞耻⁽⁵²⁾，愍之念之兮生长边鄙⁽⁵³⁾。十有一拍兮因兹起，哀响缠绵兮彻心髓⁽⁵⁴⁾。

东风应律兮暖气多⁽⁵⁵⁾，知是汉家天子兮布阳和⁽⁵⁶⁾。羌胡蹈舞兮共讴歌，两国交欢兮罢兵戈⁽⁵⁷⁾。忽遇汉使兮称近诏⁽⁵⁸⁾，遣千金兮赎妾身⁽⁵⁹⁾。喜得生还兮逢圣君，嗟别稚子兮会无因。十有二拍兮哀乐均⁽⁶⁰⁾，去住两情兮难具陈。

不谓残生兮却得旋归⁽⁶¹⁾，抚抱胡儿兮泣下沾衣。汉使迎我兮四牡骓骓⁽⁶²⁾，号失声兮谁得知？与我生死兮逢此时⁽⁶³⁾，愁为子兮日无光辉，焉得羽翼兮将汝归⁽⁶⁴⁾？一步一远兮足难移，魂消影绝兮恩爱遗⁽⁶⁵⁾。十有三拍兮弦急调悲，肝肠搅刺兮人莫我知⁽⁶⁶⁾。

身归国兮儿莫之随，心悬悬兮长如饥⁽⁶⁷⁾。四时万物兮有盛衰，唯我愁苦兮不暂移。山高地阔兮见汝无期，更深夜阑兮梦汝来斯⁽⁶⁸⁾。梦中执手兮一喜一悲，觉后痛吾心兮无休歇时。十有四拍兮涕泪交垂，河水东流兮心是思。

十五拍兮节调促，气填胸兮谁识曲？处穹庐兮偶殊俗⁽⁶⁹⁾。愿得归来兮天从欲，再还汉国兮欢心足。心有怀兮愁转深，日月无私兮曾不照临⁽⁷⁰⁾。子母分离兮意难任，同天隔越兮如商参⁽⁷¹⁾，生死不相知兮何处寻！

十六拍兮思茫茫，我与儿兮各一方。日东月西兮徒相望，不得相随兮空断肠。对萱草兮忧不忘⁽⁷²⁾，弹鸣琴兮情何伤！今别子兮归故乡，旧怨平兮新怨长！泣血仰头兮诉苍苍⁽⁷³⁾，胡为生我兮独罹此殃⁽⁷⁴⁾？

十七拍兮心鼻酸，关山修阻兮行路难⁽⁷⁵⁾。去时怀土兮心无绪⁽⁷⁶⁾，来时别儿兮思漫漫。塞上黄蒿兮枝枯叶干，沙场白骨兮刀痕箭瘢。风霜凛凛兮春夏寒，人马饥豗兮筋力单⁽⁷⁷⁾。岂知重得兮入长安⁽⁷⁸⁾，叹息欲绝兮泪阑干⁽⁷⁹⁾。

胡笳本自出胡中，缘琴翻出音律同⁽⁸⁰⁾。十八拍兮曲虽终，响有余兮思无穷。是知丝竹微妙兮均造化之功⁽⁸¹⁾，哀乐各随人心兮有变则通⁽⁸²⁾，胡与汉兮异域殊风⁽⁸³⁾，天与地隔兮子西母东。苦我怨气兮浩于长空⁽⁸⁴⁾，六合虽广兮受之应不容⁽⁸⁵⁾！

【毛泽东圈评等情况】

毛泽东曾圈点《胡笳十八拍》。

[参考] 张贻玖：《毛泽东评点、圈阅的中国古典诗词》，中国工人出版社 1993 年版，第 36 页。

【注释】

（1）无为，无事，指太平无事。汉祚（zuò），汉朝的国运。祚，福，引申为命运。指汉灵帝刘宏时宦官专政。《诗经·王风·兔爰》："我生之初，尚无为，我生之后，逢此百罹。"

（2）离乱，指从董卓之乱开始的东汉朝政失控、军阀混战，以及由此造成的人民流离失所，等等。

（3）干戈，古代两种常用的武器，引申指战争、战乱。寻，延续，接连不断。

（4）卒，同"猝"，仓促。

（5）胡虏，对匈奴士兵的蔑称。

（6）志意乖，违背自己的意愿。乖，违背。节义亏，指自己被匈奴人掳去做妻子。

（7）殊俗，不同的风俗习惯。

（8）一会，一翻，一段。一拍，义同一会。

（9）戎羯（jié），当时游牧于西北的少数民族名，这里指匈奴人。室家，古代用以指妻妾。

（10）将，挟持。

（11）遐，遥远。

（12）虺（huǐ）蛇，一种毒蛇。一作"虫蛇"。

（13）控弦，拉弓。被甲，身披铠甲。被，通"披"。骄奢，骄傲蛮横。

（14）张弦，上弦，指弹奏。一作"张悬"。

（15）越，越过。汉国，汉朝。胡城，指匈奴城池。失身，指嫁匈奴人与妻。

（16）毡，羊毛或其他动物毛制成的片状材料。裘，皮衣，此指毛皮。

（17）羯膻，带腥味的羊肉羊奶等。羯，阉割的羊。枉遏，委屈。

（18）鞞（pí）鼓，一种小军鼓。鞞，同"鼙"。

（19）暗，弥漫，笼罩。塞（sài）营，边塞上的营垒，此指匈奴人住的帐篷。

（20）禀气含生，承受天地之气而生的生物，指人类。汉王充《论衡·骨相篇》："禀气于天，立形于地。"含生，具有生命的生物。

（21）无主，无依靠。

（22）涉历，经历。多，一作"何"。

（23）边心，流落在边外的人恋国怀乡之心。

（24）汉音，来自汉朝（国家）的音讯。

（25）邈，远。

（26）愔愔（yīn），静默沉思之态。

（27）攒（cuán）眉，皱眉。攒，聚集。

（28）泠泠（líng），凄凉而清脆的声音。弥，更。

（29）酪（lào），乳类制品。

（30）陇水，陇山上流下来的水。汉乐府《陇头歌》："陇头流水，鸣声呜咽。遥望秦川，肝肠断绝。"这里化用其句。陇山，在今陕西陇县、宝鸡与甘肃清水之间。

（31）杳（miǎo）漫，荒远迷茫之状。

（32）行李，行旅。

（33）边声，通常指边境上的号角声与马嘶声，也包括风声。

（34）烽戍，烽火与戍卒的营垒。

（35）"俗贱"句，《史记·匈奴列传》："自君王以下咸食畜肉，衣其皮革，被毡裘，壮者食肥美，老者食其余，贵壮健，贱老弱。"

（36）"逐有水草"句，《史记·匈奴列传》："逐水草迁徙，无城郭常处耕田之业。"葺（qì）垒，搭帐篷，修营垒。

（37）流恨，抒发怨恨之情。恶（wū），为什么。

（38）为，同"谓"，说。

（39）何事，为何。

（40）配我殊匹，把我配给不同民族的人为妻，指嫁给南匈奴左贤王。

（41）殛（jí），诛杀，惩罚。越，流落。

（42）亦复然，也是如此。指愁也无边。

（43）倏（shù）忽，一会儿。白驹过隙，比喻光阴迅速。白驹，日影。隙，墙缝。《庄子·知北游》："人生天地间，若白驹之过隙，忽然而已。"

（44）上无缘，无法得上。缘，因，办法。

（45）城，指长城。烽火，指烽火台上燃烧的报军警的烟火。

（46）塞门，边塞之门，指长城的关口。胡风，北地之风。

（47）辛苦，辛酸痛苦。缘，因。

（48）捐身，摒弃身体，指自杀。有以，有原因。

（49）冀，希望。桑梓，指故乡。《诗经·小雅·小弁》："惟桑与梓，必恭必止。"桑与梓为住宅旁常植之树，后遂用以喻指故乡。

（50）"死当"句，意思是死后当长眠于故乡。

（51）日居月诸，呼告之词。《诗经·邶风·日月》："日居月诸，照临下土。"朱熹集传曰："日居月诸，呼而诉之也。"犹言日呀月啊，这里稍变其意，指日日月月，年年如此。居、诸，语助词。戎垒，胡营。

（52）鞠之育之，养育他们。《诗经·小雅·蓼莪》："父兮生我，母兮鞠我，拊我畜我，长我育我。"毛传："鞠，养。"郑笺："育，覆育。"

（53）愍（mǐn），怜悯。边鄙，边远之地。

（54）心髓，指心肝骨髓。

（55）应律，古人把音乐中的黄钟、太簇等十二律与一年中的十二月相对应。每个律管中都放进葭灰，到某个相应的月份，葭灰即会自行飞出，就是所谓的"应律"。参看《史记·律书》《汉书·律历志》。

（56）阳和，春天的温暖之气，引申为祥和的气氛，此指汉朝与匈奴和好。

（57）罢兵戈，停止战争。

（58）近昭，皇帝所下达的诏书。

（59）"遣千金"句，《后汉书·烈女传》："（蔡琰）在胡中十二年，生二子。曹操素与邕善，痛其无嗣，乃遣使者以金璧赎之，而重嫁董祀。"

（60）哀乐均，悲哀与欢乐相等。

（61）不谓，不料。旋归，回归。

（62）四牡騑騑（fēi），用《诗经·小雅·四牡》中成句，意思是四匹马拉着车子飞驰。牡，雄兽，这里指公马。騑騑，奔跑不止之状。

（63）生死，生离死别。

（64）愁为子，为子愁。焉得，哪得。将，携带。

（65）魂消影绝，指人分开，互相看不见了。遗，遗留。

（66）搅刺，同"绞庚""绞扭"，肝肠如同绞扭一般的疼痛。

（67）莫之随，不能跟着他去。心悬悬，忐忑不安之状。

（68）阑，尽，指夜深。斯，此。

（69）穹（qióng）庐，游牧民族住的毡帐、蒙古包一类。偶殊俗，不同风俗的人结为夫妇。

（70）"日月无私兮"句，日月本来是无私的，是普照一切的，但却偏偏不照耀我。《礼记·孔子间居》："天无私覆，地无私载，日月无私照。"这里反用其意。

（71）意，指别离之痛。难任，难当。同天，同在一个天空下。商参（shēn），二星名，参星居于西方，商星居于东方，出没永不相遇。故通常喻人的不能相见。

（72）萱草，又名忘忧草。古时母亲居住的北堂种萱草。

（73）诉苍苍，对苍天泣诉。

（74）胡为，为何。罹（lí），遭遇。

（75）修阻，指路途的遥远而难行。修，长。阻，险。

（76）怀土，怀念乡土。无绪，心情烦乱。

（77）瘣（huǐ），同"虺"，病。单，同"殚"，尽。筋力单，一作"骨肉单"。

（78）长安，西汉故都，蔡琰归国经过之处。

（79）泪阑干，眼泪纵横。

（80）缘琴翻出，用琴演奏胡笳曲。

（81）是知，因此知道。丝竹，弦管乐器。均，相等。造化，造物者、大自然，古代通常指所谓"上天""上帝"。

（82）有变则通，心里有什么变化就能通过音乐表现出来。

（83）异域殊风，地区不同，风俗各异。

（84）浩，浩荡，充满，用如动词。

（85）六合，东、西、南、北、上、下，泛指天地之间，即宇宙。

【赏析】

《胡笳十八拍》始见于宋郭茂倩编的《乐府诗集》和朱熹的《楚辞集注》，不见于更早的典籍。朱熹在其《楚辞集注》中将其录入，于题下注曰："胡笳者，蔡琰之所作也。东汉文士有意于骚者多矣，不录而独取此者，以为虽不规规于楚语，而其哀怨发中不能自已之言，要为贤于不病而呻吟者也。范史乃弃而不录，而独载其《悲愤》二诗，二诗词意浅促，非此词比。"我们姑从朱熹之说，作为蔡琰的作品对待。

《胡笳十八拍》为古乐府琴曲歌词，一拍为一章，共十八章。胡笳，古乐器名，本名自匈奴，卷芦叶为笳以伴奏。此指胡笳曲。

《胡笳十八拍》是一篇很有争议的作品。首先，关于本诗产生的年代与作者问题，意见就很分歧，有人认为是汉末蔡琰所作，有人认为是后人拟作，至于拟作者是谁，却又说法不一：有人认为是唐代开元、天宝之际的董庭兰，也有人认为是早于董庭兰的沈辽，还有人认为是大历时代刘商以后的什么人等。对本诗艺术成就的看法也是大相径庭：称赏者谓之"深切痛人"，"像滚滚不尽的海涛"，"像喷发着熔岩的活火山"，"是用整个灵魂吐诉出来的绝叫"，"是一首自屈原的《离骚》以来最值得欣赏的长篇抒情诗"，"杜甫的《寓同谷县作歌七首》和它的体裁相近，但比较起来，无论在量上或质上都有小巫见大巫的感觉"，"就是李太白也拟不出，他还没有那样的气魄，没有那样的沉痛的经验。"（郭沫若：《谈谈蔡琰的〈胡笳十八拍〉》）持相反意见的则谓之"存在着严重的重复浮泛的现象"，要求读者"不要为它看来似乎奇伟的表象所眩惑"（胡国瑞：《关于蔡琰〈胡笳十八拍〉的真伪问题》）。

从艺术鉴赏的角度来看，作品中的抒情主人公是蔡琰无疑（或是其本人所作，或拟为其所作）。从内容上看，本诗诸节拍之间确实多有重复，若与五言体《悲愤诗》相比，在内容的沉实方面、描写的具体肯切方面也确有不及之处。但是，考虑到这首诗是根据胡笳所翻的琴曲的歌词，有十八拍之限制，因此，它不可能像五言《悲愤诗》那样可以从纯文学角度去考虑谋篇布局。既然是歌词，就要注意歌词的特点；必须意义显豁，音调朗畅，不仅要注意动人以言，而且要注意动人以声。因为听歌者不会有那么多的时间去仔细品味歌词。因此，一些重复和反复，在歌词中是不以为病的。若再从表达感情的方式来看，这首诗恰恰是以它宣泄式的、迸发式的直接抒情为持色的，它与五言《悲愤诗》在叙事中抒情、寓情于事的表现手法，追求的本来就不是一种艺术风格。

因此，这首诗的主要特征是，伴随蔡琰从被掳胡地到返回汉朝的故事情节，采用边叙事边抒情的演唱方式，循环往复，而层层递进地倾诉抒情主人公的矛盾交错的内心世界。所以，本诗内容可按叙事抒情的发展，分为前后两部分。

第一部分为前十一拍。其主旋律就是抒发抒情主人公被迫入胡的羞辱悲怆与思乡的殷切哀伤。第一拍从广阔的社会动乱背景写起，把自己的厄运和广大人民的不幸紧紧联系在一起，展示出一个时代的大悲剧。随着悲剧的演进，第二拍抒写自己入胡途中对异域地理环境气候的恶劣和异域人情的"暴猛""骄奢"的惴惴不安。第三拍则进一步从生活的细节上写出自己入胡之后的更为深刻的心理感受。"毡裘"两句，从衣食的改变写出抒情主人公沦落异族的心理负荷；"鞞鼓"两句则又深一层，从周围文化与自然的氛围中，见出她入于异域的失落感。四、五、六拍则转入对故土的思念。这三拍里有些句子看似与前三拍重复，但是感情抒发的侧重点是不同的，这里主要抒发自己思乡忧生之嗟，如第四拍"天灾国乱兮人无主，唯我薄命兮没戎虏。殊俗心异兮身难处，嗜欲不同兮谁可与语"，这四句看似与第一拍相同，其实这里的重复是挖掘自己为何"无日无夜兮不思我乡土"的原因，是要突出表现她"禀气含生兮莫过我最苦"的感受，所以它们在情感的表达上又有了新的内容。诗中蔡琰的遭遇是感情波澜的中心，作者所抒发的种种情怀都离不开这个中心，都由它而生发，整个诗篇的感情内在脉络是呈中心辐射状的，所以由波溯源，而又由源观流，可谓"年年岁岁花相以，岁岁年年人不同"。紧接七至十一拍，与前六拍相比，看似重复，但是细细品味，无论表达方式，或是感情的内涵，都是"更上层楼"之艺术效果，在表达方式上，由前六句边叙事边抒情，而转向边写景边抒情，而抒情的基调，也由掩抑悲诉，发展到如大江决堤、火山爆发一样，显得异常强烈和奔放。尤其是八、九两拍，在跌宕顿挫的长句中，穿插铿锵有力的短句，向天神地祇人灵连连发出质问，其气势之逼人，格调之悲怆凄厉，句式之新异独特，措辞之强烈尖锐，抒情之坦诚直率，都产生出一种震人心魄的感染力。从乐曲角度看，八、九两拍无疑是乐曲的高潮，其曲调犹如"银瓶乍破水浆迸，铁骑突出刀枪鸣"一般，十、十一两拍写战争不歇，归乡无望，隐忍苟活，以待来日，感情又转入凄楚和低回，乐曲也伴之"哀响缠绵"了。

本诗的后七拍，写蔡琰平生第二大哀痛，但是这一哀痛的抒发是通过"喜得生还兮逢圣君，嗟别稚子兮会无因"这种喜忧参半的矛盾心情拉开序幕的。以下十三、十四拍，侧重写别子之苦，很细腻地写出自己如狂如痴的痛苦心理：临别之时"抚抱胡儿兮泣下沾衣"，一时感到天昏地惨，"愁为子兮目无光辉"。别离之后，"心悬悬兮长如饥"，以致"更深夜阑兮梦汝来斯。梦中执手兮一喜一悲，觉后痛吾心兮无休歇时"。这里。虽然不像五言《悲愤诗》那样侧重细节描绘："儿前抱我颈，问母欲何之？人言母当去，岂复有还时？阿母常仁恻，今何更不慈？我尚未成人，奈何不顾思！见此崩五内，恍惚生狂痴。号泣手抚摩，当发复回疑。"但抒情主人公"恍惚生狂痴"的心理状态还是表现俱足的。再下，十五至十七拍则侧重写自己还汉与儿子留胡的现实所造成的心理失衡，控诉命运对于自己的不公平。一方面是"愿得归来兮天从欲"，一方面又是"子母分离兮意难任"，所以抒情主人公处于"今别子兮归故乡，旧怨平兮新怨长""去时怀土兮心无绪，来时思儿兮思漫漫"这样两难的处境。所以她要发出："日月无私兮曾不照临""泣血仰头兮诉苍苍，胡为生兮独罹此殃"的呼天抢地的嘶喊。第十八拍，主要写根据胡笳言翻为琴曲，曲有尽而思无穷，自己的怨气是天地所容不下的，给人留下反复回味的余地。

总之，这首长诗以骚体的形式，富有节奏感的音乐美和适应抒情的叙事、写景的艺术手法，向人们倾诉了蔡琰苦难的遭遇和由此产生的强烈的悲愤不平的感情。她的苦难是时代造成的，有其阶级矛盾和民族矛盾的广阔背景，也有长期的民族文化心理积淀与她不能接受现实遭遇的矛盾背景。因此，她的悲愤就既有相当的普遍意义，又有作为封建时代知识妇女的个性意义。她作为战利品被掳到匈奴，这是深刻的时代悲剧，她被赎回汉而又不准带走儿子，也反映了她自身地位的可悲，也是时代的悲剧，这种悲剧有力地揭露了那个时代的罪恶，具有独特的悲喜交加的美感力量。

（毕桂发）

诸葛亮

诸葛亮（181—234），字孔明，琅邪阳都（今山东沂南）人，三国时蜀汉政治家、军事家。东汉末隐居邓县隆中（今湖北襄阳西隆中），留心世事，被称为卧龙。建安十三年（208），刘备三顾茅庐，他向刘备提出占据荆（今湖北、湖南）、益（今四川）两州，东联孙权，北抗曹操，统一全国的建议。后刘备据其策略，联孙攻曹，取得赤壁之战的胜利，并占领荆益，建立了蜀汉政权，刘备称帝后，任丞相。建兴元年（223）刘禅继位，诸葛亮被封为武乡侯，领益州牧。当政期间，实行法治，任人唯贤，五伐中原，并加强对西南少数民族的统治。蜀后主建兴十二年（234），率军伐魏，与司马懿在渭南相拒，病逝于五丈原军中，葬定军山。有《诸葛亮集》。

【原文】

梁甫吟

步出齐城门⁽¹⁾，遥望荡阴里⁽²⁾。里中有三坟，累累正相似⁽³⁾。问是谁家墓，田疆、古冶子⁽⁴⁾。力能排南山⁽⁵⁾，文能绝地纪⁽⁶⁾。一朝被谗言，二桃杀三士⁽⁷⁾。谁能为此谋？国相齐晏子⁽⁸⁾。

【毛泽东圈评等情况】

毛泽东读清沈德潜选编《古诗源》卷三时曾圈阅此诗。

[参考] 张贻玖：《毛泽东评点、圈阅的中国古典诗词》，
中国工人出版社，1992年版，第222页。

【注释】

（1）齐城，指战国时齐国都城临淄（今山东淄博东北）。

（2）荡阴里，在临淄东南，有壮士冢。《水经·淄水注》："淄水又东北经荡阴里西。水东有冢，一基三坟，东西八十步，是列士公孙接、田开疆、古冶子之坟也。"

（3）累累，即"垒垒"，坟墓堆积起伏之状。正相似，三坟形状大略相同。

（4）田疆、古冶子，皆人名。

（5）排，推倒。南山，指齐国境内的牛山，位于齐都之南，故名齐南山。

（6）"文能"句，指三勇士兼有文才。绝，尽，毕。地纪与天纲并称，指天地间事物的大道理。

（7）"一朝"二句，《晏子春秋·谏下》载：公孙接、田开疆、古冶子事齐景公，以勇力搏虎著称。晏子入见公说：此危国之器也，不如去之。因请公使人少馈之二桃，说：三子何不计功而食桃？公孙接说：不受桃，是无勇也。援桃而起。开疆亦援桃而起。古冶子说：若冶之功，也可以食桃了。抽剑而起。公孙接、田开疆说：我们的勇敢比不上你，功夫也赶不上你，却在您面前拿起桃子而不谦让，这就是贪婪；既然如此贪婪，依然恬不知耻地活着，还有什么勇敢可言！于是两人交出了桃子，自刭而亡。古冶子认为，他们二人死了，而自己独生，是不仁不义，也刭颈自杀。这就是"二桃杀三士"。

（8）国相，一作"相国"，指晏子所居之官。晏子，名婴，齐国贤相。不过二桃杀三士这件事，手段未免阴险毒辣，因而遭到谴责。

【赏析】

此诗见于《乐府诗集·相和歌》，属楚调曲，旧题为《诸葛亮所作》。《三国志·诸葛亮传》："诸葛亮躬耕陇亩，好为《梁甫吟》。""梁甫"，一作梁父，山名，在泰山下，为死人聚葬之处。

这首咏史诗借"二桃杀三士"的历史故事，揭露昏君佞臣，为忠臣遭害而鸣不平。故事见于《晏子春秋·谏下》：齐景公有三勇士，田开疆、公孙接和古冶子，因故得罪齐相晏婴，晏婴设计让齐景公给三勇士两个桃子，让他们自我摆功，以功劳大小取桃。先是公孙接自言杀虎之功，取桃一个。接着田开疆自报杀敌之功，又取桃一个。最后古冶子自言有杀鼋救景公马之功，逼前二人还桃。前二人感觉自己功不如古冶子，还桃自杀，古冶子愧悔不已，也自刭而死。

诗起首四句点出三勇士埋葬之处。荒凉阴森的墓地，有三座形状相似的坟墓，说明勇士死后的凄凉。同时以三坟的相似暗喻三人之间有一定的关系，为下文制造悬念。接下四句承接上面思路，介绍墓主为田疆、古冶子，田疆即田开疆，另外还包括公孙接，这里受诗句的限制而有所省略。"力能"二句赞扬三勇士的才干。他们膂力过人，广闻博识，可谓文武兼备。这里包含有令人深思的话外音：这样的人正是国家的栋梁，却未尽其才而长眠于地下，罪魁是谁！结尾四句揭示三勇士的死因，是"被谗言"而遭害的。作者站在同情三勇士的立场上，指出真正凶手就是堂堂的相国大人晏婴。且不论晏婴在历史上有多么大的功绩，就杀三士之事而论，其手段未免过于阴狠毒辣。"无罪而杀士，君子人伤之。"所以作者愤懑之情难以遏制，在诗中直接斥责揭露晏婴设计杀士的阴谋。

这是一首政治倾向鲜明的咏史诗，它的本意不在叙事，而是在于借历史事件揭露社会的昏暗，所以作者并没有将故事铺陈开来，详尽描写，而只以"二桃杀三士"一笔概括，笔墨简洁，风格沉郁，有深刻的政治寓意。（马予静）

乐府歌辞

乐府，诗体名。乐府本是汉代的一种采诗机构，也指乐府官署所采集、创作的乐歌。

【原文】

有所思

有所思⁽¹⁾，乃在大海南。何用问遗君⁽²⁾？双珠玳瑁簪⁽³⁾，用玉绍缭之⁽⁴⁾。闻君有他心，拉杂摧烧之⁽⁵⁾。摧烧之，当风扬其灰。从今已往⁽⁶⁾，勿复相思！相思与君绝⁽⁷⁾！鸡鸣狗吠⁽⁸⁾，兄嫂当知之。妃呼豨⁽⁹⁾！秋风肃肃晨风飔⁽¹⁰⁾，东方须臾高知之⁽¹¹⁾。

【毛泽东圈评等情况】

毛泽东在一本《古诗源》中这首诗的天头上，画了一个大圈，每句都加了圈点。在"闻君有他心"等四句，"相思与君绝"等三句，"秋风肃肃晨风飔"等二句旁都画着曲线。毛泽东至少读过两遍。

[参考]张贻玖：《毛泽东评点、圈阅的中国古典诗词》，
中国工人出版社1992年版，第37—38页。

【注释】

（1）所思，指女主人公所思念的男子。

（2）何用，何以。问遗（wèi），赠给。

（3）玳瑁（dài mào），一种龟类动物，其甲壳光滑而多文彩，可制装饰品。簪（zān），古人用以插定发髻或连冠于发的一种长针，后来专指妇女插髻的一种首饰。《后汉书·舆服志》："簪以玳瑁为擿，长一尺，端为华胜，下有白珠。"

（4）绍缭，缠绕。

（5）他心，二心，异心。拉，折。杂，碎。摧，摧毁，毁坏。

（6）已往，一作"以往"。

（7）"相思"句，意为对你的相思永远断绝了。

（8）鸡鸣狗吠，指天色将亮。或谓"惊动鸡狗"，亦通。

（9）妃呼豨（xī），叹息之声。一说表声的字，"本自无义，但补乐中之音。"（明徐祯卿《谈艺录》）

（10）肃肃，即"飕飕（sōu）"，风声。晨风飔（sī），据闻一多《乐府风笺》说，晨风，即雉鸡，雉鸡常晨鸣以求偶。飔，当为"思"，恋慕之意。一说"晨风飔"即晨风凉。

（11）须臾，不一会儿。高，读为"皜"，同"皓"，白。东方高，东方发白。

【赏析】

此诗属《汉铙歌十八曲》之一，全篇以自诉口吻描写一个女子在爱情遭到挫折时的心理变化。

诗起首五句为第一层，用寄簪赠人写女主人公的深深爱意。开篇即言情人远在万里之隔，她要送上最贵重的玉簪以表达情思。"双珠玳瑁簪"，是用玳瑁制成的簪子，两端悬有玉珠，并以宝石镶嵌。这是用女子精心装饰、无比珍爱之举来表达爱情的深厚。

中间七句为第二层，写爱人变心后的愤恨。这里情绪陡然一转，反应强烈。她迅速果断毁掉那灌注了一腔爱心的玉簪后，不足以消解心头之恨，还要"当风扬其灰"，让往日的情感不留一丝痕迹。女主人公用一连串激烈的行为表现她极度的愤恨。接着表白自己永不相思的态度，用重复的语句写出她怨恨之深，又反映出她性格的刚烈。

末五句为第三层，写女子的矛盾心理。刻骨铭心的爱使她断绝情恋的决心很大，也使她实际上无法从心头完全斩断情丝。她回忆当初幽会时的欢爱，再加上兄嫂已知道他们的关系，如何舍弃那山盟海誓的情感呢？她的心动摇了。"秋风"二句以景写情。长夜忧思，心绪不定，既爱又恨，難以割舍，只有待天亮才会知道怎么办。以不了了之的自慰自解之词反映出女主人公藕断丝连，左右两难的矛盾痛苦心情。

这首诗用直抒胸臆的手法，写出女主人公在爱情受挫时由爱到恨的心理变化，感情大起大落，曲折复杂。她爱得真，恨得深，由爱转入恨，虽恨而情难舍，诗歌用参差不齐的句式细腻逼真地描写出她深刻而复杂的情思。

从毛泽东的圈画情况来看，他是很喜爱这首诗的。（马予静）

【原文】

上 邪

上邪[1]！我欲与君相知[2]，长命无绝衰[3]。山无陵[4]，江水为竭，冬雷震震[5]，夏雨雪[6]，天地合[7]，乃敢与君绝[8]！

【毛泽东圈评等情况】

毛泽东在一本《古诗源》的目录上画圈作记，在标题前连画三个小圈，标题旁画着着重线。在全诗的开头和结尾的诗句旁，毛泽东画着曲线；全诗都加以圈点。特别在"山无陵"等五句旁，分别标注1、2、3、4、5的数字。1962年6月，毛泽东给他的二儿媳邵华写信，要她多读《上邪》，写了许多鼓励的话，希望她坚强些，不要为困难所压倒，要以事业为重。同时要她坚信，爱情上的忠贞不渝，足以战胜生活中的各种困难。

[参考] 张贻玖：《毛泽东评点、圈阅的中国古典诗词》，
中国工人出版社1992年版，第38页。

毛泽东还手书过此诗。

[参考] 中央档案馆编：《毛泽东手书选集·古诗词（上）》，
北京出版社1993年版，第37页。

【注释】

（1）上邪（yé），天哪！上，指天。

（2）相知，相亲相爱。

（3）命，令，使。

（4）陵，大土山。《诗经·小雅·天保》："如山如阜，如冈如陵。"山无陵，高山变成平地。

（5）震震，雷声。

（6）雨（yù）雪，落雪。雨，降落，用作动词。

（7）天地合，天与地合在一起。

（8）乃敢，才敢。清王先谦曰："五者皆必无之事，则我之不能绝君明矣。"

【赏析】

此诗为《汉铙歌十八曲·鼓吹歌辞》之一。余冠英先生认为这首诗与《有所思》应合为一篇，系男女问答之词。这是一首感情真挚、大胆泼辣的情歌，是女子爱情执着的心迹表白，自可独立成章。

开头三句以"上邪"的慨叹起笔，指天发誓，直吐真情，表现出情感的炽烈，又透出欲爱不得的愤激："我欲与君相知"，相知，就是相爱，相好。"长命无绝衰"是说两人的命运永远联结在一起，两人的爱情永生永世也不会衰退。在"独尊儒术"的汉代，刘向撰《列女传》、班昭著《女诫》，标志着这是封建礼教形成的重要年代，"夫权制"是束缚女子追求爱情、婚姻幸福的枷锁。而此诗中的女主人公敢于从精神上冲破礼教的阻碍，勇于追求纯真热烈的爱情，表现出对夫权制大胆叛逆的精神，诗篇起首即以突兀的笔势把女子压抑已久的情感迅猛地抒发出来，正面表明她真纯、坚贞的爱情心愿。

接着以下五句则从反面着笔，说明自己对爱情的忠贞不渝。诗中主人公一连道出了五种自然界不可能发生的事：大山夷为平地，江水干涸、枯竭，冬天雷声隆隆，夏季大雪飘飘天地合在一起，并以此五件事同时出现作为断绝情爱的先决条件，在肯定语气中进行否定，以表明爱的坚定信念。犹如决堤之洪峰，表现出不顾一切的激情，袒露出一颗赤诚火热的心，纯朴、直率、刚烈、激昂。渴望自由、追求爱情，充满着反抗的个性特征。

清张玉谷《古诗赏析》卷五评此诗说："首三，正说，意言已尽，后五，反面竭力申说。如此，然后敢绝，是终不可绝也。迭用五事，两就地维说，两就天时说，直说到天地混合，一气敢落，不见堆垛，局奇笔横。"十分得当。

全诗交错使用二、三、四、五、六、七字句，句式的长短与感情的激发相吻合，开篇自吐衷肠，语气舒缓，接着表白对爱的忠贞，情调激昂，诗句也急促紧凑，读者仿佛可以透过诗句，在聆听她斩钉截铁的誓词时，感受到她急促的呼吸、透视出她滚滚流动的热血。该诗对唐代敦煌曲子词《菩萨蛮》"枕前发尽千般愿"连用六种不能出现的事表明不渝之爱的表达方式影响很大。

毛泽东非常喜爱这首诗。他不仅在阅读《古诗源》时详细地加以圈画，还在给二儿媳邵华写信时，让她多读这首诗，以忠贞不渝的爱情战胜生活中的各种困难。此外，他还手书过这首诗。（毕晓莹）

【原文】

长歌行

青青园中葵⁽¹⁾，朝露待日晞⁽²⁾。阳春布德泽⁽³⁾，万物生光辉。常恐秋节至，焜黄华叶衰⁽⁴⁾。百川东到海，何时复西归。少壮不努力，老大徒伤悲。

【毛泽东圈评等情况】

毛泽东读清沈德潜选编《古诗源》卷三时曾圈阅此诗。

[参考]张贻玖：《毛泽东评点、圈阅的中国古典诗词》，
中国工人出版社 1992 年版，第 222 页。

【注释】

（1）葵，植物名，有锦葵、蜀葵、向日葵等。

（2）晞（xī），因日晒而干。

（3）阳春，春天。德泽，恩惠，指春天的阳光雨露。

（4）焜（kūn）黄，植物干枯变黄。唐李善注："色衰貌。"华，同"花"。

【赏析】

《长歌行》见于《乐府诗集》，属《相和歌辞·平调曲》。《乐府诗集》载《长歌行》古辞凡二首，宋严羽《沧浪诗话》认为当作三首。本篇是其中的第一首。"平调曲"，《古今乐录》曰："王僧虔大明三年宴乐技录：平调曲有七曲：一曰长歌行……"可见，《长歌行》原是平调曲之一种。至于为什么叫"长歌行"，向来有两种解释，一种意见说这种体裁是"言人寿命长短，各有定分"（见西晋崔豹《古今注》），另一种意见认为是"行声有长短，非言寿命也"（唐李善《文选注》）。李善从歌词的音节着眼，解释得比较合理。

关于这首诗的主旨，亦有不同看法。吴兢说："言荣华不久，当努力为乐，无至老大，乃伤悲也。"（《乐府古题要解》卷上）认为它表现了一种及时行乐的颓废思想，理解得比较消极。而《文选》五臣注则说："当早崇树事业，无贻后时之叹。"清朱嘉征也认为，《长歌行》"思立业也。《传》曰，人生三不朽：立德、立功、立言，盖欲及时也"（《乐府广序》卷三）。从这首诗在后世流传中人们的取向来看，后一种见解比较高明。也就是说本诗指出万物盛衰有时，人应该及早努力，其思想是积极的，感情是健康的。

"青青园中葵，朝露待日晞。""青青"，形容向日葵枝繁叶茂时的颜色。"晞"，作"乾"解。《诗·小雅·湛露》："湛湛露斯，非阳不晞。"又乐府《薤露》："薤上露，何易晞！""晞"字都是专指早晨的露水为日光所晒，旋即干燥之意。这两句是说在园里生长着的青青的向日葵上面充满了朝露，正待阳光把它来晒干。诗一着笔，便由园葵起兴，言人之待时，犹葵之待日，正所谓"先言他物以引起所咏之词也"（朱熹：《诗集传》）。起得生动形象，明快爽朗而又含意深长，逗起下文。

"阳春布德泽，万物生光辉。""阳春"，温暖的春天。"布"，布施，给予。"德泽"，即恩惠。阳春是露水和阳光最充足的时候，二者都是植物所需要的，这是大自然的恩惠，即所谓"德泽"。"光辉"，本指太阳在植物上的反光，此处引申为万物的生命力。雨露滋润禾苗壮，万物生长靠太阳。作者由园葵之沐朝露、被阳光而联想到春天蓬勃生长的万物，使万物都焕发着生命的光彩。由园葵而及万物，乃是由此及彼，由少及多之法，诗人奇妙地联想，把诗义扩大、拓深。承接自然无痕。

"常恐秋节至，焜黄华叶衰。""焜黄"，色衰枯黄的样子。"华"，同"花"。诗人时常担心秋季到来，但事物是不以人的意志为转移的。随着时间的流逝，节令的变化，好景不长，欣欣向荣，充满着生机和活力的明媚春光，便为草木摇落露为霜的肃杀秋天所代替，揭示了万物由盛而衰的自然发展规律。自然景观是如此，人事何尝不是这样呢？诗人驰骋想象，把诗义又开掘到新的境界。

"百川东到海，何时复西归。"诗人以流水为喻，形容时光的一去不返。孔子曰："逝者如斯夫，不舍昼夜。"百川注海，永不复归，这是常见的自然现象，人们都习焉不察，不以为怪，但一经作者拈出，便成奇妙的比喻。流水无情，时间不返，青春难再，其理一也，难道不值得人们警醒吗？一个设问，不疑而问，不答自明，发人深思，简直有振聋发聩之妙。

"少壮不努力，老大徒伤悲"！这是千古名句，至理名言，也是诗的主旨所在。诗人由自然景物的变化，归结到人生盛年难得，提醒人们在少壮时应该及早努力，免得年华老大而徒然伤悲。俗话说，一年之计在于春，一日之计在于晨，一生之时在少壮。时不我待，有为之士，应该匆匆奋发，方能有成；假如自暴自弃，日复一日，年复一年，冉冉老至，悔之莫及！诗虽不长，却写得一波三折，水到渠成，顺理成章揭出主旨，此所谓卒彰显其志也。

总之，《长歌行》通过万物盛衰有时的自然现象的描写，揭示了人要奋发有为，必须及早努力的道理，"非惟自勉，亦以勉人也"（元末明初刘履《选诗补注》卷一）。这对匆匆奋发之士，无疑是一种鞭策和激励；对懈怠蹉跎之人，犹如暮鼓晨钟，对人们的积极教育意义是显而易见的，所以，千百年来人们奉为生活的圭臬是很有道理的。（毕桂发）

君子行

君子防未然⁽¹⁾，不处嫌疑间⁽²⁾。瓜田不纳履⁽³⁾，李下不正冠⁽⁴⁾。嫂叔不亲授⁽⁵⁾，长幼不比肩⁽⁶⁾。劳谦得其柄⁽⁷⁾，和光甚独难⁽⁸⁾。周公下白屋⁽⁹⁾，吐哺不及餐⁽¹⁰⁾。一沐三握发⁽¹¹⁾，后世称圣贤⁽¹²⁾。

【毛泽东圈评等情况】

毛泽东读清沈德潜选编《古诗源》卷三时曾圈阅此诗。

[参考] 张贻玖：《毛泽东评点、圈阅的中国古典诗词》，
中国工人出版社 1992 年版，第 222 页。

【注释】

（1）未然，没有成为事实。《韩非子·难四》："未知齐之巧臣，而废明乱之罚；责于未然，而不诛昭昭之罪。此则妄矣。"

（2）嫌疑，事理之相似而可怀疑。

（3）纳履，提鞋。履，鞋。纳履疑盗瓜。

（4）正，整。正冠疑盗李。

（5）嫂叔，嫂嫂和小叔（丈夫之弟）。授，传物。

（6）比肩，并肩。并肩表示地位平等。《汉书·路温舒传》："比肩而立。"

（7）劳谦，《周易·谦·九三爻辞》："劳谦君子，有终，吉。"《疏》："处下体之极，履得其位，上下无阳，以分其民，上承下接，劳倦于谦也。"柄，本。

（8）和光，才华内蕴，不露锋芒。《老子》："和其光，同其尘。"是说与尘俗相合不自立异。甚独难，此事很难得。

（9）周公，姬旦，周文王子，辅佐武王灭纣，建立周王朝，成王时摄政，平定管叔、蔡叔之乱。白屋，草屋，平民所居，这里代指平民。

（10）吐哺，吐出口中的食物。相传周公虚心接待来宾，其至一饭三

吐哺，一沐三握发，停下来接待客人。

（11）沐，洗头发。握发，把头发挽起来。后来用握发指勤劳国事，求贤心切。

（12）圣贤，圣人和贤人的合称。亦泛称道德才智杰出的人。《周易·鼎》："彖曰：圣人亨以享上帝，而大亨以养圣贤。"

【赏析】

此诗为乐府古辞，属《相和歌辞·清商三调歌诗·平调曲》。这首诗除《乐府诗集》外，也见于六臣注本《文选》，但宋尤袤刊本和清胡克家刊本李善注《文选》未收，疑属误脱。又此首前四句，亦见于《西曲歌·来罗》第二首。疑是乐官改编，配以《西曲歌》声调。《艺文类聚》引为曹植作，后人已辨其误。

这是一首说理诗。《乐府解题》曰："古辞云'君子防未然'，盖言远嫌疑也。"它强调君子应该谦虚谨慎，远避嫌疑。后来陆机、沈约等人均有拟作，大致都不外乎这个意思。

诗一开头即提出君子的处世原则：坦坦荡荡，防患未然，不要让自己处于被人嫌疑的地步。"瓜田"四句是对"不处嫌疑间"的正面解释，以四种事例说明防患于未然的做法：走进瓜田不要提鞋，因为提鞋弯腰会被人误为偷瓜；走在李树下，即使帽子歪了，也不要扶正，因为招手正帽和举手摘李的动作相似，也会招致嫌疑，这便是后来"瓜田李下"成语的来历。嫂与小叔子不能授受相亲，年长者与年幼的人不能并肩行走，这样才符合儒家的伦理观念。"劳谦"二句为直接议论。"劳谦"，勤谨谦虚；"和光"，才华内蕴，不露锋芒。此二句意谓君子应明白勤谨谦虚为其根本，机锋深藏虽不易做到，也应勉力而为。这是儒家处世的道德标准。结尾四句又是对上二句的例释，提出君子处世的榜样。"白屋"，指平民所居之处。《史记·鲁周公世家》载周公"一饭三吐哺，一沐三握发，起以待士，恐失天下之贤人"。这是以周公为例，说明君子待人接物要诚恳谦虚。

全诗以说理为主，提出封建时代君子自我完善的道德标准，对于儒家见微知著、防患未然的处世原则进行阐述。先是提出防患未然的原则，继而则从反面举例说明避免嫌疑的做法。然后正面举例说明君子应有的道德标准，辞意晓畅、脉络清晰，以事明理，语意平和而见解深刻，启迪人们处世应远虑足谋，避害远祸，在今天也还有一定的借鉴意义。（马予静）

【原文】

善哉行

来日大难⁽¹⁾，口燥唇干。今日相乐，皆当喜欢。一解。经历名山，芝草翻翻⁽²⁾。仙人王乔⁽³⁾，奉药一丸。二解。自异袖短，内手知寒⁽⁴⁾。惭无灵辄，以报赵宣⁽⁵⁾。三解。月没参横⁽⁶⁾，北斗阑干⁽⁷⁾。亲交在门⁽⁸⁾，饥不及餐。四解。欢日尚少，戚日苦多⁽⁹⁾。以何忘忧，弹筝酒歌。五解。淮南八公⁽¹⁰⁾，要道不烦⁽¹¹⁾。参驾六龙⁽¹²⁾，游戏云端⁽¹³⁾。六解。

【毛泽东圈评等情况】

毛泽东读清沈德潜选编《古诗源》卷三时曾圈阅此诗。

[参考] 张贻玖：《毛泽东评点、圈阅的中国古典诗词》，中国工人出版社1992年版，第222页。

【注释】

（1）大难，甚难。

（2）芝草，菌类，传说神仙可用以制仙药。翻翻，飞状。

（3）王乔，古代仙人，又作王子乔，即周太子晋，好吹笙，作凤鸣。游伊、洛间，道士浮丘公接上嵩山，成为有名的仙人。事见《列仙传》。

（4）内，同"纳"。

（5）"惭无"二句，灵辄和赵宣子的事情见《左传·宣公二年》。赵宣子是赵盾的谥号。晋国赵盾曾经救过一个饿得快死的人，这人就是灵辄。后来赵盾在宴会时被晋灵公的伏兵攻击，灵辄恰是卫兵之一，他倒戈护卫赵盾，救赵盾脱离险境。报，酬答。

（6）没，沉。参，星名，二十八宿之一。参宿七星，均属猎户座。

（7）北斗，星名，在北方，共七星，呈斗形。阑干，横斜之状。

（8）亲交，亲近友好。

（9）戚，忧。

（10）淮南八公，《列仙传》载汉淮南王刘安好道，有八公诣门，须眉皓白，援以丹经三十六卷，与王白日升天。八公是苏非、李上、左吴、陈由、伍被、雷被、毛被、晋昌等八人。

（11）要道，成仙之道。烦，烦琐。

（12）参驾，骖驾。六龙，龙是传说中的神物，这句是说升天要用龙驾车。

（13）游戏，遨游。

【赏析】

《善哉行》，《相和歌辞·瑟调曲》之一。

此诗为乐府古辞。《乐府诗集》卷三十六引《乐府古题要解》："言人命不可保，当乐见亲友，且求长年术，与王乔、八公游焉。"此释甚是。后来曹操等人的拟作，则仅取其曲调，内容与此各不同。

全诗每四句为一解，共分六解。

前三解为第一部分，写喜得延寿之药。先以"来日"与"今日"对举，说明世道艰难，不免口燥唇干地焦虑，所以何不趁今日及时欢喜享乐。继则写寻仙得药。"王乔"即传说中的仙人王子乔。经过仙人所居的名山，见到仙境芝草芳香，翻翻摇摆，又意外地得到仙人馈赠不老之药，引出下面的报恩之愿。灵辄、赵宣皆为春秋战国时晋人。赵宣曾对灵辄有一饭之恩，后赵宣因劝谏灵公而遭到追杀，灵辄反戈御公徒，解救了赵宣。这里反用旧典，言大恩无以为报的惭愧。

后三解为第二部分，写及时行乐的方式。先说结客交友之乐，次言弹筝饮酒之乐，再叙游仙之乐。"欢日尚少，戚日苦多"是产生及时行乐的思想基础。短暂的一生中偏偏有那么多痛苦和磨难，所以不得不在有限的生命时间内从精神上寻求无限的拓展。所幸尚有心志相同的亲朋好友可以畅吐衷曲，所以废寝忘食、竟夕长谈；弹筝饮宴，高歌抒怀可以暂时忘却人世带来的忧郁；悠哉游哉的神仙境界更是诗人追求的最高目标。淮南八公指汉淮南王刘安手下的八个门客，他们奉淮南王之召，和诸儒相与论说，著《淮南子》，后传说附会八公成为神仙。诗歌结尾即是表现对闲适自得、遗世独立的神仙之游的企慕向往。

沈德潜评价此诗说："忽云求仙，忽云报恩，忽云结客，忽云饮酒，而仍终之以游仙。无伦无次，杳渺恍惚。"（《古诗源》）我们正可以从这无伦无次的辞意中体会到诗人在动荡黑暗、生灵涂炭的现实社会中，满目蒿莱的绝望心情与四顾寻觅实现自我价值之途径的不平心潮。诗意虽然颓废，但尚有一定的认识意义。（马予静）

【原文】

西门行

出西门，步念之(1)。今日不作乐，当待何时！一解。夫为乐，为乐当及时。何能坐愁怫郁(2)，当复待来兹(3)。二解。饮醇酒，炙肥牛(4)。请呼心所欢(5)，何用解愁忧(6)。三解。人生不满百，常怀千岁忧。昼短而夜长(7)，何不秉烛游(8)。四解。自非仙人王子乔(9)，计会寿命难与期(10)。自非仙人王子乔，计会寿命难与期。五解。人寿非金石，年命安可期(11)？贪财爱惜费，但为后世嗤(12)。六解。

【毛泽东圈评等情况】

毛泽东读请沈德潜选编《古诗源》卷三时曾圈阅此诗。

[参考] 张贻玖：《毛泽东评点、圈阅的中国古典诗词》，
中国工人出版社1992年版，第222页。

【注释】

（1）步念之，步步念之。之，指作乐，即行乐，取乐。

（2）怫郁，忧愁之态。

（3）来兹，来年。《吕氏春秋·任地》："今兹美禾，来兹美麦。"此

泛指今后。

（4）醇酒，味道浓厚的美酒。炙（zhì），烤，一种烹饪法。

（5）心所欢，心上人，情人。

（6）何用，即"用何"，用什么。一作"可用"。

（7）昼短而夜长，一作"昼短苦夜长"。

（8）秉烛，拿着蜡烛。秉，持。

（9）王子乔，见前《善哉行》注。

（10）计会（kuài），计算。零星计算为计，总合计算为会。也作"会计"。期，百岁日期。亦泛指老，高寿。《书·大禹谟》："朕宅帝位，三十有三载，耄期倦于勤。"蔡沈集传："九十曰耄，百年曰期。"

（11）安可期，指不可预料。期，预料，料想。《荀子·不苟》："天不言而人推高焉，地不言而人推厚焉，四时不言而百姓期焉。"唐杨倞注："期，谓知其时候。"

（12）嗤（chī），讥笑。

【赏析】

《西门行》为乐府旧题，属《相和歌辞·瑟调曲》。《乐府诗集》卷三十七引《古今乐录》："王僧虔《技录》：《西门行》歌古《西门》一篇，今不传。"在《乐府诗集》中录有歌辞二首，一为"本辞"，一为"晋乐所奏"。其"晋乐所奏"的歌辞较"本辞"为长，显系配乐时所增。至于"本辞"，亦与《古诗十九首·生年不满百》颇多类似之句。有的学者认为"本辞"产生年代最早，《古诗十九首·生年不满百》由此辞演变而来，至于"晋乐所奏"曲辞则为"本辞"与"古诗"拼凑而成。但从"本辞"看来，似亦有为配乐需要而加的字句，恐亦非原作。因此"本辞"倒可能是某些乐官将《古诗·生年不满百》改编而成。至于"晋乐所奏"曲辞，则又是在"本辞"基础上重加改编之作。

本诗依据《乐府诗集》所载为"晋乐所奏"。为了便于比较研究，兹将"本辞"及《古诗十九首·生年不满百》附录于后。

《西门行》叙写人生短暂，当及时行乐，抒发作者在动乱年代济世之志不得伸展与年命不保的牢骚情绪。

全诗共六解。前三解为第一部分，写饮酒行乐。第一解写行乐之念。这是诗人在痛苦中选择的一种解脱方式。"出西门"的目的是行乐，并以及时行乐为要旨，这是全诗的主线索。第二解点明行乐之因。在进一步申说及时行乐之旨的基础上，接着说明"愁怫郁"乃是形成行乐当及时的原因。昏暗动乱的现实生活使诗人满怀忧愁难以消解，只有靠现时的享乐来解脱。第二解写行乐的方式。"何以解忧，唯有杜康"，酒能使人麻醉，可以暂时忘却人世间的忧愁，再有"心欢"相知之乐，于是与朋友斗酒饮宴成为行乐的方式之一。但举杯浇愁愁更愁，沽酒炙牛，强颜欢笑实际上是苦中作乐，不能彻底消去心头的沉郁。

第二部分写遨游求仙。"人生不满百"四句是及时行乐的又一方式。作者由现实的痛苦升华到对人生的思索。年命短促，忧愁深久，即使寿终正寝也难以百年为期。何况乱世的人生，更是朝不保夕。而又有多少人被千岁之忧牵动情怀呢？于是变换行乐方式，人为地延长生命活动的时限，秉烛夜游，纵情享乐。"自非仙人王子乔"的重复吟叹，表现了诗人清醒地认识到长寿不老为妄诬，还是应及时享受现世之乐，因此才会有对贪财吝啬行为的嘲讽，也从反面为及时行乐的旨意进行辩解，反映出作者脱俗、达观的豪爽之情。

这首杂言体诗歌，以错落的句式表达诗人对社会人生至深的感慨。面对才无所施、生命空耗的现实，他心有不甘，因此便以洒脱的行为掩盖内心的不平衡，表达愤世嫉俗的牢骚情绪。诗歌节奏或急或缓，或腾挪转换或反复咏叹，巧妙而准确地传达出诗人内心深处的情感波动。

（马予静）

附录一：《西门行》（本辞）

出西门，步念之。今日不作乐，当待何时。逮为乐，逮为乐，当及时。何能悉怫郁，当复待来兹。酿美酒，炙肥牛。请呼心所欢，可用解忧愁。人生不满百，常怀千岁忧。昼短苦夜长，何不秉烛游。游行去去如云除，弊车羸马为自储。

附录二：《古诗十九首·生年不满百》

生年不满百，常怀千岁忧。昼短若夜长，何不秉烛游。为乐当及时，何能待来兹。愚者爱惜费，但为后世嗤。仙人王子乔，难可与等期。

【原文】

古诗为焦仲卿妻作

汉末建安中⁽¹⁾，庐江府小吏焦仲卿妻刘氏⁽²⁾，为仲卿母所遣，自誓不嫁。其家逼之，乃投水而死。仲卿闻之，亦自缢于庭树。时人伤之，为诗云尔。

孔雀东南飞，五里一徘徊⁽³⁾。"十三能织素⁽⁴⁾，十四学裁衣。十五弹箜篌⁽⁵⁾，十六诵诗书。十七为君妇，心中常苦悲。君既为府吏，守节情不移⁽⁶⁾。贱妾留空房，相见常日稀。鸡鸣入机织⁽⁷⁾，夜夜不得息。三日断五匹⁽⁸⁾，大人故嫌迟⁽⁹⁾。非为织作迟，君家妇难为。妾不堪驱使⁽¹⁰⁾，徒留无所施⁽¹¹⁾。便可白公姥⁽¹²⁾，及时相遣归⁽¹³⁾。"

府吏得闻之，堂上启阿母⁽¹⁴⁾："儿已薄禄相⁽¹⁵⁾，幸复得此妇。结发同枕席⁽¹⁶⁾，黄泉共为友⁽¹⁷⁾。共事二三年，始尔未为久⁽¹⁸⁾。女行无偏斜，何意致不厚⁽¹⁹⁾？"阿母谓府吏："何乃太区区⁽²⁰⁾！此妇无礼节，举动自专由。吾意久怀忿，汝岂得自由！东家有贤女，自名秦罗敷。可怜体无比⁽²¹⁾，阿母为汝求。便可速遣之，遣去慎莫留！"府吏长跪答⁽²²⁾，伏惟启阿母⁽²³⁾："今若遣此妇，终老不复取⁽²⁴⁾！"阿母得闻之，槌床便大怒⁽²⁵⁾："小子无所畏，何敢助妇语！吾已失恩义⁽²⁶⁾，会不相从许⁽²⁷⁾！"

府吏默无声，再拜还入户。举言谓新妇⁽²⁸⁾，哽咽不能语⁽²⁹⁾："我自不驱卿⁽³⁰⁾，逼迫有阿母。卿但暂还家，吾今且报府⁽³¹⁾。不久当归还，还必相迎取⁽³²⁾。以此下心意⁽³³⁾，慎勿违吾语。"新妇谓府吏："勿复重纷纭⁽³⁴⁾！往昔初阳岁⁽³⁵⁾，谢家来贵门⁽³⁶⁾。奉事循公姥，进止敢自专⁽³⁷⁾？昼夜勤作息⁽³⁸⁾，伶俜萦苦辛⁽³⁹⁾。谓言无罪过，供养卒大恩⁽⁴⁰⁾。仍更被驱遣，何言复来还？妾有绣腰襦⁽⁴¹⁾，葳蕤自生光⁽⁴²⁾。红罗复斗帐⁽⁴³⁾，四角垂香囊⁽⁴⁴⁾。箱帘六七十，缘碧青丝绳⁽⁴⁵⁾。物物各自异，种种在其中。人贱物亦鄙，不足迎后人⁽⁴⁶⁾。留待作遗施⁽⁴⁷⁾，于今无会因⁽⁴⁸⁾。时时为安慰，久久莫相忘。"

鸡鸣外欲曙，新妇起严妆⁽⁴⁹⁾。著我绣裌裙⁽⁵⁰⁾，事事四五通⁽⁵¹⁾。足下蹑丝履⁽⁵²⁾，头上玳瑁光⁽⁵³⁾。腰若流纨素⁽⁵⁴⁾，耳著明月珰⁽⁵⁵⁾。指如削葱根⁽⁵⁶⁾，口如含朱丹⁽⁵⁷⁾。纤纤作细步⁽⁵⁸⁾，精妙世无双。上堂拜阿母，母听去不止⁽⁵⁹⁾。"昔作女儿时，生小出野里⁽⁶⁰⁾，本自无教训，兼愧贵家子⁽⁶¹⁾。受母钱帛多⁽⁶²⁾，不堪母驱使⁽⁶³⁾。今日还家去，念母劳家里⁽⁶⁴⁾。"却与小姑别⁽⁶⁵⁾，泪落连珠子。"新妇初来时⁽⁶⁶⁾，小姑始扶床。今日被驱遣，小姑如我长。勤心养公姥，好自相扶将⁽⁶⁷⁾。初七及下九⁽⁶⁸⁾，嬉戏莫相忘。"出门登车去，涕落百余行。

府吏马在前，新妇车在后，隐隐何甸甸⁽⁶⁹⁾，俱会大道口。下马入车中，低头共耳语："誓不相隔卿⁽⁷⁰⁾！且暂还家去，吾今且赴府。不久当还归，誓天不相负。"新妇谓府吏："感君区区怀⁽⁷¹⁾。君既若见录⁽⁷²⁾，不久望君来。君当作磐石⁽⁷³⁾，妾当作蒲苇⁽⁷⁴⁾；蒲苇纫如丝⁽⁷⁵⁾，磐石无转移。我有亲父兄⁽⁷⁶⁾，性行暴如雷。恐不任我意，逆以煎我怀⁽⁷⁷⁾。"举手长劳劳⁽⁷⁸⁾，二情同依依。

入门上家堂，进退无颜仪⁽⁷⁹⁾。阿母大拊掌⁽⁸⁰⁾："不图子自归！十三教汝织，十四能裁衣。十五弹箜篌，十六知礼仪。十七遣汝嫁，谓言无誓违⁽⁸¹⁾。汝今何罪过⁽⁸²⁾，不迎而自归？"兰芝惭阿母⁽⁸³⁾："儿实无罪过。"阿母大悲摧⁽⁸⁴⁾。

还家十余日，县令遣媒来。云有第三郎，窈窕世无双⁽⁸⁵⁾。年始十八九，便言多令才⁽⁸⁶⁾。阿母谓阿女："汝可去应之。"阿女衔泪答⁽⁸⁷⁾："兰芝初还时，府吏见丁宁⁽⁸⁸⁾，结誓不别离⁽⁸⁹⁾。今日违情义，恐此事非奇⁽⁹⁰⁾。自可断来信⁽⁹¹⁾，徐徐更谓之⁽⁹²⁾。"阿母白媒人："贫贱有此女，始适还家门⁽⁹³⁾。不堪吏人妇⁽⁹⁴⁾，岂合令郎君⁽⁹⁵⁾？幸可广问讯⁽⁹⁶⁾，不得便相许。"

媒人去数日，寻遣丞请还⁽⁹⁷⁾。说有兰家女，承籍有宦官⁽⁹⁸⁾。云有第五郎，娇逸未有婚⁽⁹⁹⁾。遣丞为媒人，主簿通语言⁽¹⁰⁰⁾。直说太守家，有此令郎君，既欲结大义⁽¹⁰¹⁾，故遣来贵门。阿母谢媒人："女子先有誓，老姥岂敢言⁽¹⁰²⁾！"阿兄得闻之，怅然心中烦⁽¹⁰³⁾。举言谓阿妹："作计何不量⁽¹⁰⁴⁾！先嫁得府吏，后嫁得郎君。否泰如天地⁽¹⁰⁵⁾，足以荣汝身。不嫁义郎体，其往欲何云⁽¹⁰⁶⁾？"兰芝仰头答："理实如兄言。谢家事夫婿，中道还兄门。处分适兄意⁽¹⁰⁷⁾，那得自任专？虽与府吏要⁽¹⁰⁸⁾，渠会永无缘⁽¹⁰⁹⁾。登即相许和⁽¹¹⁰⁾，便可作婚姻。"媒人下床去，诺诺复尔尔⁽¹¹¹⁾。还部白府君⁽¹¹²⁾："下官奉使命。言谈大有缘。"府君得闻之，心中大欢喜。视历复开书⁽¹¹³⁾："便利此月内⁽¹¹⁴⁾，六合正相应⁽¹¹⁵⁾。良吉三十日⁽¹¹⁶⁾，今已二十七，卿可去成婚。"交语速装束⁽¹¹⁷⁾，络绎如浮云⁽¹¹⁸⁾。青雀白鹄舫⁽¹¹⁹⁾，四角龙子幡⁽¹²⁰⁾，婀娜随风转⁽¹²¹⁾。金车玉作轮，踯躅青骢马⁽¹²²⁾，流苏金镂鞍⁽¹²³⁾。赍钱三百万⁽¹²⁴⁾，皆用青丝穿。杂彩三百匹，交广市鲑珍⁽¹²⁵⁾。从人四五百，郁郁登郡门⁽¹²⁶⁾。

阿母谓阿女："适得府君书，明日来迎汝。何不作衣裳？莫令事不举⁽¹²⁷⁾！"阿女默无声，手巾掩口啼，泪落便如泻。移我琉璃榻⁽¹²⁸⁾，出置前窗下。左手持刀尺，右手执绫罗。朝成绣袷裙，晚成单罗衫。晻晻日欲暝⁽¹²⁹⁾，愁思出门啼。

府吏闻此变，因求假暂归。未至二三里，摧藏马悲哀⁽¹³⁰⁾。新妇识马声，蹑履相逢迎⁽¹³¹⁾。怅然遥相望⁽¹³²⁾，知是故人来⁽¹³³⁾。举手拍马鞍，嗟叹使心伤："自君别我后，人事不可量⁽¹³⁴⁾。果不如先愿，又非君所详。我有亲父母⁽¹³⁵⁾，逼迫兼弟兄。以我应他人⁽¹³⁶⁾，君还何所望！"府吏谓新妇："贺卿得高迁！磐石方且厚，可以卒千年；蒲苇一时纫，便作旦夕间。卿当日胜贵⁽¹³⁷⁾，吾独向黄泉。"新妇谓府吏："何意出此言！同是被逼迫，君尔妾亦然⁽¹³⁸⁾。黄泉下相见，勿违今日言！"执手分道去，各各还家门。生人作死别，恨恨那可论！念与世间辞，千万不复全！

府吏还家去，上堂拜阿母："今日大风寒，寒风摧树木，严霜结庭兰。儿今日冥冥⁽¹³⁹⁾，令母车后单。故作不良计⁽¹⁴⁰⁾，勿复怨鬼神。命如南山石⁽¹⁴¹⁾，四体康且直⁽¹⁴²⁾。"阿母得闻之，零泪应声落："汝是大家子，仕宦于台阁⁽¹⁴³⁾。慎勿为妇死，贵贱情何薄⁽¹⁴⁴⁾？东家有贤女，窈窕艳城郭⁽¹⁴⁵⁾。阿母为汝求，便复在旦夕。"府吏再拜还，长叹空房中，作计乃尔立⁽¹⁴⁶⁾。转头向户里，渐见愁煎迫。

　　其日牛马嘶，新妇入青庐⁽¹⁴⁷⁾。奄奄黄昏后⁽¹⁴⁸⁾，寂寂人定初⁽¹⁴⁹⁾。"我命绝今日，魂去尸长留。"揽裙脱丝履，举身赴清池。府吏闻此事，心知长别离。徘徊庭树下，自挂东南枝。

　　两家求合葬，合葬华山傍⁽¹⁵⁰⁾。东西植松柏，左右种梧桐。枝枝相覆盖，叶叶相交通。中有双飞鸟，自名为鸳鸯。仰头相向鸣，夜夜达五更。行人驻足听，寡妇起彷徨。多谢后世人⁽¹⁵¹⁾，戒之慎勿忘⁽¹⁵²⁾！

【毛泽东圈评等情况】

毛泽东读清沈德潜选编《古诗源》卷四时曾圈阅此诗。

[参考] 张贻玖：《毛泽东评点、圈阅的中国古典诗词》，
中国工人出版社 1992 年版，第 222 页。

【注释】

（1）建安，东汉献帝刘协年号（196—219）。

（2）庐江府，汉代郡名，郡治初在今安徽庐江西，汉末徙今安徽潜山。

（3）孔雀，鸟名，鹑鸡类，传为鸾鸟的配偶。古诗言夫妇离别往往用双鸟起兴。《艳歌何尝行》："飞来双白鹄，乃从西北来。……五里一返顾，六里一徘徊。"是本篇起首二句的来源。

（4）十三，刘兰芝年龄，下十四、十五、十六、十七并同。素，白色的丝绢。

（5）箜篌（kōng hóu），也作"空侯"，古代的一种拨弦乐器，二十三弦，体曲而长，弹时抱在怀中，两手拨弦。

（6）守节，守当官之节，以公务为重，不为夫妇之情所移。一本此下无"贱妾守空房，相见常日稀"二句。

（7）入机，上机。

（8）匹，同"疋"，四十尺。据《汉书·食货志》记载，当时布帛幅宽二尺二寸，长四丈为一匹。

（9）大人，刘兰芝对焦母的敬称。一作"丈人"。故，故意。

（10）妾，兰芝自称。不堪，承受不住。

（11）徒，空。施，用。

（12）白，禀告。公姥（mǔ），公公婆婆。此是偏义复词，指婆母。

（13）遣归，打发回去，休弃。

（14）堂上，应作"上堂"。启，禀告。阿母，即母。

（15）禄，指古人迷信所谓命中注定一生中应得的物质享受。相，状貌。古人迷信，认为从人的状貌可知人的贫富贵贱叫禄相。薄禄相，生命中难致富贵。

（16）结发，束发，指男女成年。古代男子二十岁束发加冠，女子十五岁束发加笄表示成年，通称结发。同枕席，指成为夫妇。《文选》卷二十九苏武诗："结发为夫妇。"

（17）黄泉，地下之泉。人死葬于地下，故黄泉指人的死亡。

（18）尔，如此。

（19）意，料。不厚，不喜爱。

（20）区区，指见识狭小，目光短浅。

（21）可怜，可爱。

（22）长跪，古人席地而坐，上身伸直，臀压脚跟，身材加长，故称长跪，表示尊敬。

（23）伏惟，匍伏思念。古人说话时用以表示谦卑的发语词。

（24）取，同"娶"。

（25）槌，同"捶"，击。床，坐具。小床只容一人坐，比板凳稍宽。年老或尊贵者坐在床上。

（26）失恩义，绝情谊。

（27）会，必。从许，答应。

（28）举言，发言。新妇，媳妇，非专指新嫁娘。汉以后，呼子妇为新妇。

（29）哽咽，悲痛气结哭不出声。

（30）自，本。卿，称谓之词，君对臣或平辈相互之间的称呼，这里是夫妇间的爱称。

（31）报府，指到庐江府去办公。一作"赴府"，义同。

（32）迎取，迎接。

（33）下心意，低心下气。

（34）重纷纭，再找麻烦，意思是别再说接我回来了。

（35）初阳岁，约指农历十一月。旧有冬至阳气初动之说。

（36）谢，辞。

（37）奉事，行事。进止，举止。

（38）作息，劳作和休息，此是偏义复词。勤作息即勤于劳作。

（39）伶俜（pīng），孤独之状。萦，缠绕。

（40）谓言，自以为。供养，侍奉。

（41）绣腰襦（rú），一种绣花的短袄。

（42）葳蕤（wēi ruí），草木下垂之状，指下垂的装饰品。

（43）复，双层。斗帐，一种小帐，形如向下倒置的斗（斗是方口方底，口大底小）。

（44）香囊，盛香料的袋子。

（45）帘，即"奁"（lián），镜匣。丝绳，大约箱奁上有套，口用丝绳结起。二句一作"交文象牙簟，宛转素丝绳"，一作"交文象牙篦，宛转青丝绳"。

（46）后人，指焦仲卿再娶的妻子。

（47）遗（wèi）施，赠送，施与。遗，一作"遣"。

（48）会因，相见的机会。

（49）严妆，郑重地梳妆打扮。

（50）绣袷裙，有里面两层的绣花裙。

（51）通，遍。

（52）蹑（niè），穿。

（53）玳瑁光，玳瑁簪在发光。

（54）流纨素，纨素的光彩像水流动。纨素，精致洁白的细绢。

（55）明月珰，明月宝珠做的耳饰。珰，耳环一类的装饰品。

（56）削葱根，尖削的葱白。

（57）朱丹，红色宝石。

（58）纤纤，细微的样子。细步，小步。

（59）母听去不止，婆母任她去，并不阻止。一作"阿母怒不止"。

（60）野里，荒僻乡里。

（61）贵家，高门。

（62）钱帛，指聘礼。

（63）不堪，承受不起，不能胜任。

（64）劳，辛苦。

（65）却，退。

（66）"新妇"等四句，一本无"小姑始扶床。今日被驱遣"二句。有人认为"新妇"等四句是后人所附入的唐代诗人顾况《弃妇行》中的诗句。

（67）扶将，照应。

（68）初七，七夕（阴历七月初七）。妇女在这天晚上乞巧。下九，每月十九日。古人以每月二十九日为上九，初九日为中九，十九日为下九。妇女常在下九举行聚会，叫作"阳会"。

（69）隐隐、甸甸，都是拟声。何，语助语。

（70）隔，绝，断绝。

（71）区区，真诚的心意。

（72）见，被。录，记。

（73）磐石，大石，喻坚定不移。

（74）蒲苇，蒲草和芦苇，皆水草，这里是偏义复词，指蒲草柔韧不可折断，喻性格柔韧。

（75）纫，通"韧"，柔而固。

（76）亲父兄，胞兄。父兄，偏义复词，指兄。

（77）逆，度（duó），预料。

（78）劳劳，惆怅不已。劳，忧。依依，依恋不舍之态。

（79）进退，偏义复词，指进。无颜仪，没脸面。

（80）拊（fǔ）掌，拍手。表示惊骇。

（81）无誓违，不要违背誓言。誓违，即违誓。东汉许慎《说文》："誓，约束也。"或疑"誓"是"愆"之误。"愆"是古"愆"字。愆违，即过失。

（82）今，若。何，一作"无"。

（83）兰芝，刘氏名。惭阿母，见母亲感到惭愧。

（84）大悲摧，非常悲痛忧伤。摧，疑作"催"（cuī），忧伤。

（85）窈窕，容貌美好。

（86）便（pián）言，善于辞令，有口才。令，美。

（87）衔泪，含泪。衔，一作"含"。

（88）见，被。丁宁，嘱咐。今作"叮咛"。

（89）结誓，发誓。一作"结发"，结婚之意。

（90）非奇，不妙。奇，佳，好。

（91）断来信，回绝媒人。来信，指县令派来的媒人。

（92）更谓之，慢慢再谈它。之，指兰芝改嫁事。

（93）适，嫁。始适，出嫁未久。

（94）不堪，不能胜任。

（95）合，配得上。

（96）问讯，打听消息。

（97）寻，不久。丞，县丞，县令的属官。请，因事请命于太守。还，丞还县。

（98）承籍，继承先人的仕籍。宦官，官宦人家。

（99）娇逸，非常娇美。娇，美。逸，特出，超出一般。

（100）主簿，官名，府县都有主簿，这里指府中的主簿。

（101）结大义，结为婚姻。

（102）老姥（mǔ），老妇，刘母自称。

（103）怅然，愤恨烦恼之态。

（104）作计，定主意。不量，不知考虑。

（105）否（pǐ）泰，《易经》中的两个卦名，否谓"天地不交而万物不通"，泰谓"天地交而万物通"，表示坏运和好运。否，厄运，指先嫁府吏；泰，好运，指后嫁郎君。

（106）义，美称。郎，郎君，公子。其往，过此以往。

（107）适，顺。处分，决定处理。

（108）要（yāo），约订，同"约"。

（109）渠会，即和他相会。渠，他，指焦仲卿。

（110）登即，立即，马上。和，应。

（111）诺诺、尔尔，答应声。尔，如此。

（112）还部，回到府衙。府君，太守。

（113）视历、开书，翻查历书，选择吉日。《隋书·经籍志》有"六合婚嫁历""阴阳婚嫁书"等目。

（114）便，就。利，适宜。

（115）六合，《南齐书·礼乐志》："五行说十二辰为六合，月建与日辰相合也。"即子与丑合，寅与亥合，卯与戌合，辰与酉合，巳与申合，午与未合。古人迷信认为六合相应就吉利。

（116）良吉，吉日良辰。

（117）交语，交相传话。装束，指筹办婚礼所用之物。

（118）络绎，连绵不断。

（119）青雀白鹄舫，船首画着青雀或白鹄的船。舫，船。

（120）龙子幡（fān），绣龙的旗帜。

（121）婀娜，柔弱轻飘之状。

（122）踯躅（zhí zhú），踏步不前。骢（cōng），青白毛间杂的马。

（123）流苏，彩线或羽毛做成的下垂的缨子。金镂鞍，用金属雕花为饰的马鞍。

（124）赍（jī），赠送，付。

（125）交，交州。广，广州。市，买。鲑，吴人对鱼的总称。珍，肴珍之属。鲑珍，指山珍海味。广，一作"用"。余冠英认为据《三国志·吴志》，黄武五年（226）才分交州置广州，叙汉末的事不应交广并称。"交"，同"教"。"广市鲑珍"，就是广泛购买鲑珍。鲑，鱼类菜肴总称。

（126）郁郁，盛多之状。登，发。

（127）不举，不办。

（128）琉璃榻，坐具名，嵌琉璃的榻。

（129）晻晻（yǎn），日落昏暗无光之状。暝，日暮，夜晚。

（130）摧藏，摧挫肝肠。藏，同"脏"。

（131）蹑履，穿鞋，此处有放轻脚步之意。

（132）怅，愁恨。

（133）故人，指焦仲卿。

（134）量，料。

（135）亲父母，生身父母。兰芝婚姻由兄做主，似已无父。这里"父母"是偏义复词，指母。下"弟兄"，同此。

（136）应，许。

（137）胜，指生活好。贵，指身份高。

（138）尔、然，均是如此之意。

（139）日冥冥，日暮。焦仲卿自言即将了结生命，如日之冥冥。

（140）故，故意。

（141）命如南山石，寿比南山。命，寿命。南山，终南山，在今陕西西安南。

（142）四体，四肢。康，强健。直，顺，舒展。

（143）台阁，指尚书台。尚书是掌管宫中机要文书的大官。

（144）贵，指，焦仲卿。贱，指刘兰芝。

（145）艳城郭，全城数她最美丽。

（146）作计，作自杀之计。乃尔，如此。立，定。

（147）青庐，用青布幔搭成的喜棚，是古时举行婚礼的地方。唐段成式《酉阳杂俎》记载："北朝婚礼，青布幔屋，在内门外，谓之有青庐，于此交拜迎妇。"

（148）奄奄（yǎn），同"晻晻"，暗。

（149）人定初，人们刚刚安息的时候。约当今之夜间9时。

（150）华山，庐江小山名。有疑指今安徽舒城县的华盖山。

汉
诗

（151）谢，告，致意。

（152）戒之，以此为戒。

【赏析】

此诗最早见于南朝徐陵所编的《玉台新咏》，题为《古诗为焦仲卿妻作》。宋郭茂倩的《乐府诗集》收入《杂曲歌辞》，题为《焦仲卿妻》。今人往往取其首句，名为《孔雀东南飞》。

《玉台新咏》此诗前有一段序文："汉末建安中，庐江府小吏焦仲卿妻刘氏，为仲卿母所遣，自誓不嫁。其家逼之，乃投水而死。仲卿闻之，亦自缢于庭树。时人伤之，为诗云尔。"这段小序交代了故事的梗概和写作时间。

全诗共1785字，为中国古代第一长篇叙事诗。按故事情节发展可分为三个阶段。第一为故事的发生，即女主人公兰芝被遣归。其中包含着请遣、求情、话别、辞归、密誓五个阶段。第二为情节的展开，即兰芝被逼改嫁，其中又有还家、谢谋、逼婚、催妆四层。第三为故事情节的高潮和尾声，其中又分誓死、别母、双殉、合葬四折起伏。

诗歌以兰芝的自诉请遣开始，集中反映兰芝与仲卿之间的爱情和封建礼教的代表焦母之间的矛盾。兰芝是一位能织素、会裁衣、晓音乐、通诗书、知礼义、谙妇道的正统女子。可是，以封建礼教之妇道律己的兰芝，并未能得到封建礼教代表焦母的欢心。相反，从焦母的"故嫌迟"中，她悟出了焦母执意遣归的用心。在驱遣必行的情况下，她主动请遣，走上反抗道路，即在承认封建礼教野蛮压迫妇女方式前提下的反抗。仲卿的求情源于对兰芝的爱，同时也表明他对事态严重性的认识不足。焦母的蛮横专断，说明了兰芝请遣的必然。自然，焦母的所为又是封建律条所使。《礼记·内则》云："子甚宜其妻，父母不悦，出。"兰芝的横遭驱遣，仲卿的无力挽回，都是封建礼教和封建家长制使然。在封建礼教和封建家长制直接压迫兰芝，进而威胁到仲卿和兰芝爱情之际，仲卿的反抗性格迅速成长，"终老不复取"正是他在整个故事发展中第一次明确的坚决的反抗。

话别之际的仲卿幻想以暂时的妥协，时间的流逝，填平母妻之间的鸿沟。兰芝则异常清醒，她深知被遣之必然和重返之不可能，她对恩爱夫妻的被迫离异痛苦万分，眷恋不已，历数和交代嫁妆正是这种复杂心情的反映。

辞归前的兰芝盛妆打扮，则是以她的容颜俊美，表现她的态度镇定，性格坚强。上堂拜母，不卑不亢，礼仪周至，集善良与刚强于一身。下堂别姑，泪落不止，惜别之情依依，痛苦之心昭昭。"大道口"的密誓，宣告了他们被迫分离时维护坚贞爱情的决心。

兰芝、仲卿与焦母的矛盾以兰芝的被遣告终了。但是，新的厄运又将降在这对怀着重逢希望的青年男女身上。因而兰芝、仲卿的爱情悲剧又发展到一个新阶段。它以兰芝还家发端，集中写刘兄逼嫁和兰芝维护坚贞爱情的矛盾冲突。

兰芝还家，进退失据，心中充满弃妇的羞惭、哀怨、委屈、悲愤之情。刘母则始惊继悲，哀伤不已。为了维护和仲卿的密誓爱情，兰芝争取母亲一定程度的支持，谢绝了县令家的求婚。但是，面对太守家的求亲，刘母不愿力拒，这就给了刘兄可乘之机。他以关心妹妹的面孔出现，用赤裸裸的世俗利害逼婚。兰芝深知，太守的势力不可抗，阿兄的决定不可争，只有外示顺从而内定死志，在表面允婚的条件下作最后的斗争。太守下书，刘母催妆，使家长意志和个人意志的矛盾迅速激化。

仲卿闻变重会兰芝，怨艾之情难抑。兰芝理智清醒，以死相誓，仲卿还家，暗示死志。但是，亲手制造了仲卿与兰芝分离、迫使儿子走上殉情之路的焦母，却仍然坚持另觅罗敷的计划，鄙视仲卿对兰芝的一片真情，再次暴露了她那冷酷的母爱。兰芝纵身投水，仲卿自缢庭树，以死实现了他们维护双方爱情的誓言。

合葬，为这一悲剧的尾声，显示了儿女死后双方家长内心的微妙变化。松柏、梧桐的枝叶相依，寄托了人民对以爱情为基础的合理婚姻的向往。

《焦仲卿妻》的出现，标志着中国古典叙事诗的成熟。这种成熟，表现为以下五点：

第一，它塑造了一系列个性鲜明的人物形象。兰芝，是诗篇集中描绘的主要人物。她美丽、善良、勤劳、刚强。她从小受到严格正规的礼教教育。入嫁焦家后，她谨守妇道，昼夜劳作。但这位按封建礼教塑造出来的女性，最终却不能为封建家长和封建礼教所容。现实的压迫使她本能地萌发出维护人格自尊的反抗，由于她直接受到焦母、刘兄的逼迫，所以在整个悲剧事件的发展过程中，她显得异常清醒、理智、刚强。这是一位既反对封建礼教和封建家长制，又受制于封建礼教和封建家长制的特定女性。

仲卿，厚道老实。作为丈夫，他忠于爱情；作为儿子，他尽人子之孝。但他不是唯命是从的孝子，他的心中始终交织着孝与爱的尖锐矛盾，也即封建礼教和自由婚姻的冲突。尽管他在斗争中不够清醒，时有幻想，果决程度也略逊于兰芝，但他始终站在兰芝一边，钟爱兰芝，同情兰芝，最终以死殉情，完成了另一个反礼教、反封建家长制的形象塑造。

诗中一些着墨不多的人物，也显得性格鲜明。焦母和刘兄同是封建礼教和封建家长制的代表，但二人并非完全相同。焦母蛮横专断，她代表封建礼教，却又是封建礼教不自觉的受害者，她爱子却逼死了儿子。刘兄则势利自私，他以金钱和门第作为判断兰芝婚姻成败的准绳，完全不懂得感情在婚姻中的决定作用。

第二，结构完整、紧凑和细密。遣归，逼嫁，殉情，尾声，环环相扣，波澜丛生。全诗采用双线推进的方式，一为仲卿和兰芝的关系，一为兰芝夫妇和焦母刘兄的关系。二者交错发展，相互推进，而又以兰芝夫妇和焦母刘兄的关系作为主线。诗中前后多用照应之笔，体现了结构的细密。诗篇开首径入请遣，简洁异常，突出了婆媳冲突。这就有效地防止了拖沓，保证了结构的紧凑。兰芝严妆和太守迎亲，则又繁笔泼墨，既显示了兰芝的刚强和不慕富贵，又加速了情节的发展。

第三，此诗长于通过个性化的人物对话塑造人物形象。陈祚明《采菽堂古诗选》说："历述十许人口中语，各各肖其声情，神化之笔也。"沈德潜《古诗源》（卷四）亦说："淋淋漓漓，反反复复，杂述十数人口中语，而各肖其声音面目，岂非化工之笔？""小子无所畏，何敢助妇语！""先嫁得府吏，后嫁得郎君。"虽只短短数句，焦母刘兄的蛮横专断与自私势利之心毕现。至于兰芝和仲卿，更是通过语言描写完成了形象的塑造。

第四，诗中一些抒情性的穿插和简短的人物行动刻画也相当成功。

前者如"生人作死别，恨恨那可论"，抒写兰芝与仲卿殉情前的离别之情；后者如"槌床"写焦母之蛮横，"大拊掌"写刘母的既惊且悲，都是成功之例。

第五，浪漫主义的结尾，象征着焦刘爱情的不朽，寄托着人民的愿望。（王立群）

古诗十九首

《古诗十九首》是东汉时期产生的抒情五言诗，作者已不可考。南朝梁昭明太子（萧统）收入《文选》，"以不知姓氏，统名为古诗"。毛泽东圈阅的清代沈德潜选编《古诗源》认为"从昭明为允"，故通名之为无名氏。这些诗反映了东汉末年社会生活的情况，语言平易，在中国文学史上占有较重要的地位。它一方面继承了"诗三百"的艺术精华，同时又开了"建安"、魏晋五言诗的风气标志着五言新体诗的日臻成熟。

【原文】

行行重行行

行行重行行⁽¹⁾，与君生别离⁽²⁾。
相去万余里⁽³⁾，各在天一涯⁽⁴⁾。
道路阻且长⁽⁵⁾，会面安可知⁽⁶⁾？
胡马依北风⁽⁷⁾，越鸟巢南枝⁽⁸⁾。
相去日已远⁽⁹⁾，衣带日已缓⁽¹⁰⁾。
浮云蔽白日⁽¹¹⁾，游子不顾反⁽¹²⁾。
思君令人老⁽¹³⁾，岁月忽已晚⁽¹⁴⁾。
弃捐勿复道⁽¹⁵⁾，努力加餐饭。

【毛泽东圈评等情况】

毛泽东读清沈德潜选编《古诗源》卷四时曾圈阅此诗。

[参考] 张贻玖：《毛泽东评点、圈阅的中国古典诗词》，

中国工人出版社1992年版，第222页。

（1）重行行，是说行而不已。重（chóng），又。

（2）生别离，活着分开。生离死别之意。原原《九歌·少司命》："悲莫悲兮生别离。"

（3）相去，相距，相离。

（4）天一涯，天一方。

（5）阻，艰险。阻且长，《诗经·秦风·蒹葭》："所谓伊人，在水一方。溯回从之，道阻且长。"

（6）安可知，怎么能够知道。

（7）胡马，我国古代西北部民族统称胡，胡马即指北方所产的马。依，依恋。

（8）越鸟，越指南方的越族，越鸟即指南方的鸟。巢，筑巢。《韩诗外传》："代马依胡风，越鸟翔故巢，皆不忘本之谓也。"

（9）已，同以，表示时间的界限。

（10）缓，宽松。汉乐府《古歌》："离家日趋远，衣带日趋缓。"

（11）浮云蔽白日，陆贾《新语》："邪臣之蔽贤，犹浮云之障日月。"《古杨柳行》："谗邪蔽公正，浮云蔽白日。"

（12）顾，念。反，同返。顾反，返还，回家。

（13）思君令人老，由《诗经·小雅·小弁》"维忧用老"脱化而来。

（14）晚，指岁暮。

（15）弃捐，抛弃。道，谈说。

【赏析】

《行行重行行》是《古诗十九首》之一。这首诗，借一女子思念远行异乡的情人，相思而不得相见之苦，表现了一位怀才不遇、忧国忧民之士的哀怨之情。

从字面上看，这确是一首充满着别情、离苦的思夫诗。"行行重行行"是说情人离开自己越来越远而毫无停止之意，其感情之真挚、缠绵溢于言表。"与君生别离"则更令人心碎。恋人相聚，共享天伦，是多么令人陶醉

汉
诗

向往的事呀！而如今却要分别，却要"相去万里""天各一涯"，这其中既饱含女子对情人的无限眷恋，又隐隐透出女子的哀怨与不满的情绪。这是因为女子内心清楚，情人别去后的路艰难，行程又远，而何日能与君会面又不得而知。诗至此处，诗人自知情未所致，接着用"胡马依北风，越鸟巢南枝"比喻起兴，紧承上"各在天一涯"句，言一北一南，相见无期。这里的起兴，也充分表达了相思女子希望早日与情人相聚的思恋之情：凡物各有所托，恋人为何"生而别离""天各一涯"？《吴越春秋》有"胡马依北风而立，越燕望海日而熙"句，意为同类相亲之意。而这里采用比喻起兴，其用意是以物及人，言外之意是动物尚能赏心如意地去相亲相爱，为何人类却要受别离之苦！这就将女子的思恋、向往、哀怨、不满之情刻画得入木三分，淋漓尽致。正是因为这种思恋、哀怨之情，使得相思女子衣带渐而"宽松"，人瘦而憔悴。

"浮云蔽白日，游子不顾反"，是说天气要变坏了，游子在外怎么不念及回家之事呢？"顾"，念。按常规讲，天气变坏，人都往家中躲。这里，女子明知天气变化不应该是游子返家的理由，而诗中如此讲来是因为女子将情人的远离视为近别，是女子心里不希望情人离得太远心理活动的形象体现。"不顾反"三字饱含相思女子对情人不归、恋人不得相聚的无可奈何及一腔哀怨之情。终日地思念、哀怨，不知不觉中人已变老，岁月流失许多，即"思君令人老，岁月忽已晚"句的大意。这里用一个"忽"字，陡然惊心，不能不使女子领会到相思无益，只能"令人垂老"。这是相思女子的感悟，然而这种感悟又多么令人惊心，令人凄然！而"弃捐勿复道，努力加餐饭"才真正道出相思女子感悟之理背后的真正含义。"弃捐"，抛弃之意，意为抛弃忧愁。这两句形象地道出了女子内心矛盾而又执着地对情人的一片痴情：老期将至，还能忍受多少别离之苦呢？不如多吃些饭、养好身体！"弃捐勿复道"是决词，是狠语，相思女子之思、之怨尽含其中，"努力加餐饭"是自慰之语，而相思女子耐心等待情人之心，恩爱之情，有加无已。全诗极写相思女之恋之怨，而全诗又无一句恋语怨语，足见作者之匠心独运。

这是本诗文面上的意思。深一层去分析全诗，本诗蕴含着深刻的含义，即是贤士思君念君而不得君重用，有志不得伸展，并希望有朝一日能得以重用。诗中的相思女子是贤者的形象化身，而女子所思恋的情人则是贤士心目中国君形象的喻显。从字面上分析，也不难看出这一点。贤臣遭佞人进谗，或被放逐，或不得不离开国君到边远的地方。然而，贤臣的一片爱国忧民的赤子之心是不能泯灭的，时时想回到君之身旁，却不能如愿，以致"衣带日已缓"，究其原因，是由于"浮云蔽白日"，国君周围围满了佞臣。诗之结尾的"努力加餐饭"，表现的是贤臣希望有朝一日能得朝廷重用，重伸大志的宏愿。就这个意义上讲，这种思想是作者忠君思想的体现，是受社会的、历史的局限而致。而其中的哀怨、不满之情是作者流露出的反抗思想的萌芽，这在当时的社会状态下，确实是难能可贵的。全诗借一思妇形象，表达出蕴含的思想内容，其表现手法上屡换笔势，往复曲折，章法严谨，天衣无缝。而深刻的意蕴，精妙的艺术形式，正是这首诗作为《古诗十九首》之首，盛传后世、千古不朽的原因之所在。（张福民）

【原文】

青青河畔草

青青河畔草，郁郁园中柳(1)。

盈盈楼上女(2)，皎皎当窗牖(3)。

娥娥红粉妆(4)，纤纤出素手(5)。

昔为倡家女(6)，今为荡子妇(7)；

荡子行不归，空床难独守。

【毛泽东圈评等情况】

毛泽东读清沈德潜选编《古诗源》卷四时曾圈阅此诗。

[参考]张贻玖：《毛泽东评点、圈阅的中国古典诗词》，
中国工人出版社1992年版，第222页。

汉
诗

【注释】

（1）郁郁，浓密茂盛的样子。朱自清说："'青青'是颜色兼生态，'郁郁'是生态。"《三辅黄图》说："灞桥在长安东……汉人送客至此桥，折柳赠别。""柳"谐"留"音，折柳是留客的意思。

（2）盈盈，盈通"嬴"，也即是"嬴"，形容女子仪态之美好。

（3）皎皎，状女子白皙明洁之貌。当，面临。窗牖（yǒu），窗。

（4）娥娥，形容女子美貌。红粉妆，指用脂粉盛妆。

（5）纤纤，形容女子手之细嫩。素，白。

（6）倡，歌舞伎。

（7）荡子，游子，在外乡漫游的人。

【赏析】

《古诗十九首》之二，是一首写思妇的诗。

起首二句从写景入笔。"青青河畔草"言初春景象，春和景明，河边的小草发出一片嫩绿；"郁郁园中柳"言孟春景色。这两句从字面上看是写春色，但实际是为下文写思妇想望远方的恋人的孤独和寂寞埋下的伏笔。这里的春色，隐喻着思妇的"春心"，春暖草茂，春心萌动是极自然的事了。此外，汉人还有折柳赠别的风俗，而"郁郁园中柳"是更容易引起离别的回忆。接下来四句写思妇的姿容仪态。这里，作者连用四个形容女子姿容仪态之美的形容词，重复叠用，将一位群伦共仰之、尘世共见之的美丽女子形象跃然纸上。然而，这里不单是写思妇貌之美、态之方，而主要是写思妇"当窗牖"。思妇之所以"当窗牖"，或许是出于对别离情人的思念，倚窗而望、盼早日归来，或许是忍受不住孤独的寂寞、当窗招邀。这和窗外的勃勃春色的格调是协调一致的。正因为"当窗牖"，则必"红粉妆""出素手"。这里四句，既呼应了前二句，又为下文设下悬念：三从四德，是封建社会妇女必须遵守的，而此妇何以如此不安分守己？"昔为倡家女，今为荡子妇"两句，写明了思妇的身世，也解释了上文的悬念。"倡"，即歌舞伎，不同于"娼"。"荡子"，指在外乡漫游的人，意和"游子"近，不同于不务正业之"荡子"。结尾两句是通篇结穴所在，既是对上文中春心萌动的思妇之妖艳之不安的原因作结，又深刻表达了思妇之愁怨之相思。然而也不难看出，思妇之妖艳之不安正是基于对"荡子"行而不归的愁怨、相思的具体表现，正是这种妖艳、不安，使得思妇的愁更忧，思更深。

全诗由青青郁郁之草柳起兴，引出思妇独坐空楼，不耐深藏、艳妆露手之状，最后阐明因果，表达出思妇难忍的孤寂、愁思，形象生动，前后呼应，首尾贯通，不失为一首好诗。（张福民）

【原文】

青青陵上柏

青青陵上栢⁽¹⁾，磊磊涧中石⁽²⁾。

人生天地间，忽如远行客⁽³⁾。

斗酒相娱乐⁽⁴⁾，聊厚不为薄⁽⁵⁾。

驱车策驽马⁽⁶⁾，游戏宛与洛⁽⁷⁾。

洛中何郁郁⁽⁸⁾，冠带自相索⁽⁹⁾。

长衢罗夹巷⁽¹⁰⁾，王侯多第宅。

两宫遥相望⁽¹¹⁾，双阙百余尺⁽¹²⁾。

极宴娱心意⁽¹³⁾，戚戚何所迫⁽¹⁴⁾？

【毛泽东圈评等情况】

毛泽东在读清沈德潜选编《古诗源》卷四时曾圈阅此诗。

［参考］张贻玖：《毛泽东评点、圈阅的中国古典诗词》，
中国工人出版社 1992 年版，第 222 页。

【注释】

（1）陵，高丘，亦指坟墓。栢，即"柏"。

（2）磊磊，石头堆积的样子。涧，山沟。

（3）忽，匆匆。

（4）斗酒，"斗"是一种酒器，斗酒指少量的酒。

（5）聊，姑且。

（6）驽马，一种劣马。

（7）宛，东汉南阳郡宛县（今河南南阳）。洛，东汉京都洛阳（今河南洛阳）。

（8）郁郁，本指草木茂盛，此形容繁盛热闹的景象。

（9）冠带，戴帽束带，此指官僚显贵。索，寻找，探访。

（10）长衢，指大街。夹巷，指大街两旁的小巷。

（11）两宫，指当时洛阳的南宫、北宫。一说指皇宫和皇太后的宫殿。李善注引蔡质《汉官典职》："南北两宫，相去七里。"

（12）双阙，皇宫门前的望楼叫阙，因一边一座，故称双阙。

（13）极宴，言王侯显贵穷奢极欲地饮宴，恣意作乐。

（14）戚戚，忧惧的样子。迫，指心情受到压抑。

【赏析】

《古诗十九首》之三，集中表现了作者对人生短暂的慨叹及及时行乐的愿望，也流露出作者对现实的不平及忧患意识。

据考证，此诗产生于东汉末期，时值东汉封建王朝风雨飘摇、面临崩溃前夕，阶级斗争尖锐激烈，农民起义此起彼伏。而在朝廷宫廷内部，外戚、宦官把持朝政，倾轧不已。诗作者是一个失意的文人，他本想拜谒王侯，争名于朝，有所作为，无奈由于现实的黑暗，使其前途无望，理想破灭，抱负不得伸展，于是自然产生消极悲观、及时行乐的旷达的处世态度。然而现实的污浊使作者不能不激愤于心，不能不对庸碌的权贵的穷奢极欲痛恨不满。

诗的起首两句是起兴。"磊磊"是石头堆积的样子。这里是采用相反或相对的关联事物起兴，以起到欲抑先扬、欲此先彼的作用。和下面两句相联系，以常青的松柏，长存的垒石来反衬人生的短促，"远行客"，指远离家门的过客。这里用"远行客"来形容人生犹如远行作客，匆匆走过，不能像陵上的柏树常青，涧中的众石永存。这也是作者对人生短暂的深深忧思，无奈的感叹，其浓郁的悲切凄凉气氛跃然纸上。在这种消极悲观思想的支配下，在失望、无聊之中，作者流连于山水，迷惑沉醉于酒色，则是必然的结果。于是乎，"斗酒相娱乐，聊厚不为薄"。不仅如此，还要"驱车策驽马，游戏宛与洛"。宛、洛是当时最繁华的都城。作者在这里用"斗酒"和"驽马"两个词，形象含蓄地勾画出了一个落魄文人在困难和痛苦中力求超脱的境况：斗酒尽管很薄且以为厚相娱乐，驽马虽劣，驾着它可漫游宛洛。酒不在多少而为娱乐，马不在优劣而在漫游，适得尽兴而已。"洛中何郁郁"以下六句，是作者漫游京都洛阳目睹的繁华景象。诗人游洛阳，看到的是熙攘的人群，权贵富豪们的相互勾结，以及排列在大街小巷的堂皇富丽的宅第，相去数里的豪华宫殿，高耸的双阙。这里极写权豪贵族之奢侈、显赫，和上文的"斗酒""驽马"形成鲜明的对比，表现出作者内心的愤慨与不平之气。由此还可看出，作者的超脱、消极处世只是一种表面现象，作者的"游戏"不是尽兴地去玩耍、观光，而是貌似玩世不恭的消极反抗。作者这种表面的寻欢作乐，不仅丝毫掩盖不住自己内心深处的悲忧心情，反而使这种思想感情显得忧郁更深，压抑更甚。如果说作者的忧伤与压抑的思想感情在上文里是间接含蓄表现的话，那么诗之结尾两句则是这种思想感情的直接明达的表露："极宴娱心意，戚戚何所迫？"这两句是全诗的终结，也是全诗的意旨所在。是说王侯显贵们穷极奢侈地尽情宴乐，可是我却感到多么忧伤，多么压抑啊！这里采用对比手法，表现了一个封建王朝崩溃前夕下层文人的忧患意识及对上层统治者的不满情绪。

全诗在艺术上采用对比手法，先用青柏与涧石之常青、永存与人生之短暂正反作比；中间以自己的失意与权贵们的碍势，自己的"斗酒""驽马"与权贵们的富贵豪奢、宾客盈门作比；最后将权贵们的极宴欢心与自己的戚戚所迫对比，比中见不平，比中见忧患，比中见主题。（张福民）

【原文】

今日良宴会

今日良宴会，欢乐难具陈[1]。

弹筝奋逸响[2]，新声妙入神[3]。

令德唱高言[4]，识曲听其真[5]。

齐心同所愿，含意俱未伸[6]。

人生寄一世，奄忽若飙尘[7]。

何不策高足[8]，先据要路津[9]？

无为守穷贱[10]，辗轲长苦辛[11]。

【毛泽东圈评等情况】

毛泽东读清沈德潜选编《古诗源》卷四时曾圈阅此诗。

[参考]张贻玖：《毛泽东评点、圈阅的中国古典诗词》，

中国工人出版社 1992 年版，第 222 页。

【注释】

（1）具，备，全部。陈，诉说。

（2）筝，瑟类弦乐器名。古时的筝，竹身五弦，秦汉时为本身十二弦。奋，发出，扬起。逸响，奔放的声音。

（3）新声，指当时流行的音乐。

（4）令德，美德，贤者，指唱歌的人。高言，高妙的言辞，指歌词。

（5）识曲，懂得歌曲的人，此是诗中主人公自指。真，指歌中的真意。

（6）含意，指曲中的道理。未伸，嘴上讲不出来。

（7）奄忽，急遽、迅速之状。飙尘，卷在狂风中的尘土。喻人生极易泯灭。

（8）策，鞭打。高足，指快马。

（9）据，占有。要路津，行人必经的路口。此喻高官要职。津，渡口。

（10）无为，何必。

（11）辗轲，车行不利，此引申为失志不遇。《广韵》："车行不利曰'辗轲'，故人不得志亦谓之'辗轲'。"

【赏析】

《古诗十九首》之四是一首愤世嫉俗、感慨自讽的诗。

诗一开始，首先渲染了一种欢乐气氛。"今日良宴会，欢乐难具陈。"这里极力渲染热烈欢闹的气氛，实是为下文对人生虚无感叹埋下的伏笔，以期起到欲抑先扬之效果。此处的欢乐气氛愈浓，以下的感慨就愈深。"弹筝奋逸响，新声妙入神。"在欢乐的宴会中，听一曲发出"逸响"的"新声"，自然是妙不可言，这就又把热烈欢快的气氛推向高潮，妙则而不能不为之动心，不能不产生感慨。而"令德唱高言，识曲听其真。齐心同所愿，含意俱未伸"四句，正是写作者因听曲而产生的感想。作者这里的感想是"未伸"之感想，之所以不直接抒发这种感想，是因为作者深深懂得：在如此欢乐的场合，不同地位、身份、思想的人所产生的感想是不相同的。这其中既含有对社会的不满，也含有对"令德"的讽喻。人所共知，"歌者"在封建社会是不入九流之辈，而在此场台，大唱"高言"，讽刺之意可知。"人生寄一世，奄忽若飙尘"，则是作者本人在如此场合产生的感想。意为人生一世就如卷夹在狂风中的尘土，飘忽不定，极易泯灭。作者这里的消极悲观态度，和"令德"的"高言"形成鲜明的对比，一见作者对曲之"真"意之解，又对"令德"之"高言"予以含蓄的讽喻。如果说上文对"令德"的讽喻是含而不露的话，那么诗的最后四句对其的讽刺则是直言不讳的。"何不策高足，先据要路津？无为守穷贱，辗轲长苦辛。"全四句意为：你（令德）在那里大唱高歌，为什么不捞取个一官半职，而在那里苦守穷贱，长年苦辛？如果说作者仅仅是为了讽刺"令德"的"高言"，那么诗意就显得太肤浅了，联系上文中作者对人生飘忽的态度，可以看出，作者对"令德"的讽喻，也正是自身某种追求所在。而在这种追求、向往不得实现，而失志不遇之时，感愤与自嘲、愤激与不满相继而生，则是诗之真意所在。

全诗采用欲抑先扬之法：先极写宴会之欢乐，"新声"之美妙，次写

"令德"之"高言""齐心""所愿",写尽人间乐事;然后文意陡转急下,写作者对人生的截然相反的看法,犹如"飙尘",飘忽易逝,给人一种人生皆乐我自悲、人生皆醉我独醒之感,这种扬抑之法,较好地表达了作者内心的思想感情。此外,诗中运用讽喻、反语、反问等多种艺术表现手法,升华、深化了诗的主题。(张福民)

【原文】

西北有高楼

西北有高楼,上与浮云齐。

交疏结绮窗(1),阿阁三重阶(2)。

上有弦歌声,音响一何悲!

谁能为此曲?无乃杞梁妻(3)。

清商随风发(4),中曲正徘徊(5)。

一弹再三叹(6),慷慨有余哀(7)。

不惜歌者苦,但伤知音稀(8)。

愿为双鸣鹤(9),奋翅起高飞。

【毛泽东圈评等情况】

毛泽东读清沈德潜选编《古诗源》卷四时曾圈阅此诗。

[参考]张贻玖:《毛泽东评点、圈阅的中国古典诗词》,
中国工人出版社1992年版,第222页。

【注释】

(1)疏,镂刻。交疏,交错刻镂。绮,有细花纹的绫。这里引申为花纹的意思。

(2)阿阁,四面有檐的阁楼。三重阶,三重阶梯,言阁之高。

(3)无乃,莫非。杞梁,杞梁名殖,字梁,春秋时齐国的大夫,伐莒时战死于莒国城下,其妻痛哭十日后自尽。《琴曲》有《杞梁妻叹》,

《琴操》认为系杞梁妻作，《古今注》认为系杞梁妻妹朝日作。《孟子·告子》："华周、杞梁之妻善哭其夫，而变国俗。"

（4）清商，乐曲名，声调清越。

（5）中曲，曲子的中间部分。徘徊，指演奏复沓乐句，乐声回环往复。

（6）叹，乐曲中的和声。

（7）慷慨，不得志的感情。余哀，不尽的哀伤之情。

（8）知音，知心人，知己。

（9）鸣鹤，一作"鸿鹄"，善飞的大鸟。鸿鹄高飞含有追求理想的意思。《史记·高祖本纪》："鸿鹄高飞，一举千里。"

【赏析】

《古诗十九首》之五是一首感叹知音难遇的诗。

诗的起首四句先言明歌者的地点，中间八句写所听到的凄凉悲切的歌声，最后四句写歌曲引起听者的同情和悲哀而产生的感想。

"西北有高楼，上与浮云齐。交疏结绮窗，阿阁三重阶。""疏"，薛综《西京赋注》曰："疏，刻穿之也。"这里是镂刻之意。"绮"：指有细花纹的绫。《说文》曰："绮，文缯也。""阿阁"：四面有檐的阁楼。"三重阶"，阶梯有三重，言阁之高。一般意义讲来，交代一个歌者的地点，可一笔带过，而作者这里却大肆铺染，极写高楼之高大，之雄伟，之壮丽，之豪华，这究竟是为了什么？结合全诗，作者表面抒发的是对一位歌者的同情，实际是抒发自己不得知己、怀才不遇的悲切之情。这里的"高楼"，暗喻君门。"西北"，亦非泛就一方向也，西北属乾位，君之居地。这里写高楼峻绝出尘，实际是指君门之显赫。"三重阶"表面还是写楼之高，实际是隐喻朝廷之尊严及谗谄蔽明之意。

如果仅就上述四句。上述的解释未免有些牵强，但联系下文，这种意思则是显而易见的。

"上有弦歌声，音响一何悲！谁能为此曲？无乃杞梁妻。""杞梁"：名殖，字梁，春秋时齐国的大夫，伐莒时战死于莒国城下。妻痛哭十日后自尽。《古今注》云：乐府《杞梁妻》者，杞殖妻妹朝日之所作。殖战死，妻乃抗声长哭，杞都城感之而颓，遂投水死。其妹悲姊之贞，乃作歌名曰《杞梁妻》。作者此处用典也是有其独到意义的。妇女因失去丈夫而自绝，有识之士不得知遇，心情又该是如何的呢！这里悲凉的歌声正是作者内心思想感情的真实写照：杞梁妻念夫而形于声，此则念君而形于言，从这个意义上讲，作者希望君王有朝一日能理解自己的一片忠心而加以重用，这是作者的忠君思想的体现。

"清商随风发，中曲正徘徊。一弹再三叹，慷慨有余哀。""叹"，就是《乐记》所谓"一唱而三叹"的叹，指乐曲中的和声。这里记述的是曲子的开始、中端、终曲及作者的心情，而整首曲子实际是作者心情的显现，写作者赤心而不得遇，徘徊而不忍忘，慷慨而怀不足的矛盾心理。

"不惜歌者苦，但伤知音稀。"两句意谓：令人悲伤的不仅是歌者心有苦痛，而且是歌者的苦痛无人能够理解。知音难遇的悲哀是楼中歌者和楼下听者所共有的心情。作者此处的折笔，将自我内心的孤寂、不遇、悲切、失望的感情淋漓尽致地倾泻出来。

诗之最后两句是说，愿我们（听者和歌者）如一双鸿鹄，奋翅高飞。这里托兴"鸿鹄"思"奋翅高飞"，是"失望""悲观"的必然结果。既然有才而不得其用，有志不得伸展，何不像"鸿鹄"一般，在自由的天地里翱翔？又何必居"要津"而自寻烦恼与悲哀呢！

全诗借唱曲、听曲抒发自己的内心感情，含而不露，"总无一实笔"（张玉谷《古诗十九首赏析》），唱出知音难遇，不得已而思远的贤者的悲凉的哀歌。（张福民）

【原文】

涉江采芙蓉

涉江采芙蓉[1]，兰泽多芳草[2]。
采之欲遗谁[3]？所思在远道[4]。
还顾望旧乡[5]，长路漫浩浩[6]。
同心而离居[7]，忧伤以终老[8]。

【毛泽东圈评等情况】

毛泽东读清沈德潜选编《古诗源》卷四时曾圈阅此诗。

[参考] 张贻玖：《毛泽东评点、圈阅的中国古典诗词》，中国工人出版社 1992 年版，第 222 页。

【注释】

（1）涉，蹚水过河。芙蓉，荷花。

（2）兰泽，指有兰草的低湿之地。芳草，指兰。

（3）遗（wèi），赠送，古代有赠香草结恩情的风俗习惯。

（4）远道，远方。

（5）还顾，回环顾盼。

（6）漫，无尽貌。浩浩，广大无际貌，这里形容路途悠长。

（7）同心，指夫妻同心。《易·系辞上》："二人同心，其利断金。"

（8）终老，终生。

【赏析】

《古诗十九首》之六是一首写游子怀念故乡妻子的诗。

"涉江采芙蓉，兰泽多芳草"二句，意为渡过江去欲采芙蓉，却又发现兰泽内有许多芳草。"涉江"，原为屈原《九章》中的篇名，此处用来暗示流落他乡。起首第一句，即点明了游子远寄他乡的孤独处境，又点明游子怀恋故乡亲人的心情。在古代诗歌中，多采用以香草赠美人的比兴手法，香草比喻作者心中的恋人，这里作者"采芙蓉"的目的是寄托对远方妻子的一片怀恋之情。第二句，作者本欲独采芙蓉，可过江之后，却发现兰泽内有许多芳草。这里作者的意外发现，实际是作者倍加思恋妻子的心境的写照。芳草之多表现思恋之深并反衬自己孤独之深。这两句采用比兴手法，落落致语，倾诉了一位游子在异邦他乡怀恋爱妻的绵绵情丝，及孤寂难耐的复杂心境。

"采之欲遗谁？所思在远道。"这二句是交代自己采花所赠的人，也即自己所怀恋的人。作者此处没有明确说明自己怀恋的具体的人，而是采用一反问句和一个笼统的概念，这是一位游子思乡复杂心情的真实写照。虽然，作者采芳草是独有所钟，但一想到故乡"远道"，值得怀恋的就不仅只有妻子，娇子、父母、乡亲都可能步入游子的脑海，甚至故乡的一草一木都可引起无尽的遐思。

初步明确了怀恋的对象，游子思乡盼聚之情可谓强烈有增，故而"还顾望旧乡"，然"长路漫浩浩"，这种怀恋只能寄怀于心，而不能付诸实践。这两句前者以"采芙蓉"之游子"还顾旧乡"言此之恋，后者揣故乡恋人因"长路漫浩浩"而不能相会言彼之恋，一此一彼，更将游子的孤寂、怀恋之情提升，达到令人心碎的境地。

"同心而离居，忧伤以终老。""同心"，指夫妻同心，用《易经·系辞上》"二人同心，其利断金"意。"离居"，分别居住两地。这两句意思是说，夫妻二人隔地而居，恐怕只能这样一直忧伤到老了。"而"字之用，含义尤深，"同心"本应相聚，共享天伦，可是却又"离居"，"而"字含有悲切，含有怀念，更含有不满。"以"字也并非随意之词，在这里含有无可奈何之意。"以""而"两个虚词之用，满腹情怀跃然纸上。情之真挚，意之迫切，非此二字不能尽达。故人言"如此言情，圣人不能删也"（朱筠《古诗十九首说》）。

全诗采用比兴手法，凝练秀削。首起托兴便不同凡响，"涉江"之举何等勇往；中间"还顾"何等真切；结语又何等凄咽，"真一字一泪"（张庚《古诗十九首解》），一字一片情。诗中运用《诗经》《楚辞》采香草赠美人的传统比兴手法，且多采用《楚辞》中的词语，艺术上显然受《楚辞》的影响。

另外，诗中虽然也蕴含着游子一定程度上的不满情绪，但更多表现出来的是游子的悲哀、伤感与消极处世的态度，缺乏积极的抗争与向上的勇气。这是我们欣赏本诗所应注意的。（张福民）

明月皎夜光

明月皎夜光⁽¹⁾，促织鸣东壁⁽²⁾。

玉衡指孟冬⁽³⁾，众星何历历⁽⁴⁾。

白露沾野草，时节忽复易⁽⁵⁾。

秋蝉鸣树间，玄鸟逝安适⁽⁶⁾？

昔我同门友⁽⁷⁾，高举振六翮⁽⁸⁾。

不念携手好⁽⁹⁾，弃我如遗迹⁽¹⁰⁾。

南箕北有斗⁽¹¹⁾，牵牛不负轭⁽¹²⁾。

良无盤石固⁽¹³⁾，虚名复何益？

【毛泽东圈评等情况】

毛泽东读清沈德潜选编《古诗源》卷四时曾圈阅此诗。

[参考] 张贻玖：《毛泽东评点、圈阅的中国古典诗词》，
中国工人出版社 1992 年版，第 222 页。

【注释】

（1）明月皎夜光，语出《诗经·陈风·月出》："月出皎兮，佼人僚兮。"皎，洁白光明。

（2）促织，蟋蟀。

（3）玉衡，北斗七星中的斗柄三星。北斗七星形似舀酒的斗，一至四星呈勺形，叫斗魁；五至七星呈一线，为斗柄。由于地球的旋转，从地面上看去，斗星每月所指的方位不同，古人根据这种变化来辨别节令的推移。孟冬，初冬，指阴历十月。

（4）历历，分明貌。

（5）时节，季节。易，更换。时节忽复易，指秋到冬。

（6）玄鸟，燕子。逝，往。

（7）同门友，同学，好友。

（8）高举，高飞。振，奋。六翮（hé），翮指羽翼，鸟之善飞者，皆有六翮。

（9）携手好，即指同门友。此用《诗经·邶风·北风》"惠而好我，携手同行"语意。

（10）迹，足迹。

（11）南箕，星名，共四星组成，形似簸箕。斗，指南斗星，共六星组成，形似斗，位于箕星之北。此用《诗经·小雅·大东》"维南有箕，不可以簸扬。维北有斗，不可以把酒浆"语意。

（12）牵牛，星名。指牵牛星座。轭，车辕前的横木，负在牛背上，用以控制牛背，拉车前进。此句用《大东》"睆彼牵牛，不以服箱"语意。

（13）良，信义。盤，同"磐"，大石头。

【赏析】

《古诗十九首》之七。本诗抒发的是失意之士对于世态炎凉、人情冷暖、势利之交的怨愤之情。

起首八句以悲秋起兴，以时序时物的易变寓明正义。"促织"，指蟋蟀。"玉衡"，北斗七星中的斗柄三星。北斗七星形似舀酒的斗；一至四星呈勺形，叫斗魁；五至七星呈一直线，为斗柄。由于地球的旋转，从地面上看去，斗星每月所指的方位不同，古人根据这种变化来辨别节令的推移。前四句明言秋深之景色，细致入微，秋高气爽，当然"明月皎夜光"了，"东壁"向阳，天气渐凉，草虫就暖，鸣于东壁，体物之细，令人叹服。而"玉衡"柄指孟冬，众星布列分明都是对深秋季节的精细描述。从诗的字里行间我们不难看出，作者此时的心境是美好而舒展的，在作者笔下，"明月"之"皎夜光"，"众星"之"何历历"实际是对过去友人间交情深厚，耿耿不磨心境的写照。后四句言明孟冬已到，时节更移，秋蝉在树间发出悲切的鸣叫，燕子也不知飞到哪个舒适的地方去了。这里写秋到冬的季节变化，作者心情是凄凉的，在这凄凉之中蕴含着友人之志易变的感情。作者在前八句中，从秋夜写起，有目所见、耳所闻、心所想，有仰观于天，有俯窥于地，通过时序时物之变，写自己思想感情之变，写人情之变，寓意深藏，含而不露。

"昔我同门友"下四句。前两句点明从前的同学好友都得意了，仿佛有了坚硬的翅膀，远走高飞；后两句是说过去携手同游的好友不念旧好，面对我像丢下行人的足迹般地把我遗弃了。这里用"同门友"及"携手好"，主要是言明作者以前的好友非一般的泛泛之交，而是平昔在一起切磋共学，携手同足的同学、好友。作者这里强调好友间过去的关系之密之切，更见对今之人世之世态炎凉、人情冷漠之愤懑。然而在此四句中也点明"友"之弃我的原因所在（同门得意，贵而忘友），并且也点明此诗之旨所在。

如果说以上四句是对"同门友"贵而忘友表示怨愤，其中还表示出作者不解与难以割舍旧情的话，诗之结尾四句则是作者由于世态炎凉而悟出的"交友"之道。"南箕北有斗，牵牛不负轭。"上句意思是说，箕星与斗星徒有其名，实际没有簸米和舀酒的作用。下句是说牵牛星不能用来驾车，这两句寓用《诗经》古意，暗指"同门友"的空名与虚情假意。"良无磐石固，虚名复何益？"这两句意为人的交情、信义如果不如磐石一样坚的话，那么徒有朋友的虚名又有何好处呢？

这首诗乍一看线索不甚清晰，初看觉重三复四，杂乱无章，先是"明月"，又来"促织"，一会儿"玉衡"，一会儿"众星"，又是"秋蝉"，又是"玄鸟"，还有"南箕""牵牛"，等等。然仔细分析，则是针线细密，一丝不乱：前半部分从节序之变说到人情之变，后则由人情之变说到万事俱空。大凡时序之凄清，莫过于秋，秋景之凄凉，莫过于夜，故诗人先从秋夜入笔，从目之见、耳之闻点明季节，又仰观于天、俯窥于地，点明时节之变化。上文说了"促织"，再说"秋蝉""玄鸟"，不只是重复写景，而主要是写作者的意中所感，"秋蝉鸣树"，无者忽现，"玄鸟已逝"，有者忽隐。举此二物呈上以示无所不变，启下便感到人情之变。"同门友"谊相亲，分相埒，"高举振六翮"，变了，竟"不念携手好，弃我如遗迹"，岂不可怨、可愤！然无足怪也！世上事以此而推，无不是空，起首从星说起，这里还就星上指点：由南而看有"箕"，北有"斗"，中有"牵牛"，然而"箕"不可簸米，"斗"不可酌酒，"牵牛"不可负轭，则万事徒有虚名，况人生之交友乎？结尾用星宿之有名无实作比，恰合作者欲抒发之情，避免了直落的乏味与仓促，使人觉之波澜跌宕，寓意深刻，余味无穷。（张福民）

【原文】

冉冉孤生竹

冉冉孤生竹⁽¹⁾，结根泰山阿⁽²⁾。

与君为新婚，兔丝附女萝⁽³⁾。

兔丝生有时⁽⁴⁾，夫妇会有宜⁽⁵⁾。

千里远结婚，悠悠隔山陂⁽⁶⁾。

思君令人老，轩车来何迟⁽⁷⁾！

伤彼蕙兰花⁽⁸⁾，含英扬光辉⁽⁹⁾。

过时而不采，将随秋草萎⁽¹⁰⁾。

君亮执高节⁽¹¹⁾，贱妾亦何为？

【毛泽东圈评等情况】

毛泽东读清沈德潜选编《古诗源》卷四时曾圈阅此诗。

［参考］张贻玖：《毛泽东评点、圈阅的中国古典诗词》，
中国工人出版社 1992 年版，第 222 页。

【注释】

（1）冉冉，枝叶柔弱下垂的样子。孤生竹，孤独无依的竹子。

（2）泰山，大山、高山。一作"大山"（泰通大）。阿，山坳。

（3）兔丝，一种细弱蔓生的植物，这是女子自比。女萝，即松萝，也是柔弱而蔓生的地表类植物，这里比喻女子的丈夫。

（4）生有时，言兔丝花开有定时，以喻女子青春盛颜。

（5）宜，适当的时间。会，相聚。

（6）悠悠，遥远之状。陂，山坡。

（7）轩车，有屏障的车子。古时大夫以上的官员乘轩车。

（8）兰、蕙，皆香草名，此处是女子自比。五臣注："此妇人喻己盛颜之时。"

（9）含，指花初开而未尽发之神态。英，花。《尔雅·释草》："木谓之华，草谓之荣。……荣而不实者谓之英。"

（10）萎，凋谢。

（11）亮，同"谅"，想必是。高节，高尚的节操，指守志不渝。

【赏析】

《古诗十九首》之八，《乐府诗集》收在《杂曲歌辞》。

这是一首描写女子新婚后与丈夫久别的怨情诗。在古诗中描写离别相思的作品很多，但以新婚离别为题材的，尚不多见。离别相思，乃人之常情，但新婚离别，其离情别意又非一般意义上的离别可比。本诗以一位新婚女子的口吻，深入而细致地描绘出新婚离别的复杂痛苦的感情及微妙的矛盾心理。其情之婉变，语之凄切，令人心碎。

诗的起首二句也是采用传统的比兴手法。"冉冉"是枝叶柔弱下垂的样子。这里女子以"孤生竹"自比，以"泰山"比丈夫，说女子就像柔弱下垂的孤独的竹子，必须根植于大山的山坳里，才能有所依托。在封建社会里，女子的社会地位低下，只有依附男子才能生活，才能获得应有的社会地位，才能实现对生活的美好理想和愿望。因此，她们都把结婚作为决定自己终身的大事，一生之成败由是一锤定音。因此，她们不能不对自己的未来充满担忧。这里两句是一个柔弱女子对自己命运的无可奈何的哀叹，其中或多或少含有不平与哀怨。果然，当女子新婚之后，新婚生活无非是"兔丝附女萝"式的生活。"兔丝"和"女萝"都属蔓生植物，都需要依附他物才能生长，作者这里以"兔丝"比新妇，以"女萝"比丈夫，以兔丝、女萝的缠绕喻夫妇之间的情意缠绵。而中间一个"附"字之用，乃女子依附性的体现。"兔丝生有时，夫妇会有宜"两句对夫妇生活展开议论，暗示出新婚后与丈夫远别，仍然是孤独而无所依之处境。"千里远结婚，悠悠隔山陂"两句则明确女子离家远嫁，婚后不料丈夫即远行，又隔千山万水。新婚女子先是慨叹自己同类的命运，而自己的命运较之同类却更悲更惨，这就不能不使她柔肠寸断。在极度的悲伤怨愤之中，思恋之情，迟暮之感自然会产生。"思君令人老"以下六句，便是这种感情的流露。轩车，有屏障的车子。古时大夫以上的官员乘轩车。当然这里非一定实指，含有女子盼望自己丈夫富贵荣归，以期夫荣妇贵的幻想。"蕙""兰"均是芬芳艳丽的花。新妇把自己比作初开的蕙兰花，然花开有时，如不及时采摘，将会随秋草枯萎而凋谢，实言自己青春不长，红颜易老。这里的蕙兰开花之时与前面的"兔丝生有时"相互照应，构成本篇的诗眼，将新妇对青春易逝所产生的悲伤之情淋漓尽致地刻画出来。通过此诗眼，新婚女子光彩照人的青春丰姿，微妙复杂的心理活动，自怨自艾的伤感情绪，形象而又细致地表现了出来。诗的最后两句是写新婚女子在思夫不至时无可奈何地自我安慰。新婚女子想丈夫一定会守节情不移的，那么自己又何必这样悲伤呢！这两句充满了离妇对丈夫的美好期待以及怨情之中的自我解脱。

本诗将抒情与心理描写融为一体，采用比兴、比喻之表现手法，揭示出一个艳丽而哀伤的新婚少妇的心灵世界的感情秘密。其怨之哀、情之切、恋之苦感人肺腑，文意之变化令人惊叹不已。（张福民）

【原文】

庭中有奇树

庭中有奇树⁽¹⁾，绿叶发华滋⁽²⁾。
攀条折其荣⁽³⁾，将以遗所思⁽⁴⁾。
馨香盈怀袖⁽⁵⁾，路远莫致之⁽⁶⁾。
此物何足贵⁽⁷⁾，但感别经时⁽⁸⁾。

【毛泽东圈评等情况】

毛泽东读清沈德潜选编《古诗源》卷四时曾圈阅此诗。

[参考]张贻玖：《毛泽东评点、圈阅的中国古典诗词》，
中国工人出版社1992年版，第222页。

（1）庭中，庭院中。奇树，嘉树，佳美的树木。

（2）发，开放。华，即花。滋，繁，茂盛。

（3）条，枝。荣，花。

（4）遗（wèi），赠予。所思，指所思念的人。

（5）馨香，指花香。馨，香气。

（6）致之，送到。

（7）贵，一本作"贡"，献。

（8）时，指别离的时间。

【赏析】

　　《古诗十九首》之九，同《涉江采芙蓉》相似，也是一首怀人的诗，也是写所思在远方，采芳而不能寄。所不同的是，《涉江采芙蓉》写的是游子在外思念家乡亲人，这首是写思妇在家思念在外的游子。

　　诗的前四句就折花欲遗所思引起。作者起笔首先感到"树"之"奇"、"叶"之"绿"、"华"之"滋"，是一种欲说此先说彼的表现手法。这里写思妇因有意中人，然后感到"树"之存在。大概人之相别多在树未发华之前，而思妇睹此"华滋""叶绿"之时，岂能漠然？常言睹物思情，即是这个道理。思妇由于睹物而引起对离家远去的游子的思恋之情也是情理之中的事了。如果说诗的前二句写思妇睹物而产生的思恋之情较肤浅的话，那么诗的第三、四句则将思妇的思恋之情上升到了一个新的高度。前二句只是思妇之所感所想，第三、四句则实写思妇不仅有感有想，而且有实际行动，即"将以遗所思"。思妇因睹物而思绪百端，进而"折荣""遗所思"，这是其思想感情发展的必然结果，也是思妇思恋之情的深刻化、强烈化的结果。思妇此时的所感所动，是其思恋之情发展的第一个高潮。之后，作者笔锋一转，又娓娓而叙，"馨香盈怀袖，路远莫致之"。作者写思妇折荣之后不是立即想如何寄给心中思恋的人，而是在那里轻轻闻嗅花儿喷发出的香气，继而想到相距遥远而不能送到。这里，思妇的思恋之情由升到降，继之无可奈何，被表现得真挚、细腻而耐人寻味。思妇怀念游子之情到了这种境地，如果是一般的思妇，也只能是抱着这种无可奈何之情苦度难日，那样的话，这种思妇确不值一写。作者笔下的思妇之所以为人称道，关键在于结尾两句对思妇心态、感情的描写。思妇因感怀距远不能折荣而遗，深抱遗憾，但思恋之情却是有增无减。"此物何足贵"正是思妇这种心态的具体体现，蕴意为一朵花又怎能充分表达怀人之一片情思，怎能替代恋人之间的满腔情怀？只是因为见花思人，感叹别离太久，即"但感别经时"。这结语两句既进一步表达出思妇对游子的一片怀恋之情，又呼应文首的睹物生感之意。

本诗在表现手法上精密别致，因人而感到物，由物而说到人，忽又说到物可贵，忽又说物不足，写思妇怀恋之情也是一起三折，高潮迭起。寥寥四十字，婉折起伏，变化有致，非大手笔而不能如此也！（张福民）

【原文】

迢迢牵牛星

迢迢牵牛星(1)，皎皎河汉女(2)。

纤纤擢素手(3)，札札弄机杼(4)。

终日不成章(5)，泣涕零如雨(6)。

河汉清且浅，相去复几许(7)？

盈盈一水间(8)，脉脉不得语(9)。

【毛泽东圈评等情况】

毛泽东读清沈德潜选编《古诗源》卷四时曾圈阅此诗。

[参考] 张贻玖：《毛泽东评点、圈阅的中国古典诗词》，
中国工人出版社 1992 年版，第 222 页。

【注释】

（1）迢迢，遥远的样子。牵牛星，天鹰星座主星，俗称扁担星，在银河南。一作苕苕，高的样子。

（2）皎皎，明丽的样子。河汉女，即织女星，天琴星座主星，在银河北侧，与牵牛星隔河相对。

（3）纤纤，柔长貌，形容手。擢（zhuó），摆动。

（4）札札，织机发出的声音。杼（zhù），指旧式织布机上理经线的器具。

（5）章，布帛上的纹理。语出《诗经·小雅·大东》："跂彼织女，终日七襄。虽则七襄，不成报章。"

（6）零，落。

（7）去，隔。几许，多远呢？

（8）盈盈，水清浅的样子。

（9）脉脉（mò），当作"眽眽"，相视之态。

【赏析】

《古诗十九首》之十，实写传说中的牛郎织女相爱而不能相会的愁苦心情，实际表现的却是人世间男女情人别离不得相见的哀愁。

牛郎织女的故事，在汉代已经产生。班固《西都赋》："临乎昆明之池，左牵牛而右织女，似云汉之无涯。"诗人采用神话传说，并经过进一步的想象，丰富而充实了牛郎织女的故事，给宇宙间两个本无联系，而又无情的星体，赋予生命和性格，叙述出一个美丽动人而又充满悲剧色彩的爱情故事。然而，纵观全文不难看出，作者这里描绘的天上的悲剧，也正是人间现实生活的真实写照。诗人凭借丰富的想象，运用浪漫主义的艺术手法表现出的神话中的形象，实际是为了更加生动、深刻地表达人间男女情人别离之苦。

全诗自始至终是站在织女的角度描述的。"迢迢牵牛星，皎皎河汉女"两句，是从"牵牛"写起，而"迢迢"二字则把"牵牛"星推向远方、推向"幕后"。写"牵牛"是为了引出"织女"。作者写"牵牛"只用一个"迢迢"，是一个含糊的形象，而写"织女"就不同了，不仅点出了"织女"的身分（"河汉女"，"河汉"即银河），而且写出了"织女"的美貌（皎皎）。由此可见作者下笔轻重之有致，主次之分明。接下来两句是对

"织女"的进一步描绘。这里诗人重点点出"织女"的"素手"，其用意也是很明显的。传说中天空美丽的、五彩缤纷的彩霞就是织女的杰作，是用织布机织出来的。了解了这个传说，诗人之所以重点写织女的"素手"，写织机的"札札"声就不言而喻了。"终日不成章，泣涕零如雨"是诗人陡然留给读者的悬念。上两句诗人写织女的"素手"与织机的"札札"声，无非想告诉读者"织女"的手巧与勤劳，而此处突然又说织女"终日不成章"，织出的布帛不成纹理，且又在那里"泣涕""如雨"。这就使人不得不顺着作者的思路吟读下文，以了解"织女"哀之原因。还因为作者一开始就写尽了"织女"之美丽、勤劳，而"丽人泪"最易引起人的同情，由此可见作者用笔下墨之妙。诗的结尾四句，则是对织女"泣涕零如雨"根由的交代。"清且浅"言"牵牛""织女"相隔之"河汉"并不太深，"复几许"意"牵牛""织女"相距并不太遥远。前两句是说"牵牛"与"织女"相距不过咫尺，最后两句意为因为一道清浅的银河，使之相视而不得相聚。这里作者用"清且浅"与"盈盈"一水两写"牵牛""织女"相距咫尺之近，显出"织女"心中的怨恨之深。而且，诗人在此又为读者留下一个悬念：咫尺之近，为何却天涯之隔，相视而不得团聚？不难想象，这之间肯定有无形的屏障，然而，这个屏障究竟是什么？诗人留给读者去想象，去思索，其用意不过是将丰富的社会内容，复杂的感情纠葛含蓄化、深刻化罢了。

元朝的文学批评家陈绎在《诗谱》中说："《古诗十九首》情真、景真、事真、意真，澄至清，发至情。"这话是很有道理的。本诗借诸想象，立足现实，用想象的笔法塑造的"织女"形象，实际是人间妇女的化身。"织女"的美丽勤劳，泪水与哀伤，无一不是人间思妇的真实再现。此外，诗中的写景、抒情也都是想象之景之情与现实之景之情的巧妙融合。且融情于景，情景交融，从而达到"情真、景真、事真、意真"的艺术境界。

（张福民）

【原文】

回车驾言迈

回车驾言迈⁽¹⁾，悠悠涉长道⁽²⁾。

四顾何茫茫⁽³⁾，东风摇百草⁽⁴⁾。

所遇无故物⁽⁵⁾，焉得不速老⁽⁶⁾？

盛衰各有时⁽⁷⁾，立身苦不早⁽⁸⁾。

人生非金石，岂能长寿考⁽⁹⁾？

奄忽随物化⁽¹⁰⁾，荣名以为宝⁽¹¹⁾。

【毛泽东圈评等情况】

毛泽东读清沈德潜选编《古诗源》卷四时曾圈阅此诗。

[参考]张贻玖：《毛泽东评点、圈阅的中国古典诗词》，

中国工人出版社1992年版，第222页。

【注释】

（1）回，掉转。言，语气助词，无义。迈，远行。此句疑用《诗经·邶风·泉水》"还车言迈"和"驾言出游"两句语意。

（2）悠悠，远貌。涉，经历。长道，长途。

（3）茫茫，广无边际的样子。

（4）东风，指春风。摇，吹动。

（5）故，旧，过去的。

（6）焉得，怎能。

（7）时，指一定的时机，一定的命运。

（8）立身，指立德、立功、立言等可以使人不朽的成就。

（9）考，老。长寿考即长寿的意思。

（10）奄忽，倏忽，突然。物化，死亡。

（11）荣名，光荣的声音。

【赏析】

《古诗十九首》之十一。诗人通过记述还乡旅途中的事迁物移，感叹时光流逝，人生短促，从而想到当及时努力，建功立业，荣名后人。然而，这种自警自策的语调中，含有悽恻的情绪。

古人作诗非常重视起句对全篇的神理作用，而从无泛设之理。本诗起首二句则具有对全诗的神理作用。"回车"二字，用意极深远。从字面上看，"回车"指诗人远游还乡，而下文自然是还乡所见所感。纵深一层去讲：人的一生由幼而学、壮而行到老而归，岁月流逝，逝者催老，怎么会没有"回车"之思？认识到这一层，对整首诗的理解就清晰得多了，自然，作者思路就显而易见了。诗人经过了遥远的"长道"之行，说明已经到了垂暮之年，那么"回车"所见、所感又是什么呢？诗的下文有很精辟的回答。"四顾何茫茫，东风摇百草。"按一般的逻辑、形象思维规律，表达抒发伤怀迟暮之情，都用秋景点缀、衬托，而这里作者偏就艳阳之春写起，其用意何在？联系下文"所遇无故物"及"盛衰各有时"句，不难看出，作者是要在"春风"上逼出"无故物"来。去年之"百草"不知何去，如今"东风"所"摇"的新"百草"，又是一片新叶。这里写"春"而不写秋，是对少壮时期的留恋与向往。"焉得不速老"则是对自己一生的感叹，感叹时光流逝之快。这里作者的留恋与感叹的融合而产生的"立身苦不早"的感想则是顺理成章的了。作者看到百草的盛衰想到自身的衰老是自然之规律，并不值得去伤感与悲哀，而值得伤感与悲哀的是从前的岁月白白流逝，没有尽早地去建功立业，正所谓"少壮不努力，老大徒伤悲"也。诗到此处，作者的基本立意可谓清晰明了，然而这只是作者从自身经历所得出的感想，意较狭隘，且其中所提的"立身"又不具体，故诗又从广义的角度，从宏观上对自己的感想加以升华、拔高，阐述了自己对人生的观点，这就是诗的结尾四句。这四句意为：人生不能长生不老，且肉体也会很快地化为异物，只有荣名可以永传后世（是非常宝贵的）。

这种一反传统的对人生短暂的伤感、悲伤，以求解脱的格调，表现出一种积极向上的人生观，是值得人们借鉴和学习的。虽然，诗的字里行间也时而透出对人生易老的感叹，但这种感叹多是建立在对人生价值充分肯定的基础之上的，它可以引人向上，催人上进，给人一种急迫感。这是本诗主题表现上的一大特色。另外在艺术表现手法上，本诗采用独特的逻辑与形象思维方式，顺理成章，保证诗的严谨与周密，论理有致，言情感人。此外，运用反问句，叙事阐理，令人信服。（张福民）

【原文】

东城高且长

东城高且长⁽¹⁾，逶迤自相属⁽²⁾。

回风动地起⁽³⁾，秋草萋已绿⁽⁴⁾。

四时更变化，岁暮一何速？

《晨风》怀苦心⁽⁵⁾，《蟋蟀》伤局促⁽⁶⁾。

荡涤放情志⁽⁷⁾，何为自结束⁽⁸⁾？

燕赵多佳人⁽⁹⁾，美者颜如玉⁽¹⁰⁾。

被服罗裳衣⁽¹¹⁾，当户理清曲⁽¹²⁾。

音响一何悲，弦急知柱促⁽¹³⁾。

驰情整中带⁽¹⁴⁾，沉吟聊踯躅⁽¹⁵⁾。

思为双飞燕，衔泥巢君屋。

【毛泽东圈评等情况】

毛泽东读清沈德潜选编《古诗源》卷四时曾圈阅此诗。

[参考]张贻玖：《毛泽东评点、圈阅的中国古典诗词》，
中国工人出版社1992年版，第222页。

【注释】

（1）东城，东城既高且长。

（2）逶迤（wēi yí），弯曲而长的样子。相属，连续不断。

（3）回风，旋风。动地起，卷地而起。

（4）萋，通"凄"，凄凉而不可长久。绿，黄绿色。指草初黄时之色。

（5）晨风，是《诗经·秦风》的篇名，是一首女子怀人的诗，情调哀苦。《晨风》："鴥彼晨风，郁彼北林。未见君子，忧心钦钦。"

（6）蟋蟀，《诗经·唐风》的篇名，是一首感时之作。局促，紧迫。伤局促，指《蟋蟀》诗中拘束不开展的思想感情。《蟋蟀》："蟋蟀在堂，岁聿其莫。今我不乐，岁聿其除。"

（7）荡涤，冲洗，清除一切烦恼忧闷。

（8）结束，犹拘束。

（9）燕赵，战国时二国名，指今河北、山西一带。佳人，指女乐。

（10）颜如玉，用《诗经·召南·野有死麕》"白茅纯束，有女如玉"语意。

（11）被（pī）服，穿着。

（12）理，温习，练习。清曲，清商曲。

（13）柱，筝瑟等乐器上架弦的木柱。促，移近。

（14）驰情，神往。中带，单衫。

（15）聊，姑且，暂且。踯躅，指脚下徘徊。

【赏析】

　　《古诗十九首》之十二。本诗前十句与后十句在张凤翼《文选纂注》和清刘大櫆《历朝诗约选》中都分为两首，但在《文选》和《玉台新咏》中都合为一首。今依《文选》。这是一首感叹年华容易消失，伤怀岁月迫促，主张荡涤忧愁，摆脱束缚，舒放情志的诗。

　　诗起首以"东城"起兴，言东城高大长远而连绵不断。此是"就所历之地起兴"（清方成珪语）。逶迤，长貌。相属，连续不断之意。这里"东城"实际是指时光。言"东城"高大长远，是说时光本身是长远的。言时光之长远暗含年华岁月之短暂。"回风"以下四句就是这种含义的明示。"回风""秋草"两句是从物（秋草）的角度言年华之短暂，意为一年一度的秋风之时，正是秋草的衰败之日。秋风初起，秋草虽还泛绿，但绿意已凄，不可长久。"四时更变化，岁暮一何速？"两句是由物到人，说人的一生由四季的更新变化。一岁岁过去，是多么地快呀！这里，诗人由时光的长久想到年华岁月的短暂易逝，其感叹与伤感之情可知。然而不仅由于自己的所阅所历使之然，诗人还联想到古者，这即是下文的"《晨风》怀苦心，《蟋蟀》伤局促"。《晨风》，是《诗经·秦风》的篇名。《晨风》是女子怀人的诗，诗中"未见君子，忧心钦钦"，情调是哀苦的。《蟋蟀》，是《诗经·唐风》篇名。《蟋蟀》是感时之作，大意是因岁暮而感到时光易逝，因而生出及时行乐的想法，又因乐字而想到"好乐无荒"，而以"思忧"和效法"良士"自勉。"局促"，是说所见不大。在此之前，诗人感叹伤怀岁月的流逝易去，当然也体会到人生的生老病死是自然规律且不可抗拒。回过头来再想想古人：怀人女子思君之苦，"良士"的伤感与领悟，都成为过去，他们的肉体当然也早已成为尘土，自己的感叹、伤怀又有什么用呢？诗人借古咏怀，为自己所要表达的中心思想做铺垫，顺理成章。这即是"荡涤放情志，何为自结束？"诗人因念四时更象变化而感岁暮之速，但想起古之怀人之女妄怀忧苦，"良士"徒伤局促，自己何不荡涤尽其忧虑，放肆其情志，何苦自致拘束。作者这里所持的人生态度，到底是积极的或是消极的，是自我解脱伤感，及时行乐，或是积极进取，以求有所作为呢？就诗文而言，诗人所放之"情志"穷竟为何？诗人在揭示主题的同时，又为读者留下一系列值得思考的问题。"燕赵多佳人"以下十句，就是诗人"情志"之所在。

吴淇《选诗定论》中说："'荡涤'二字出戴记，荡，浮也；涤，洗也；言其音之曲折往来疾速，如以水洗物而浮荡之，乃郑卫之音也。郑卫之音决无奏以嫫母无盐之理，必出自燕赵佳人，始可以放我情志。"这是吴淇对"燕赵多佳人"一语转来之因的解释，偏重在"情"。其"志"在此句中也有含蓄的体现，那即是，我要当才美之士。然而这种"志"不是当一般的才美之士，而是才美之中的才美之士，也即诗中所言"美者颜如玉"之"佳人"。佳人之多，莫过燕赵，"颜如玉"，色之美；"被服罗裳"，服之丽。作者这里推出佳中之美，实际表现了自己的理想，说明自己所要放肆之"情志"绝非一般的"情志"。诗到这里，可谓诗人思想感情高扬的一个高峰，是诗雄心之所在，然而，诗人毕竟生活在现实生活之中，大概诗人也感到理想与现实的距离。故"当户理清曲"一句则是这种思想感情的写照。"清曲"，清商曲。一曲"清商"，使作者的思想感情从炽热状态下急剧地冷却下来。"音响一何悲"以下四句写音响之悲哀，而又不能改变。"音响"句和"弦急"句为倒装句，意为至弦急柱促，其乐将终，但觉其音响之悲而已。"驰情"二句描写入神，明知音乐伤悲，"整中带"而又反复斟酌犹豫，"踟蹰"徘徊想不出办法来改变悲切的曲调。作者欲放肆之"情志"起点是高的，然而再回首四顾，秋风、秋草、岁暮及古之《晨风》《蟋蟀》，高昂的情致立刻降到了极点。从这个意义上说，这里"音响"实际是作者对现实生活的感受。感受如此，但"情志"不能不"放"，这即是结语"思为双飞燕，衔泥巢君屋"两句。这里作者将自己和佳人比作"双飞燕"是由于从佳人的曲子中理解到佳人同自己有着同样的人生经历和同样的欲放"情志"，有着对人生的同样感受，故愿同佳人一起奋斗，筑起理想的"君屋"。"衔泥"意味着奋斗与努力，"君"则是"志"之所在。

全诗章法严密有致，层层相扣，转拢得宜，并合得张，伸展自如，脉络贯通，形而变化无穷，神则浑然一体，不可分割。正如饶学斌所著《月午楼古诗十九首详解》所言："离奇变幻，如五花八门，入者皆迷，斯化不可为圣不可知之境矣。"（张福民）

【原文】

驱车上东门

驱车上东门⁽¹⁾，遥望郭北墓⁽²⁾。

白杨何萧萧⁽³⁾，松柏夹广路⁽⁴⁾。

下有陈死人⁽⁵⁾，杳杳即长暮⁽⁶⁾。

潜寐黄泉下⁽⁷⁾，千载永不寤⁽⁸⁾。

浩浩阴阳移⁽⁹⁾，年命如朝露。

人生忽如寄⁽¹⁰⁾，寿无金石固。

万岁更相送⁽¹¹⁾，圣贤莫能度⁽¹²⁾。

服食求神仙⁽¹³⁾，多为药所误。

不如饮美酒，被服纨与素⁽¹⁴⁾。

【毛泽东圈评等情况】

毛泽东读清沈德潜选编《古诗源》卷四时曾圈阅此诗。

[参考] 张贻玖：《毛泽东评点、圈阅的中国古典诗词》，

中国工人出版社 1992 年版，第 222 页。

【注释】

（1）上东门，汉代洛阳城有十二个城门，东面三门，最北头的门叫"上东门"。

（2）郭北墓，汉以前死人大多葬于城北，所谓"葬于郭北，北首求诸幽之道也"（唐李善注引《风俗通》）。

（3）萧萧，风吹树叶声。

（4）广路，富贵人家的墓道。

（5）陈，久。陈死人，死去很久的人。

（6）杳杳，幽暗不明的样子。长暮，长夜。

（7）潜，深藏。寐，睡。黄泉下，地下。东汉服虔《左氏传注》曰："天玄地黄，泉在地中，故言黄泉。"

（8）寤，醒。

（9）浩浩，无尽的样子。阴阳，言四时变化。《文选》李善注引《神农本草》："春夏为阳，秋冬为阴。"

（10）寄，客居。

（11）万岁，万年，自古。更相送，一作"更相迭"。

（12）度，渡过，越过。

（13）服食，指吃丹药。古代有些人相信有一种药可以使人长生，结果吃了药之后反而送命。秦始皇、汉武帝时的"不死药"都是自然的植物或矿物，东汉始有合炼而成的丹药，方士想借此延年益寿。

（14）被（pī）服，穿衣。被，同"披"。纨，细绢。素，洁白的生绢。

【赏析】

《古诗十九首》之十三，通过描述所见而感悟到人生如寄，死而不可复生，生者岂能长存？人寿有限，虽古之圣贤也同归于死，且神仙虚幻，长生不能追求。人生的生死之自然规律不可抗拒。只有振作起来，勇敢地面对人生，采取积极向上的人生态度，才是可取的。

从开头到"千载永不寤"写诗人之所见。前四句写目击之景。这四句是说，赶着车子出了上东门，便远远看到邙山的墓群。稍近，则见白杨萧萧，松柏夹路，一派悲切凄凉的气氛。作者用白杨、松柏衬托墓地悲凉，是大有讲究的。《白虎通》："庶人无坟，树以杨柳。"现代学者隋树森《古诗十九首集释》："白杨叶圆如杏，有钝锯齿，面青背白，叶柄长，故易摇动，虽遇微风，其叶亦动，声萧瑟，殊悲惨。"这里作者用目中所见景象烘托悲凉的气氛，目的是为下文想象定下基调。"下有陈死人"以下四句，则是诗人脑海中想象所见。诗人目中见到白杨、松柏，产生了一种悲切的感情，尤其是看到坟头逐个排列，自然会想象到坟下面的陈尸，就像处在幽暗的长夜一样，与"黄泉"为伴，永远不会醒来。作者由目之见到脑海中想象之见，是思想感情发展变化的过程，这种思想感情到达相对的高度，势必产生一系列的感想。

"浩浩阴阳移"以下八句则是诗人由所见而产生的所感。在这八句中，前两句统领，三、四句又统领下四句，五、六句从"圣贤"角度写，七、八句从"神仙"角度写，层层相扣。"浩浩阴阳移，年命如朝露"两句是对万物生灭之规律的概括。作者运用万物生存灭亡之自然规律表达出的这种感想，格调低沉而消极，同所见之景的格调也是一致的。且这种思想又为下文的感"悟"奠定了基础。"人生忽如寄，寿无金石固"两句则是由万物想到人，揭示出人生短暂、寿之有限的客观真理，表达出对人生的慨叹之情。从诗人反复揭示万物、人生自然规律这一点看，诗人消极的态度中蕴含有某种积极的因素，那即是要勇敢地去面对人生。作者为了充分地表达自己对人生的态度，感到只是泛泛地去谈自己对人生的见解，恐不能令人信服，于是就通过写"圣贤"与"神仙"，引申说明，这即是"万岁更相送，圣贤莫能度。服食求神仙，多为药所误"四句。古代有些人相信有一种药可以使人长生。秦始皇、汉武帝时期的"不死药"都是自然的植物或矿物,东汉就有了合炼而成的丹药。信方士修神仙的人都想借服丹药益寿延年,但这种药不仅不能使人长生,反而伤害身体或因此而送命。这四句写人生代代更递相送,就是圣贤也不能超越生命之尽头,一些想靠丹药延命的人,结果往往被丹药伤身或送命。诗人借古事明理,使自己的感想更深,当然读者也更加信服。综上作者的所见所感,实际是思想感情矛盾的体现,一是悲凉、凄切的情感,一是客观、现实的感受;一是消极的慨叹,一是积极的态度。那么,这对矛盾又将如何达到和谐的统一呢?也即是说,作者所见所感后又会从中悟出什么样的道理(人生观)呢?

结末两句即是作者感悟出来的人生处世的观点。对这两句的理解,也即对诗人人生观的理解。对本诗主题意义的理解,各家多从字面上分析,言本诗是"说人生如寄,圣贤同归一死,神仙虚幻,长生不能求,不如且满足衣食口福的欲望,图个眼前的快意"(见余冠英选注《汉魏六朝诗选》)。笔者不以为然。如果仅从字面上看,这种分析似乎可以立得住脚。但我们注意到,汉乐府诗一般表现手法都比较含蓄,也即是说,诗人所要表达的主题多蕴含在诗句之中(有许多例子可以说明)。陆时雍曰:"汉人诗多含情不露。"(见隋树森编著《古诗十九首集释》)此外,从本诗去看,诗人写所看之景,即陈尸时用了"长暮""潜寐"及"不寤"等语,其中就含有视死如生之感,且后文一而再再而三地阐述人之生死不可抗拒的自然规律,可见诗人对死并无多大伤感,所伤感的是时光流逝太快,"人生忽如寄"。"圣贤"二字显然是肯定含义,而对滥服丹药之辈却是嗤之以鼻的,由此可见作者对人生是持积极态度的。作者的意见应是:死是自然规律,"圣贤"与"服食"都成为古人,振作起来,勇敢地面对人生。再说,人生之中,"饮美酒""被服纨素"又有什么值得贬斥的呢?只有"糟糠"度日,衣不遮体才是积极的人生观吗?饶学斌《月午楼古诗十九首详解》说得好:"解者乃沾沾于酒必求美,服无求华,以与为区分;且斤斤谓逃情于酒,以全天真,而务为注脚;不从妙处传神,转从粗际索解,买椟而还珠,作者应暗中匿笑耳!"这也正是这首诗流传的原因之所在。(张福民)

【原文】

去者日以疏

去者日以疎⁽¹⁾，来者日以亲⁽²⁾。

出郭门直视⁽³⁾，但见丘与坟。

古墓犁为田⁽⁴⁾，松柏摧为薪⁽⁵⁾。

白杨多悲风，萧萧愁杀人。

思还故里闾⁽⁶⁾，欲归道无因⁽⁷⁾。

【毛泽东圈评等情况】

毛泽东读清沈德潜选编《古诗源》卷四时曾圈阅此诗。

[参考] 张贻玖：《毛泽东评点、圈阅的中国古典诗词》，

中国工人出版社 1992 年版，第 222 页。

【注释】

（1）去者，指逝去的日子，暗指青春年华。疎，同"疏"，远。以，一作"已"，古通用。

（2）来者，指将来的日子，暗指岁暮之年。亲，近。来，一作"生"。

（3）郭，在城的外围加筑的一道城墙。

（4）古墓，指年代久远无主的坟墓。

（5）摧，折。薪，柴。

（6）故里，家乡。闾，里巷的大门。

（7）道，方法。因，由，机缘。

【赏析】

《古诗十九首》之十四，写诗人客中经过丘墟坟墓有感而思归。

起首两句是对时光流逝之快及自己的年老衰迈发出的感叹。"去者"，指逝去的日子，也暗指青春年华。这二句是说青春日远一日，衰老日近一日。这是对时光流逝的感叹。茫茫宇宙万物，"去""来"二字无不包容。

攘攘人群，"亲""疏"二字尽切括之。去者自去，来者自来；今之来者，得与未去者相"亲"；后之来者，又与今之来者相"亲"；昔之去者，已与未去者相"疏"，今之去者，又与将去者相"疏"。日复一日。何等之快！悠悠忽忽，时光皆消归于异乡他邦。然有时而尽，时不待人，急急匆匆，真有奔流到海不复回之境。当年迈衰败之时，思还无因，一旦溘逝，几片骨头不知抛露于何处，岂不愁人也？作者只言片语，蕴含着无限的哀伤与悲愁。接下来"出郭门直视，但见丘与坟"两句，兼有承上启下之用。因作者充满了对岁暮的伤感，所以"直视"而无旁顾，"但见丘与坟"而无顾他物。这与诗人此时此刻的心情格调是一致的。另外。"但"字的特指作用，也是诗人情感之悲之哀的进一步深化。"古墓犁为田"以下四句是诗人的所见所感，其中蕴含有人生如寄、人生虚无的悲观消极色彩。"古墓犁为田"言外之意，人死后连一个坟头、一块白骨也难以见到；"松柏摧为薪"言外之意是人死后连留作纪念的松柏都作为薪柴被烧，人生还有什么意思？其中"犁""摧"之用，将诗人的悲哀、凄切、伤感、消极之情上升到极点，令人不堪读之。确如人之所言，"'古墓'二句，将'犁'字'摧'字咬定牙根读之，真不堪其狠毒"（隋树森编著《古诗十九首集释》）。这里的"毒"字，是言诗人所表达的感情之深、之切。古墓为田，无可厚非，而纵情"犁"之为"田"；松柏为薪，非为不可，而任意"摧"之为"薪"，设身处地地想想人生归宿之处，岂不动魄惊心，惊杀愁人？"白杨多悲风，萧萧愁杀人"归结上文，言只有白杨在悲风中陪着鬼魂萧萧哀鸣，怎不愁杀一个客居在外的衰迈老人？

意至此，可以说诗人已充分表达了自己的满腹情感，然结语二句陡出，阐明了自己的处境与产生这种思想的原因。那就是因为自己遥居在外，岁暮衰迈之年须归老还乡，但因为某种原因却有家不得归。诗人年纪衰迈、归故心切，然而个中羁绊，却不能自主，又有什么办法呢？字里行间，满含着哀怨与不满。尤其是诗人不明说所以不得归之故，但说"无因"，就更增加了本诗广泛的社会意义。

本诗借景抒情，情真意切，是艺术上的一大特色，诗中的"丘坟""古墓""松柏""白杨"都是诗人借以抒发感情的有力的"助手"，而"白杨"悲风的人格化，也使得诗人所抒之情更加真挚动人。此外，用词准确而富有感情色彩，如"直视""但见"表达了诗人思想感情的专一性与读者对诗人这种思想感情的认识、理解的正确性；"犁""摧"则充分揭示了诗人对人生的消极悲观的态度。（张福民）

【原文】

生年不满百

生年不满百，常怀千岁忧⁽¹⁾。
昼短苦夜长⁽²⁾，何不秉烛游⁽³⁾。
为乐当及时，何能待来兹⁽⁴⁾？
愚者爱惜费⁽⁵⁾，但为后世嗤⁽⁶⁾。
仙人王子乔⁽⁷⁾，难可与等期⁽⁸⁾。

【毛泽东圈评等情况】

毛泽东读清沈德潜选编《古诗源》卷四时曾圈阅此诗。

[参考]张贻玖：《毛泽东评点、圈阅的中国古典诗词》，
中国工人出版社1992年版，第222页。

【注释】

（1）千岁忧，吴淇说："忧及千岁者，为子孙作马牛耳！"余冠英说："指身后的种种考虑，如为子孙的生活打算，为自己冢墓计划，等等。"

（2）苦，兼昼短夜长两层意思。

（3）秉烛游，指用烛光照明而日夜游玩。秉，持。

（4）来兹，即来年。宋罗大经《鹤林玉露补遗》云："兹，新生草也。一年草生一番，故以兹为年。"

（5）费，费用，指金钱。

（6）嗤，笑。

（7）王子乔，古仙人名。据《列仙传》载，王子乔是周灵王的太子，

名晋，好吹笙作凤鸣。后来道人浮丘公把他接引到嵩山上成了仙。

（8）等期，作同样的希冀。意谓和王子乔一样同为不死。

【赏析】

《古诗十九首》之十五是从汉乐府相和歌古辞《西门行》演化出来的。其主旨是主张及时行乐，莫要怀忧千载，以免为后世嗤笑。在一定程度上，它反映了社会上一部分人消极处世的态度。

通篇以"时"为主线展开。"生年不满百"是说人生之时可谓短矣。"常怀千岁忧"是说人生之时常常为死后之时打算。"生年不满百"是人人皆知的道理，而作者起首重锤敲出，并非形同虚设，这里面含有作者对人生短暂、人生如寄的感叹，这也是作者产生及时行乐思想的基础，正因为作者有这样的认识并加以强调，才使得作者的行乐思想成为有本之木、有源之水。"常怀千岁忧"是从反面讽刺"愚者"之举，也是为后文"爱惜费"者的"为后世嗤"作好的铺垫。两句结合起来，重点在后句。前者阐明人所共知的道理，后者反说人有多为死后担忧，一反一正，作者的立场观点显而易见，从这个意义上说，这两句是全诗的纲领，作者对人生的悲观消极以及及时行乐的处世态度由此而鲜明地表现了出来。

"昼短苦夜长"以下四句是从正面表达作者的处世态度。这四句是说，人生时日，昼夜各半，即使日日为乐，也只得一半，何不继之以夜，以延长有生之年？人寿有限，应当及时行乐，为何要等到来年呢？这是劝世之语。因为作者的立场是站在对"生年不满百"的认识基础之上的，故对昼夜的认识为"昼短苦夜长"则是必然的，"何不"二字以矛攻盾，反跌妙然，使下文的"为乐当及时，何能待来兹"立之更稳。然"为乐"又与上文"游"紧扣，"当及时"则既承上"秉烛"意，又启下"何能待来兹"之意。作者由起首的"怀忧"到此处的"为乐"，乃极反攻法之妙用。

作者从正面阐明观点，尚不尽意，又从反面角度着笔，这即是"愚者爱惜费，但为后世嗤"二句。大凡"游"必尽兴尽致，尽兴尽致必"不惜费"，爱惜费者自然"游"不能尽兴尽致，不能尽兴尽致者自然为"怀忧"者，"怀忧"者非"愚者"岂谁！作者顺理成章地讽刺了那种视钱如命的守财奴。这里的守财奴形象和上文的"秉烛游"者形成鲜明对比。"游"以行乐，不乐不"游"，乐"游"则必不爱惜钱财，方能尽情尽致。反之，视钱如命的守财奴其"愚"可想而知了，其结果只能是为后世嗤笑。这两句实际是对"常怀千岁忧"的诠释，谓一钱不舍，终日牢愁，为身后忧者，只能成为后世的笑柄。进一层理解，后世犹笑，则当世之传为笑柄可知。

愚者的怀忧是可笑的，那么为人向往的仙人又是如何呢？结尾两句以仙人的虚幻与"难可与等期"再一次点醒"怀忧"者，以自贤其所得。"王子乔"，古仙人名。《列仙传》曰："王子乔者，周灵王太子晋也。好吹笙，作凤鸣。道人浮丘公接以上嵩山。""等期"，作同样的希冀，意谓和王子乔一样同为不死。王子乔为仙人人所共知，前加"仙人"岂不为拉杂？否。前文说明"怀忧"的"愚者"之可笑，而其中的"愚者"非专指某人，是泛指，如突如其来一个"王子乔"，逻辑上不通不说，那样会使人觉之缺乏连贯感。"仙人"二字之用，从字面上讲，和"愚者"都是泛指，从意义上讲，一反一正，一愚一智；一为人嗤笑，一为人称道，更使人觉之顺理成章，转折自然贴切。而"王子乔"是从泛指中专指、重点突出。全二句是说，像王子乔那样的仙人，是难可和他们一样同为不死的。这里否定仙的虚幻，是充分肯定人生的有限的真实，也是对自己及时行乐思想的深一层理喻。

本诗从艺术表现手法上逻辑周密，天衣无缝。正反对比及反问、讽刺等修辞格的运用，较好地表达了作者的思想感情及诗的主题。在思想内容方面，作者的行乐思想固然应该批判，但其中蕴含的珍惜光阴，反对庸俗无为的思想是应该充分肯定的。（张福民）

【原文】

凛凛岁云暮

凛凛岁云暮⁽¹⁾，蟋蟀夕鸣悲⁽²⁾。

凉风率已厉⁽³⁾，游子寒无衣。

锦衾遗洛浦⁽⁴⁾，同袍与我违⁽⁵⁾。

独宿累长夜⁽⁶⁾，梦想见容辉⁽⁷⁾。

良人惟古欢⁽⁸⁾，枉驾惠前绥⁽⁹⁾。

愿得常巧笑⁽¹⁰⁾，携手同车归⁽¹¹⁾。

既来不须臾⁽¹²⁾，又不处重闱⁽¹³⁾。

亮无晨风翼⁽¹⁴⁾，焉能凌风飞⁽¹⁵⁾？

眄睐以适意⁽¹⁶⁾，引领遥相睎⁽¹⁷⁾。

徙倚怀感伤⁽¹⁸⁾，垂涕沾双扉⁽¹⁹⁾。

【毛泽东圈评等情况】

毛泽东读清沈德潜选编《古诗源》卷四时曾圈阅此诗。

[参考] 张贻玖：《毛泽东评点、圈阅的中国古典诗词》，

中国工人出版社1992年版，第222页。

【注释】

（1）凛凛，寒冷的样子。云，语助词，无含义。岁云暮，语出《诗经·小雅·小明》："曷去其还，岁聿云暮。"

（2）蝼蛄，虫名，俗称土狗，又叫拉古，喜欢夜鸣，声如蚯蚓。夕，傍晚。

（3）率，皆，都。厉，风猛烈义。

（4）衾，锦被。洛浦，洛水之滨。传说洛水女神名宓妃。张衡《思玄赋》云："载太华之玉女兮，召洛浦之宓妃。"

（5）同袍，指夫妇。袍即今之披风。《诗经·秦风·无衣》有句云"与子同袍"，是军士表示友爱的话。违，远离之义。

（6）累，增义，意为难熬。

（7）容辉，犹言风采。指丈夫的容颜风采。

（8）良人，女子对丈夫的称呼。惟，思，考虑。古，故。古欢，旧欢，指女子本人。

（9）枉，曲，此处作动词用。惠，授，给予。绥，车上的索，上车时拉着它。古代风俗，结婚时丈夫驾车迎接新妇，把绥授给新妇引之上车

（见《礼记·昏义》）。

（10）巧笑，美好的笑貌。《诗经·卫风·硕人》："巧笑倩兮，美目盼兮。"

（11）携手同车归，用《诗经·邶风·北风》"惠而好我，携手同归"语意。

（12）须臾，一会儿。

（13）重闱，深闺。

（14）亮，信义。晨风，鸟名，善飞。

（15）凌风，乘风。

（16）盼睐，斜视的样子，此指纵目回顾。适意，宽心。

（17）引领，伸长脖子，此指远远相望。睎，望。

（18）徙倚，徘徊的样子。

（19）扉，门扇。

【赏析】

《古诗十九首》之十六，是思妇想念在外的丈夫的诗。思妇因岁暮风寒想起远寄他乡的丈夫，由想而梦，梦后更想。

首四句都是序时。"凛凛岁云暮"句直叙，是说时至寒风劲吹的岁暮。"蟋蟀夕鸣悲"句状物，是说蟋蟀在寒冷的傍晚发出悲鸣。"夕"，傍晚。《玉台新咏》"夕"作"多"，也通。"凉风率已厉"句写景，言凉风都变得猛烈而寒冷起来。"游子寒无衣"记事。作者起首通过直叙、状物、写景，极写时之寒冷，其本义不在序时本身，而在于用时之变寒引起思夫之心，显得自然、迫切。时之变寒，"蟋蟀悲鸣""凉风率厉"，我之有感，乃知"游子"之苦，况其"无衣"，何不令人怀恋、担忧？"无衣"二字使得思妇对丈夫的满腔盼归、怀恋、担忧之情尽掩藏于内，含情未露，而又使人觉之满腔情尽在其中。"锦衾遗洛浦，同袍与我违"两句则较明了地表达了思妇的怨情。传说洛水女神名宓妃。张衡《思玄赋》云："载太华之玉女兮，召洛浦之宓妃。"关于"锦衾遗洛浦"句的解释，学人多认为该句意为"游子"将锦被赠予美人，背弃妻子。联系诗之上下文，思妇对"游子"的思恋、担忧是由于离别不得相见之因，而丝毫没有被弃之感。实则是借古之神话，表达对夫妇离别的哀怨。"同袍"，指夫妇。"袍"，即今之披风。《诗经·无衣》有句云"与子同袍"，是军士表示友爱的话。"违"，与前句"遗"相对，这里有远离之义。这两句是说，洛浦素昧生平，尚有锦衾之遗，而与我同"袍"者（丈夫）反离我远去，这是为什么呢？这里巧妙地采用对比手法，将思妇的哀怨、不满与向往之情表现得惟妙惟肖。"独宿累长夜"紧承上文，夫妇别离则必"独宿"，"独宿"则深感夜长、夜难熬，自然是"累"的。"累"，增义，意为难熬。难熬之夜，"梦"之生也。"梦"者，日之念也，故"梦想见容辉"来得极为自然。"容辉"，犹言风采。作者从起首到此处根据思妇的心理轨迹依次写来，精细独到，耐人寻味。"良人惟古欢"以下四句，叙述梦之所见。"惠"，授。"绥"，车上的索子，上车时拉着它。古代风俗，结婚时丈夫驾车迎接新妇，把绥授给新妇，引之上车（见《礼记·昏义》）。这四句记述了夫妇结婚之时恩爱缠绵的情景。其中"古欢"二字极妙，既表达了思妇对初婚时的夫妇恩爱的甜蜜回忆，也蕴含着思妇对如今别离"独宿"的无限伤感。"良人"二字冠之于四句之上，直如从天而降，冲口喊出，郑重至极，也亲热至极。"愿"与"携手"更缠绵至极，且昔日夫之"信誓旦旦"之情跃然纸上。尤其是"得"字之用，更是传神。在"良人"犹恐失之，在思妇今更恐失之。"同车归"是婚时夫妇同心所愿，也是日后思妇朝夕所冀于"良人"之基。这四句所述梦中之景，字字感人，字字如从己肺腑中流出。梦，毕竟是梦，终久要被现实唤醒，然美丽的梦谁都想让这种梦境再长一点，再延续下去。"既来不须臾，又不处重闱"二句就是思妇梦而微寐时的思想。"来"字将思妇从梦中唤醒，上顶"良人"来，下接梦境去。"既"与"又"字将梦境写得恍恍惚惚，似真似假，将信将疑。这就使思妇梦回之初，似醒非醒的状态勾画得形象逼真。"又不处重闱"句读之不禁使人哑然失笑。思妇深怪"良夫"不处重闱，完全是将梦与现实混为一谈。而思妇的怪"良夫"不处重闱，是希望"良夫"处重闱。这种将梦境与现实理乱之法，更表现了思妇的思之深、思之切。

"亮无晨风翼"至结尾六句，是写思妇梦醒来之后失落之感。思妇的确做了一个美梦，梦是虚幻的，它只是表达了人的一种幻想，思妇大概也认识到这一点，她不能不冷静地对现实思考。在思考过程中，对丈夫的思念是抹不掉的。这就是体现在诗的结语六句中的矛盾心情。夫妇相距遥远，相会无期，梦中"良夫"之"容辉"又使思妇更添一层思念，欲相见只恨没有生成"晨风"那样的翅膀，怎能顶风飞去呢？无奈只好眯眼宽意，遥远相望。前四句是自我解脱、无可奈何之时，解脱之中却包含着更迫切的思念，从这个意义上说，这里的自我解脱倒不如说是思妇更深切怀恋丈夫情感的折射。结语两句就很好地说明了这一点。思妇并没解脱，而是终日在那里伤感、徘徊、盼望，直到泪水沾湿门扉也没有停止。"徙"有移动意，说思妇"徙"倚且"涕沾双扉"，把思妇那种终不死心，倚倚此处，靠靠彼处，时倚左边门，时换右边门之神态表现得形神兼备，不愧为绝世之妙文。

最后值得一提的是诗人写"梦"："独宿"两句是入梦，"良人"四句是说梦，"既来"四句是想梦，"眄睐"四句是寻梦。然从入梦到寻梦都是围绕一个"思"字运转。入梦是思之因，说梦是思之情，想梦是思之感，寻梦是思之果。因、果、情、感之中又饱含一个"怨"字。其怨则是因丈夫别离不归之起。所以评论家认为本诗"空闺思归，曲尽其情"正是一语中的。（张福民）

【原文】

孟冬寒气至

孟冬寒气至⁽¹⁾，北风何惨慄⁽²⁾。

愁多知夜长，仰观众星列⁽³⁾。

三五明月满⁽⁴⁾，四五蟾兔缺⁽⁵⁾。

客从远方来⁽⁶⁾，遗我一书札。

上言长相思，下言久别离。

置书怀袖中，三岁字不灭。

一心抱区区⁽⁷⁾，惧君不识察。

【毛泽东圈评等情况】

毛泽东读清沈德潜选编《古诗源》卷四时曾圈阅此诗。

[参考] 张贻玖：《毛泽东评点、圈阅的中国古典诗词》，中国工人出版社 1992 年版，第 222 页。

【注释】

（1）孟冬，初冬，指阴历十月。

（2）惨慄，极其寒冷之状。《文选》李善注本作"栗列"。

（3）列，罗列，排列。

（4）三五，阴历每月十五日，此时月正圆。

（5）四五，阴历每月二十日，此时月已缺。蟾兔，月的代称。古代神话传说月中有兔，捣药不止，又说后羿妻嫦娥偷吃神药，飞入月宫，代为蟾蜍。月中有兔传说见于屈原《天问》。

（6）"客从远方来"四句，东汉蔡邕《饮马长城窟行》："客从远方来，遗我双鲤鱼。呼儿烹鲤鱼，中有尺素书。长跪读素书，书中竟何如：上言加餐饭，下言长相忆。"遗，赠给。书札，书信。

（7）区区，钟爱之意。

【赏析】

《古诗十九首》之十七，是一首写思妇怀人的诗。诗从寒冬夜长入笔，先写思妇难寐，往往是望星望月地度过难耐之夜，后写思妇对三年前爱人的来信倍加爱护，丝毫不曾损磨，以见自己对丈夫的一片挚爱之情。

诗的起首二句从写冬景入笔。言"至"者非指"孟冬"至，乃指"寒气"至也，而北风又是何等的"惨慄"。这里，作者写思妇怀恋丈夫的感觉，不像"凛凛岁云暮"中的思妇因"凉风厉"而忆念其丈夫"寒无衣"，而是极写思妇惊讶于北风之惨烈。思妇思恋丈夫的感情都是一样的，但用笔不同是作者考虑到人的思想变化是捉摸不定的，其表现方法也是有别的。思妇从孟冬寒气惨慄，联想到夜（因为到了夜晚阴气比白日更甚），从夜说到星，从星引到月，从月之曲曲盘盘算计到日子上去。由此可见作者起首二句的写景经营之惨淡，不知费尽几许心血！"愁多知夜长，仰观众星列"正是思妇由风之"惨慄"而联想到的夜和星的描写。不过突来一个"愁"字，乍看似太唐突，仔细琢磨，与句首所写之景的格调是一致的，且一个"愁"字又是贯穿全诗的一根主线，写景是因"愁"而起，"景"之凄切是因为"愁"的深刻。而写夜、写星、写月及述事都是为了寄托一个"愁"字，都是为了表现思妇的一腔"愁"思。"知"字之用，妙不可言，概思妇自己怜悯、自我唤醒之语。"夜长"是思妇的感觉。昼夜之分，无可更改，思妇自以为"夜长"，可见其感伤后眩惑谬乱、失张失致之态。"仰观"，是"引领"无从，感伤陡切，直到死心塌地，才不得不有所为。这与"知"字相合，又是多么恰切一致。说"众星列"主要是为了引领下文，是说众星已列，而月犹未出。故下二句紧言"三五明月满，四五蟾兔缺"。蟾兔，月的代称。古代神话说月中有玉兔捣药不息，又说后羿妻嫦娥偷吃神药，飞入月宫，化为蟾蜍（见张衡《灵宪》《楚辞·天问》等）。这两句是因见"众星列"而追述（数）从前之月圆月缺，不知经历多少孤凄之夜，以见别离之久。"三五""四五"之用也非一般意义上相乘而得，由此似见思妇在那里一五一十地屈指细算，什么时候月满，什么时候月缺，丈夫别离到底多长时间了！同样是"月"，言"满"时用"明"、说"缺"是用"蟾兔"作喻，思妇热切盼望、怀恋及伤感、悲切之情显而易见。而一"满"一"缺"之间，更见思妇感叹月之盈亏迟早有时而至，而夫妇别离相见却不得期之情。"客从远方来"以下四句，是思妇对"月"的追数，自然想到对昔日丈夫托人捎信之事。这种追忆为思妇的"一心抱区区"的思想基础，也是思妇"愁""恋"之深的原因。正因为"君"有着同思妇同样的相思、离别之情，才使得思妇愁而更愁。也正因为"君"之"书札"中所言如此，其情拳拳于思妇，故思妇对"书札"珍之重之，以其"置书怀袖中，三岁字不灭"。"不灭"明言书札，实写思妇对丈夫的一往情深丝毫没有改变。

有人说，女人的心是一首诗，有人说，女人是一个谜。这都是说女人思想的复杂性、多重性。本诗结语二句就是思妇思想情感复杂、多重的具体体现。思妇对丈夫抱有一片忠爱之心，自己又收到丈夫表示相思、离别之情的"书札"，应该是耐心等待团圆之日的到来，可是思妇想到的却是担心与害怕君之不解自己的一腔痴情，使人漠然。然我们细而思之，思妇的这种惧怕、这种担忧是思妇思想发展之必然结果。思妇理解丈夫的拳拳之心，从"书札"上可以证明，那么丈夫又是否了解妻子的痴情呢？封建社会，女子无才便是德，读书识字者恐无几人，大概思妇也属"无才"之列，更不会给丈夫捎去同样表示相思、离别的"书札"，即使思妇识字，封建礼教的制约，给丈夫写信是不可能的，那么丈夫就不可能了解妻子的一片"区区"之心。所以，思妇此刻的担忧是情理之中的事了。况且，丈夫又三年没有往家寄"书札"了，这三年之中，丈夫是否另有新欢，则不得而知。思妇此刻的自"惧"是想立刻把自己的一片"区区"之心让丈夫了解。由此可见思妇矛盾的心情之切。

全诗围绕一个"思"字运笔，而不直言其"思"（只是在丈夫的"书札"上显出一个"思"字），然"思"深已极；着眼一个"情"，而不直言其"情"，然"情"切之极；结句点醒一个"怨"字，而不直言其"怨"，然"怨"深无底。笔端造物神化之功，可见一斑。（张福民）

【原文】

客从远方来

客从远方来，遗我一端绮⁽¹⁾。
相去万余里，故人心尚尔⁽²⁾。
文彩双鸳鸯，裁为合欢被⁽³⁾。
著以长相思⁽⁴⁾，缘以结不解⁽⁵⁾。
以胶投漆中⁽⁶⁾，谁能别离此⁽⁷⁾。

【毛泽东圈评等情况】

毛泽东读清沈德潜选编《古诗源》卷四时曾圈阅此诗。

[参考] 张贻玖：《毛泽东评点、圈阅的中国古典诗词》，
中国工人出版社 1992 年版，第 222 页。

汉
诗

【注释】

（1）一端，半匹。《左传·昭公二十六年》杜预注："二文为一端，二端为一两，所谓匹也。"绮，有花纹的绫。

（2）尚尔，居然还是如此。

（3）合欢，一种象征和合欢乐的图案。凡器物有合欢文的往往就以合欢为名，如"合欢席""合欢被"，等等。

（4）著（zhù），在衣被中装填绵絮。长相思，指丝绵絮。思与丝谐音，长与绵同义，故借代之。

（5）缘，沿边装饰。结不解，以丝缕为结，表示不能解开，用以象征爱情。《文选》五臣注："缘被四边，缀以丝缕，结不解之意。"

（6）以胶投漆中，胶、漆，皆黏结之物。比喻情谊极深，亲密无间。汉邹阳《狱中上梁王书》："感于心，合于意，坚如胶漆，昆弟不能离，岂惑于众口哉！"

（7）别离，分开，拆散。此，指固结之情。

【赏析】

《古诗十九首》之十八，是一首歌咏纯真爱情的诗。

诗借一位远离久别爱人的女性的口吻，起首二句先写出远方爱人托人带来半匹花绸子之事，从这两句我们可以弄清诗中女主人公的身份与处境。诗开门见山，直接明快地点出爱人"遗绮"这件事，隐含女子对远方爱人的思恋与渴望团聚之情。"相去万余里，故人心尚尔"是对女子心理活动与感情的描写。"尚尔"，还是如此。女子收到爱人不远万里捎来的一端绮，心里感到是多么高兴，特别是相去万里，别离已久，爱人对自己还像以前一样爱慕。这两句字里行间，透出了女子的一种自豪感与幸福感。这两句也含着一种对比，"相去万里"，言离之远，"故人"，说别之久。远离、久别最容易使人的感情产生变化，更何况"天涯何处无芳草"，这是女子最清楚，也是最担心的事情。"心尚尔"使这种担心彻底消除，自豪、幸福之情显而易见。这里用女子的主观心理矛盾（担心惧变）与客观现实结果（心尚尔）相辅相承，细致地刻画出女子复杂的心理世界。"文彩双鸳鸯，裁为'合欢被'"是纯情女子的行为描写。女子收到爱人带来的"绮"，心里感到异常幸福，自然要打开"绮"观看，"文彩双鸳鸯"就是女子看到的绮上的图案。这个图案表示的是爱人的一片爱情，这使女子的幸福感得到更大的满足，断然将绮裁作为象征和合之欢的"合欢被"。"裁绮为被"细节的描写，生动而形象地写出了女子内心炽热的爱情和高度的欢悦。较男子而言，女人的心理世界是比较细腻、丰富的，尤其是恋爱中的女子，她的内心世界可以说是更细腻、更丰富。"著以长相思，缘以结不解"二句就是女子细腻、丰富的心理世界描写的最好见证。女子兴高采烈地去裁做"合欢被"，但冷静下来思考，"合欢被"并不能"合欢"，不去裁做吧，对爱人的一片痴情无以寄托。干脆，把自己的一腔思念，一片爱情都装进这合欢被里，并把边缘缝紧，表示两人的爱情如丝缕不可解开一样，这就是两句的意思。著，在衣被中装绵叫著。被子里怎能装"长相思"。这里实际是利用谐音或同意词，"长"与"绵绵"同意，"思"与"丝"谐音，"长相思"代指丝绵。同样下句"缘"，装饰沿边。"结不解"，以丝缕为结，表示不能解开。这两句利用谐音、同义或双关的表现手法，惟妙、精细地表现了女子的内心世界：向往与追求爱人。结尾二句"以胶投漆中，谁能别离此"。"别离"，及物动词，这里作分开、拆散讲。这里以胶漆相和比喻爱情的坚贞不渝。如果说，开始女子对她们的爱情还有些担心，对远离久别还含一丝哀怨，那么，到这里，这担心、哀怨一扫而光，女子完全沉浸在对爱情的幸福与美好的向往之情中了。

虽然，这是一首描写纯爱情的诗，诗中对远离、久别之情没有过多地加以渲染，但我们从纯情痴爱而不得团聚这一客观社会现实中可以加深对当时社会的认识与批判。这是本诗蕴含的积极的社会意义。（张福民）

【原文】

明月何皎皎

明月何皎皎[(1)]，照我罗床帏[(2)]。
忧愁不能寐[(3)]，揽衣起徘徊[(4)]。

客行虽云乐⁽⁵⁾，不如早旋归⁽⁶⁾。

出户独彷徨⁽⁷⁾，愁思当告谁？

引领还入房⁽⁸⁾，泪下沾裳衣⁽⁹⁾。

【毛泽东圈评等情况】

毛泽东读清沈德潜选编《古诗源》时曾圈阅此诗。

[参考] 张贻玖：《毛泽东评点、圈阅的中国古典诗词》，

中国工人出版社，1992 年版，第 222 页。

【注释】

（1）皎皎，洁白光明之状。《诗经·陈风·月出》："月出皎兮，佼人僚兮。"

（2）罗床帏，罗绮制成的床帐。床帏，一本作"裳帏"。

（3）寐（mèi），睡眠。《诗经·邶风·柏舟》："耿耿不寐，如有隐忧。"

（4）揽，用手摄持。揽衣，敛衣。

（5）客行，在外地游历。

（6）旋，同"还"，回转。

（7）彷徨，徘徊。

（8）引领，抬头远望。

（9）裳衣，一本作"衣裳"，与上句"引领还入房"为韵。

【赏析】

《古诗十九首》之十九，是一首写游子久客思归的诗。"明月何皎皎，照我罗床帏"，起首二句写游子见月起思。我们知道，"月"是最容易激起游子对故乡的思念的，这在古代的乃至现代的文学作品中都有很好的表现，俗语"月是故乡明"大概也是由此意引发出来的。诗人在诗的开头先写"明月"，不仅仅是起兴，而是写游子见到皎皎明月，引起对故乡的怀恋之情。这里写月之"明"，月之"皎皎"，实是写游子的怀恋之切、之深。写"月"照在"罗床帏"之上，实是点明游子当时正在床上睡觉。入睡前见到皎皎明月，念及故乡亲人，自然是难以入睡，故"忧愁不能寐"也。

如果是一般的忧愁，在床上辗转反侧即是，可是游子此时却是"揽衣起徘徊"。游子客久在外，思恋故乡之情无时无刻不存在于心，面对"皎皎"明月，这种对故乡的怀恋愈加深重，其坐卧不安之情油然纸上。尤其是"徘徊"二字，写尽了客行苦乐。诗的前四句写了游子由于皎皎明月而产生的对故乡的怀恋之情以及自我久客在外孤独难耐的孤寂之情。接下来，诗人没有进一步描述这种怀恋与孤独的心情，而是从行文上来了一个转折，这即是"客行虽云乐，不如早旋归"。从字面上看，这一"乐"字照应了前文的"徘徊"二字，客居有苦有乐。说苦则苦，说乐则乐，不同处境的人有不同的苦乐观。而游子的"乐"又何在呢？一个"虽"字着力翻转，将游子此处所言之"乐"含义述明：客行即使甚乐，又何如早日归返故乡呢？"客行"二句妙在用"虽云乐"三字翻入，反主为宾，以开作合，不用正笔用翻笔，不用实笔用虚笔。"虽"字之用，真有起死回生之妙哉！"乐"字上对"忧愁不能寐"，下起"愁思当告谁"，"乐"字虚，"忧愁""愁思"字实，以虚拗实，足见"虽"字之妙。正因为游子此刻认识到"乐"之为虚，"忧愁"为实，故"出户独彷徨，愁思当告谁"，语气现成，顺口成理。"出户"句既承上句"揽衣"，又启下句"引领还入房"，深一层写出了游子的怀恋与孤寂。"当告谁"写出游子的无可奈何，为结句"泪下沾裳衣"作好了铺垫，并写出了游子的形单影只，读之使人无不为之凄然。结语二句，游子的伤感孤独的感情上升到了极点。"引领"实因游子情颓气咽，不堪回首之举，也是游子深悼所望是徒而虚望也。"还入房"是"引领"之果，"引领"徒虚，重入空房，怎能不"泪下沾裳衣"？"沾衣"应上"揽衣""引领""泪下"双管齐下，读之使人筋摇脉动、肝裂心摧。

全诗在章法布局上井然成理、紧凑严密。诗以抒发"忧愁"为主，以"明月"为因，始而"揽衣徘徊"，继而"出户彷徨"，终而"入房泣涕"，都因"明月"而然，而"忧愁"之苦况，也因而更切、更深。倒过来分析，游子因"明月"产生"忧愁"，因"忧愁"而"不寐"，因"不寐"而"起""起"而"徘徊"，因"徘徊"而"出户""出户"而"彷徨"，因"彷徨无告"，而仍"入房""泪下沾衣"，十句之中，层次井然有序，一节紧一节，一环套一环，却有千曲百折之势，令人百读不厌。（张福民）

古　诗

【原文】

古诗　上山采蘼芜

上山采蘼芜[(1)]，下山逢故夫[(2)]。

长跪问故夫[(3)]："新人复何如[(4)]？"

"新人虽言好，未若故人姝[(5)]。

颜色类相似，手爪不相如[(6)]。"

"新人从门入，故人从阁去[(7)]。"

"新人工织缣[(8)]，故人工织素[(9)]。

织缣日一匹[(10)]，织素五丈余，

将缣来比素[(11)]，新人不知故。"

【毛泽东圈评等情况】

毛泽东读清沈德潜选编《古诗源》卷四时曾圈阅此诗。

［参考］张贻玖：《毛泽东评点、圈阅的中国古典诗词》，

中国工人出版社1992年版，第222页。

【注释】

（1）蘼（mí）芜，一种香草，叶子风干后可以做香料。古人喜欢用香草比喻道德高尚之人。

（2）故夫，即原来的丈夫。

（3）长跪，直身而跪。古人席地而坐，坐时两膝据地以臀部着足跟。跪则伸直腰肢，以示庄重。

（4）新人，指故夫新娶的妻子。

（5）姝，容貌美好。故人，前妻。

（6）手爪（zhǎo），手指。引申为手艺，技艺。

（7）阁，小门，旁门。一作"阁"。

（8）缣，黄绢，较素为贱。《淮南子·齐俗训》："缣之性黄。"工，善于。

（9）素，白绢。《急就篇》颜注："绢之精白者。"

（10）一匹，长四丈，广二尺二寸。

（11）将，用。

【赏析】

本诗见于《玉台新咏》，原题作《古诗》，《太平御览》卷五二一作《古乐府》，宋郭茂倩《乐府诗集》未收。

这是一首写弃妇的诗。诗中通过叙述一对离异之后的夫妇一次邂逅相遇时的谈话，反映了封建时代的婚姻悲剧，并含蓄地揭露了封建礼法制度的罪恶。

诗的开头三句是叙述女主人公上山采蘼芜归来途中与故夫相遇之事。前两句点明了女主人公的身份（弃妇）及故事的缘由（逢故夫）。对女主人公的描写从"采蘼芜"三字看，是抱着赞誉态度的：香草是美的化身，寻美之人自身必美，这是人们的审美心理、审美规律。而"逢故夫"则是明言女主人公是个被遗弃的妇人。如果抛开前一句，作者说明女主人公的身份就没有或褒或贬的感情色彩，只能说是客观叙述了。有了前句的"采蘼芜"之举，作者对"被弃之妇"的感情色彩就非常浓郁了。先以美誉扬之，后以被弃抑之，作者的同情、怜悯显而易见。如果说作者对女主人公的赞誉在前句中是蕴含着的话，那么诗之第三句"长跪问故夫"对被弃女子遭遇的同情，对其品德的称道则是比较直露的了。被弃女子见到"故夫"，不是由于被弃而以怨怒相见，而是用"长跪"对抛弃自己的"故夫"以礼相见，由此可见弃妇的贤惠、温文、达礼。但是，如果将"采蘼芜"视为一项客观的劳动，那么还可以说作者起首三句给读者设下了一个悬念：那即是女子为何被弃？如果不是由于女子自身无德，她为何"长跪"？由此我们也可以初步领略到作者用墨之妙。

　　诗之接下来一直到底，都是采用女主人公与"故夫"的对话引起情节的发展变化。"新人复何如？"是弃妇对"故夫"问的第一句话。这里含有对"故夫"的关心与怀恋，也微微透出对自己被弃的怨情。"新人虽言好"下四句是"故夫"的答辞。"姝"，美好，不仅仅指容貌。"故夫"将"新人"与"故人"从容貌和劳动两方面进行比较，话语流露出对"故人"的眷恋。对"故夫"的认识，多有不同。有人根据"故夫"这四句答辞认为"当'新人从门入'的时候，故人是丈夫憎厌的对象，但新人入门后，丈夫久而生厌，转又觉得故人比新人好了"。视"故夫"为喜新厌旧之辈。联系全诗，这种看法显然有点牵强。"故夫"喜新，尚可说通，因为他说"新人虽言好"，而"厌旧"又从何说起呢（"故夫"认为新妇从容貌和手工上都不如旧人）？我们知道，封建的婚姻制度主要是父母之命、媒妁之言，甚至男子也不能违背。至于"故人"被弃之原因，罪魁祸首应该是封建的婚姻礼教，故作者在诗中也没有点明"故人"被弃之因，所以，我们后人也不应该把喜新厌旧的帽子戴到"故夫"个人头上，更何况"故夫"之喜新厌旧或许是迫于父母之命。当"弃妇"听到"故夫"的诉说，尤其是听到"故夫"言辞里对自己的怀恋时，她当时的心情一定是十分复杂的，满腔的怨情、委屈和悲伤是谁也控制不住的。"新人从门入，故人从阁去"则是女主人公对自己怨、屈、悲的哀诉。女主人公听罢"故夫"的诉说，回忆起当初被弃的情景，怨与爱，悲与恨，可谓百感交集。而在对话中，却没有怨恨，没有指责，只是有对往事痛苦的回忆。"故夫"恐怕过多谈起"故人"被弃时的情景，会引起彼此双方更大的痛苦，故不接"故人"话题，而是紧接自己才讲到的"新人"与"故人"劳动能力的对比，举出实际例子，进一步表白自己恋旧的情感。这即是诗之结尾六句。"故夫"通过"新人"与"旧人"织缣、织素的比较，再次得出新不如旧的结论。值得注意的是，作者用织缣和织素说明"新人"与"旧人"，其倾向性也是很明显的，可见其中对"旧人"的同情、怜悯与赞扬。

　　纵览全诗，女主人公对"故夫"含怨又爱，而爱多于怨，"故夫"对"旧人"也同样有着深深的眷念与难舍之情，由此可以想象到他们分离的原因不在当事者本人。现代学者褚斌杰先生所言"大约造成这一悲剧的主要原因不在故夫，或者竟如《孔雀东南飞》所反映的那样，是由于家长的迫害"（见《中国文学史纲要》）是很有道理的。

本诗在艺术上采用含蓄不露的手法，表现了对女主人公的赞誉、同情：采蘼芜、织素暗喻弃妇妇德高洁；与"故夫"对话怨而不怒、哀而不伤，显其雍容敦厚；"故人姝"言其容貌端秀美丽；织纺技艺高显其勤劳能干。正是由于这种赞誉与同情，才使得一个完全符合封建道德规范的女子无辜被出这件事，更具有震撼人心、令人深思的效果。这也不能不引起读者对封建的婚姻制度及礼教的强烈愤慨，并无限同情惨遭休弃的无辜弱女，从而领略到诗中所揭示的巨大的悲剧意义。（王建国　张福民）

【原文】

古诗三首之一　橘柚垂华实

橘柚垂华实[(1)]，乃在深山侧。

闻君好我甘[(2)]，窃独自雕饰[(3)]。

委身玉盘中[(4)]，历年冀见食[(5)]。

芳菲不相投[(6)]，青黄忽改色。

人倦欲我知[(7)]，因君为羽翼[(8)]。

【毛泽东圈评等情况】

毛泽东读清沈德潜选编《古诗源》卷四时曾圈阅此诗。

[参考]张贻玖：《毛泽东评点、圈阅的中国古典诗词》，
中国工人出版社 1992 年版，第 222 页。

【注释】

（1）橘柚，橘子和柚子，南方两种水果。华实，花和果实。《列子·汤问》："珠玕之树皆丛生，华实皆有滋味，食之皆不老不死。"引申为开花结果。华，花。

（2）甘，此指贤才之能。

（3）雕饰，此指努力使自己达到统治者要求的标准。

（4）玉盘，此指仕途。

（5）冀，希望。见，被。食，喻被利用。

（6）芳菲，香气。投，合。

（7）傥（tǎng），古通"倘"。

（8）因，借，凭借。

【赏析】

这是一首古诗。作者无考。根据近代一般文学史研究者的看法，应是东汉桓帝、灵帝时期的产品。诗中作者借橘柚自比，表示自己怀抱高才而被闲置不用，希望得到有力者的引荐，施展自己的远大抱负。

开头两句，诗人借橘柚比喻自己是个有才能的人，怀才而隐居，没有被人发现，没有为君重用。"垂"，果实一头挂下来的样子。一个"垂"字，说明非一般之意。与"深""侧"相对，重点强调了"我"之怀才不遇。不过，这里主要是突出"自我"的"才"之大。

"不遇"是蕴含着的意思。东汉时期的封建统治王朝，为了封建统治的需要，也提倡选贤荐能，这种政策曾一度吸引不少有志之士而为之努力奋斗。诗的第三、四句反映的就是这种情况。"闻君好我甘，窃独自雕饰。""甘"，这里指贤才之能。因为当时统治者提倡举贤，赢得一批有志之士的拥护，他们刻苦努力，力争能得到赏识。"雕饰"，意思是努力使自己达到统治者要求的标准。在这群怀才者之中，不为统治者所用者不必说，个别被委以仕途者的情况又是如何呢？"委身"以下六句就是对这部分人遭遇的真实写照。不过作者是通过"我"一个人的经历来说明的。"委身玉盘中"比喻投入仕途，既然投入仕途，就希望将来有更大作为，这即是"历年冀见食"。"冀"，希望。"食"指官职有所升高。然而，面临的实际情况却不能使人满意。作者分析自己怀才不遇的原因时用"芳菲不相投，青黄忽改色"说明。"芳菲"，香气。"不相投"，指不合意。"青黄改色"，指年华之增。这两句是说橘柚虽具芳香而不能中意，比喻自己虽怀才而不见用，年华空掷。这两句中蕴含着对封建统治者所谓的举贤荐能的怀疑与不满之情。按常理说，一般人在理想与抱负不能得以实现，并认识到其中的原因后，应该幡然悔悟，另寻他途。但本诗的作者所表现的怀才不遇之士心目中对统治者还抱有一丝幻想，希望自己有一天能被引荐，能被统治者赏识，并得以重用，这即是诗结尾两句："人傥欲我知，因君为羽翼。""欲我知"，就是欲知我。"因"，借。"君"，指能推荐自己的人。作者之所以对统治者抱有幻想，主要是由于社会的、历史的局限的原因，在等级森严的封建统治制度下，统治者有至高无上的权力和权威，对于下层士大夫阶层来说，不满和反抗都是不现实的，他们的愿望就是凭借一定官位上的人引荐，得以晋升，得以施展自己的才华。如诗前面的"芳菲不相投"所表现的不满也是极含蓄的。本诗所表现的就是这一部分人当时的思想与愿望。

　　全诗借比喻巧妙地将自己的思想蕴藏在字里行间，其艺术表现手法上是很独到的。另外，客观上反映的东汉统治者表面尊优重士，实际上并不能让有才能的人真正得到施展机会的现实，对我们了解当时的社会状况，具有一定的认识意义。（王建国　张福民）

【原文】

古诗三首之二　十五从军征

十五从军征，八十始得归。

道逢乡里人，家中有阿谁(1)？

遥望是君家，松柏冢累累(2)。

兔从狗窦入(3)，雉从梁上飞(4)。

中庭生旅谷(5)，井上生旅葵(6)。

烹谷持作饭(7)，采葵持作羹。

羹饭一时熟，不知饴阿谁(8)。

出门东向望，泪落沾我衣。

【毛泽东圈评等情况】

毛泽东读清沈德潜选编《古诗源》卷四时曾圈阅此诗。

[参考] 张贻玖：《毛泽东评点、圈阅的中国古典诗词》，
中国工人出版社1992年版，第222页。

【注释】

（1）阿，助词，名词词头，多用于姓名称谓之前。

（2）冢（zhǒng），坟墓。累累，即垒垒，重重叠叠靠在一起。

（3）狗窦，狗洞。窦，孔穴。

（4）雉，一种鸟，俗称野鸡、山鸡。

（5）中庭，即庭中。旅谷，野生的谷子。《后汉书·光武帝纪》："至是野谷旅生。"李贤注："旅，寄也，不因播种而生故曰旅。"

（6）旅葵，即野生的葵菜。又名冬葵，其嫩叶可食。

（7）持，通"恃"；依，凭借。烹谷，一作"舂谷"。

（8）饴（sì），通"饲"，拿食物给人吃。一作"贻"。

【赏析】

《十五从军征》这首诗是汉乐府中的一首民歌，出自宋郭茂倩编《乐府诗集》中的《横吹曲辞·梁鼓角横吹曲》。这首诗通过一个老兵归家境况的描叙，揭露了在战乱频繁、民不聊生的封建社会里不合理的兵役制度，揭露了汉代对外战争的残酷与劳动人民所受的痛苦煎熬。

"十五从军征，八十始得归。道逢乡里人，家中有阿谁？"首四句是从幼役老归直接叙述开头。"十五""八十"这两个数字，就简明扼要地概括了老兵一生的军旅生涯。当年只有十五岁的主人公被迫从军，直至八十岁才得以回家，他在外面过了六十多年戎马生涯，其间经受了多少辛酸劳苦、多少险恶危难！这两句之后作者并没有展开叙述，本诗的着眼点是在主人公历尽千辛万苦回到久别的故乡后的情境。"道逢乡里人，家中有阿谁？"是主人公回到故乡后，碰见乡人问问家中还有什么人，凄惨至极。

"遥望是君家，松柏冢累累。"两句是乡人对老兵的回答，这不啻是

晴天霹雳砸在了主人公的心头上，昔日的家园已变成了荒凉的坟场。多年来编织的回乡梦和希望，在一语之间都化为了乌有。这两句但云多冢，以代无人，用笔灵动。"兔从狗窦入，雉从梁上飞。中庭生旅谷，井上生旅葵。"老人听了乡人那不祥的回答已经绝望，但已无别的选择，只有步履蹒跚地回到空室无人的家中。这里作者写得非常自然朴实，拣了主人公扑面而见的东西写了出来。野兔、野鸡在宅中飞掠出入，野谷、野葵在庭院中自由地生长，满目萧条，荒芜不堪。这一切都是经年战争的罪恶。

"烹谷持作饭，采葵持作羹。羹饭一时熟，不知饴阿谁。出门东向望，泪落沾我衣。"老人无依无靠，只好用谷葵做饭做羹，以求糊口，但此时无一人与他分享了，出门东望，心中茫然若失，不禁潸然泪下。老人年迈无着，孑然独处，悲凉凄惨之状，跃然纸上。

《十五从军征》这首诗具有强烈的现实性，深刻反映了汉代的社会现实和劳动人民的思想。写法上采取了以个别代一般的手法，人物形象刻画、场景的描写都是如此。全诗语言朴实而真切，具有强烈的表达力，自然流畅，一气呵成，音节亦近乐府。这首诗充分体现了汉乐府言浅意深的特点。（东民）

【原文】

古诗三首之三　新树兰蕙葩

新树兰蕙葩[1]，杂用杜衡草[2]。

终朝采其华[3]，日暮不盈抱。

采之欲遗谁？所思在无道。

馨香易销歇[4]，繁华会枯槁[5]。

怅望何所言[6]，临风送怀抱[7]。

【毛泽东圈评等情况】

毛泽东读清沈德潜选编《古诗源》卷四时曾圈阅此诗。

[参考] 张贻玖：《毛泽东评点、圈阅的中国古典诗词》，中国工人出版社1992年版，第222页。

【注释】

（1）兰，兰草，一种香草。蕙，一种香草。葩（pā），花。

（2）杜衡，亦称南细辛、苦叶细辛，可供药用的一种香草。

（3）终朝（zhāo），早上。《诗经·小雅·采绿》："终朝采绿，不盈一匊。"毛苌传："自旦及食时为终朝。"华，花。

（4）销，同"消"，消散，消失。歇，尽。

（5）繁华，盛开的花。繁，多，盛。枯槁，草木枯萎。此指花凋谢。

（6）怅望，怅然怀想。怅，失意，懊恼。

（7）怀抱，意为思念之情。

【赏析】

《新树兰蕙葩》与《古诗十九首》中的《涉江采芙蓉》《庭中有奇树》属一类题材，均是怀念旧人之作。虽然都是由采花引起，但这首诗却增加了两层意思：一是终日采花，不盈一抱；一是馨香易歇，繁华易槁，比喻青春易逝，应当珍惜。

"新树兰蕙葩，杂用杜衡草。"开头两句以采花引起，为下文蓄势。"终朝采其华，日暮不盈抱。"是写所采的花不多。这两句是说采了整整一个早上，还没有采满一抱，言外之意是由于思念远方的人而精力不集中，心思不在采花之上，但更主要的还是由于香草难得，所以采得不多。"采之欲遗谁，所思在远道。"指出采的花要给的人。"遗"，赠予。"所思"，思念的人。这两句意思是要把花赠给自己所思念的远方之人。

"馨香易销歇，繁华会枯槁。"是写花的香气容易消失，花终会枯槁。"馨香"，芳香之气，"歇"，尽的意思。"繁华"，繁盛的花朵。华，同花。因为所思念的人在遥远的地方，想要赠给他而又难以到达。但兰蕙、杜衡等鲜艳的花朵不能保持长时间，很快就会香销花谢。以致枯槁，以喻人们青春易逝。"怅望何所言，临风送怀抱。"最后两句是写怅望寄怀，显示出向远方的人致以殷勤之意。

这首诗由采香草起头；次写所采不多，见其难得；再写欲赠之人，道路遥远而难以到达；次写香销花谢，隐含青春年华不能长驻的感慨；最后

以怅望寄怀，以示殷勤之意。层次清晰，环环紧扣。（东　民）

【原文】

古诗一首　步出城东门

步出城东门，遥望江南路。

前日风雪中，故人从此去。

我欲渡河水，河水深无梁[(1)]。

愿为双黄鹄[(2)]，高飞还故乡。

【毛泽东圈评等情况】

毛泽东读清沈德潜选编《古诗源》卷四时曾圈阅此诗。

[参考] 张贻玖：《毛泽东评点、圈阅的中国古典诗词》，

中国工人出版社 1992 年版，第 222 页。

【注释】

（1）梁，桥。《诗经·大雅·大明》："造舟为梁。"

（2）黄鹄，鸟名，即天鹅。《楚辞·惜誓》："黄鹄之一举兮，知山川之纡曲；再举兮，睹天地之圜方。"清朱骏声《说文通训定声·孚部》："形似鹤，色苍黄，亦有白者，其翔极高，一名天鹅。"

【赏析】

这是一首写游子客中思归的诗。诗的开头两句先从游子散步入笔，说游子散步走出东门，遥望着通向江南故乡的道路。之所以先从散步入笔，是因为人在无事时才能散步，在无事的时间最容易想起故乡，尤其对一个客居在外的游子来说，更是如此。诗一开始就开门见山地表现了游子思归的感情，简洁明了，不枝不蔓。客中思归，是每个游子所共有的情感。而本诗所写的游子，不仅有一般游子共有的情感，而且思归之情较一般游子更甚，其原因就是诗之三、四句所言，"前日风雪中，故人从此去。""故

人"，这里是指游子过去的老朋友（或同乡）。这两句也点明了"步出城东门"的原因是由于老朋友冒着风雪严寒从这条路走了。故人已去，自己还滞留在这里，游子越发孤独，思归之情不言而喻就更强烈。值得注意的是：诗人将游子置身在寒冷的北方，且处于风雪交加之中，而游子所思念的故乡却是气候和丽、温暖的江南之乡，其用意也是很明显的。这里的对比越鲜明、越强烈，反差越大，越能显现出游子思归之心的迫切。诗的结尾四句就是具体描述游子急切的思归之情的。"我欲渡河水，河水深无梁"是说自己也想渡河回故乡，但河水很深，又没有桥梁，因而回不去。"梁"，指桥。这两句是用《汉饶歌·巫山高》"我欲东归，害梁不为"之意。不过，很明显，作者所言游子不能过河，并非真的因为河上没有桥梁（故人前日从此去也），只是借以表达因阻碍不能回乡的哀愁，其中蕴含着游子对不得归的不满之情。客观现实的阻隔，使游子归故乡的愿望成为泡影，为了解脱这种哀愁，幻想则是最好的办法。"原为双黄鹄，高飞还故乡"就是游子这种思想的真实写照。这里说自己愿与故人结伴一起，"飞"回故乡，游子此处的幻想是自我解脱，然而更是游子强烈想回故乡愿望的再体现。

全诗构思简洁，语言洗练，并善于运用比兴抒发情感。此外，对比手法的运用（如"江南路"与"风雪中"的对比），双关辞格的运用（用河水"深"与"无梁"隐含客观现实中的人为阻隔），都使得诗中所要表达的主题（游子客居思归之情）更为深刻、感人。其中蕴含的对归思难遂的哀怨与不满，对后人了解当时的社会及游子的心态，具有一定的认识价值。

（王建国　张福民）

【原文】

古诗二首之一　采葵莫伤根

采葵莫伤根⁽¹⁾，伤根葵不生。
结交莫羞贫⁽²⁾，羞贫友不成。

【毛泽东圈评等情况】

毛泽东读清沈德潜选编《古诗源》卷四时曾圈阅此诗。

［参考］张贻玖：《毛泽东评点、圈阅的中国古典诗词》，

中国工人出版社 1992 年版，第 222 页。

【注释】

（1）葵，也叫冬葵、冬寒葵，一二年生草本植物，嫩梢、嫩叶作蔬菜食用。

（2）结交，与人交往，建立情谊。《管子·小匡》："公子举为人，博闻而知礼，好学而辞逊，请使游于鲁，以结交焉。"羞贫，以贫穷为耻辱。《孟子·公孙丑上》："柳下惠不羞汙君，不卑小官。"

【赏析】

这首古诗，是一首讽劝之诗，借植物"葵"起兴，阐明了交友之道。

诗之前二句是起兴句。这两句述说的是植物生长的基本道理："根"是供给植物营养的主要渠道，如果损伤了这一渠道，植物就不可能生长。诗人这里告诉读者，当人们采摘冬葵之梢或叶子作蔬菜之用时，切不可损伤它的"根"部，如若不然，"葵"就不能生长而死掉。作者强调了使用者（采葵之人）与被使用者（葵）之间的主要矛盾关系，为下两句的劝世之辞作好了铺垫。"结交"，指交友。作者所谓"莫羞贫"是说不要认为朋友贫贱就以和他结交为羞。联系上文的起兴可以看出，这里的"羞贫"和上文的"伤根"意义是相通的。作者在后两句的意思是说，如果"结交"而"羞贫"，那么就如"采葵""伤根"的道理一样，结交者是不会成为朋友的；结交朋友应以诚相交，交"淡如水"之友，这样的朋友才是真正的朋友，关键时刻才能互助，正如冬葵一样，保护好它的根基，它才会源源不断地提供嫩梢、嫩叶。

本诗以一个浅显易懂的比喻，阐明了一个深刻至诚的交友道理，文浅意深。全文字数虽少，所明之理却颇耐人寻味。另外，从作者所用字眼看来："伤根"与"葵不生""羞贫"与"友不成"，都明显含有讽喻成分，

汉

诗

因而我们可以得知，作者在本诗中表象是阐明交友之道，实际是对势利之人的讽刺与斥责：既然"结交"，当初一定有共同的东西（或贫或富），而朋友变穷（或自己变富）则"羞"之，势利之人嘴脸可见。也正是由于本诗的这种讽劝的双重作用，才使得这一无名之作得以留传至今。（王建国　张福民）

【原文】

古诗二首之二　甘瓜抱苦蒂

甘瓜抱苦蒂⁽¹⁾，美枣生荆棘⁽²⁾。

利傍有倚刀⁽³⁾，贪人还自贼⁽⁴⁾。

【毛泽东圈评等情况】

毛泽东读清沈德潜选《古诗集》卷四时曾圈阅此诗。

［参考］张贻玖：《毛泽东评点、圈阅的中国古典诗词》，

中国工人出版社 1992 年版，第 222 页。

【注释】

（1）甘瓜，指甜瓜。甘，甜。《诗经·邶风·谷风》："谁谓荼苦，其甘如荠。"蒂（dì），瓜果与枝茎相连的部分。

（2）美枣，滋味甘甜可口的枣。美，指滋味甘甜可口。《孟子·尽心下》："脍炙与羊枣，孰美。"荆棘，丛生的多刺植物。

（3）傍，依靠，靠近。倚，斜靠。

（4）贪人，贪婪的人。《诗经·大雅·桑桑》："大风有隧，贪人败类，听言则对，诵言如醉。"贼，害，伤害。

【赏析】

这首古诗同《采葵莫伤根》是姐妹篇，也是一首讽劝之诗。本诗借"甘瓜""美枣"起兴，劝人莫要贪利。

"甘瓜"，指甜瓜。"蒂"，瓜果与枝茎连接的部分。诗的第一句是说，甜瓜很甜很好吃，但它是抱着"苦蒂"生长出来的。这里面有一层含义，即甘从苦中来，甘来之非易。"美枣"，甜美的枣。"生荆棘"，在荆棘中生长。这第二句的意思是说，甜美可口的"枣"是在荆棘中生长出来的。其中的含义也是言"美枣"由生至熟之来之不易。作者在诗的前两句借"甘瓜"与"美枣"来之不易这客观的自然现象与规律，旨在讽劝世上那种见利而贪、不劳而得之人。"利傍有倚刀"句，是告诫人们不可贪利。"刀"可害人，正如"利"能害人一样。"傍"与"倚"之用，将抽象变为形象，将物人格化，将枯燥的道理生动地予以体现；"刀"字更使贪利之人触目惊心。"贪人还自贼"，直截了当，亮明自己的观点：贪利之人最终只能是自己害自己。从后两句字面上看，与前二句的起兴似乎没有直接的联系，但我们如果从深一层去理解，两者之间的联系又是非常密切的。"甘瓜""美枣"来之非易，要经过"苦"与"荆棘"的"磨难"，不义之"利"是不该得而唾手而得之财，是没有经过努力而不劳之得，那么得这种"利"必不长久，结果只会是自我相害。由此可知，作者后两句所阐明的道理，是反前文"比兴"之义而用之，前文言客观之自然规律不可违，任何事都要经过艰难困苦才可得到；后文言有人想走捷径，贪图没有经过艰难困苦的既得之"利"，是没有好结果的。一反一正，道理深刻而令人信服。

　　本诗仅二十字，却运用比兴、比喻、拟人以及反衬等多种艺术手法，将一个相对深刻、抽象、枯燥的道理具体、形象、生动地体现出来。此外，本诗同《采葵莫伤根》一首诗的不同之处表现在，"采葵"诗讽劝过程重在对势利之人的斥责，而本诗在对贪利之人的讽劝过程中，却重在规劝，也即多正面劝导，这主要体现在前二句的比兴之中：要想吃到甘甜的瓜，甜美的枣，就应该付出艰苦的努力！（王建国　张福民）

【原文】

陇头歌二首

其 一

陇头流水⁽¹⁾，流离山下⁽²⁾。

念我行役⁽³⁾，飘然旷野。

登高望远，涕零双堕⁽⁴⁾。

其 二

陇头流水，鸣声呜咽⁽⁵⁾。

遥望秦川⁽⁶⁾，肝肠断绝。

【毛泽东圈评等情况】

毛泽东读清沈德潜选编《古诗源》卷四时曾圈阅此诗。

[参考] 张贻玖：《毛泽东评点、圈阅的中国古典诗词》，

中国工人出版社 1992 年版，第 222 页。

【注释】

（1）陇头，一名陇阪、陇山、陇首，在今陕西陇县、宝鸡与甘肃清水县、张家川回族自治县之间，北入沙漠，南止渭河，为关中平原西部屏障。《后汉书·郡国志》：汉阳郡陇州有大坂，名陇坂。《注》云："《三秦纪》：其坂九回，不知高几许。欲上者，七日乃越。高处可容百余家，清水四注下。"流，《太平御览》五一五引《周地图记》作"泉"。

（2）流，《太平御览》五一五引《周地图记》作"分"。山，一作"四"。

（3）行役，旧指因服军役、劳役或公务而在外跋涉。一作"一身"。

（4）望远，《太平御览》卷五九引《周地图记》作"远望"。

（5）呜咽，幽咽，低声哭泣之状。此指流水声若断若续。

（6）秦川，今陕西渭水流域之地。宋郭仲产《秦州记》："陇山东西百八十里，登山岭东望秦川四五百里，极目泯然。山东人行役升此而顾瞻者，莫不悲思。"

【赏析】

《陇头歌辞》属《乐府诗集·梁·鼓角横吹曲》。陇头歌本是汉横吹曲题，古诗辞已亡。余冠英先生认为《陇头歌辞》"或是汉魏旧辞"（《汉魏六朝诗选》）。这首《陇头歌辞》表现了游子飘流在外的悲哀。

第一首诗展现在我们面前的是苍凉暗淡的陕西风光。"陇头流水，流离山下"是歌者比之辞。"陇头"，在今陕西陇县西北，《古今乐录》："辛氏三秦曰：'陇渭西关，其陂九回。上有清水，四注滚下。'""流离"，山水淋漓四射的意思，像是游子飘游四方。这两句既是起兴引起下文，又含有比况的意味，引起了这位异乡羁旅的游子感伤之情。"念我一身，飘然旷野。"这两句是歌者从正面叙述自己孑然一身，到处飘游的苦状。他想起泉水终归大海，而自己却孤独无依，在旷野中飘荡。全诗仅十六个字，并未做具体描述，但将游子睹物伤情的画面栩栩如生地展现在读者面前，既无家人又无旅伴，寂寞孤独，其生理与心理的痛苦，尽在意表。这首诗言哀不见哀，诉苦不见苦，全篇自然有致、情趣天成，丝毫无雕琢的痕迹。

第二首诗写在"鸣声呜咽"的流水声中，回道远望，勾起了游子的思乡之念。"陇头流水，鸣声幽咽"是写游子以听觉感受陇头流水的声音。流水本是无情，呜咽的感觉也是游子的感触，用幽咽低泣的声音来形容流水涩滞所发出的声响，在心理上给人以悲愤郁塞、格调低抑的感觉，这两句已含有悲哀的气氛。"遥望秦川，心肝断绝"两句，是写游子遥望那一派生机盎然的八百里秦川，看看眼前荒凉冷寂的陇西，发出了"心肝断绝"的悲鸣。"秦川"指关中，可能是游子的故乡或亲人所在的地方。最后一句"心肝断绝"一反前面单叙景物的格局，变成了直抒胸臆，着重表达游子心里的痛苦。

《陇头歌辞》字字句句皆巧意安排，句式整齐，略有回环，情景交融，直中含曲，浅中见深，回肠荡气，流露出悲怆的情怀，语似平淡，实沉痛之甚。（东　民）